绩优企业是这样炼成的

企业最佳生产管理一本通

QIYE ZUIJIA SHENGCHAN GUANLI YIBENTONG

秦宇超 / 编著

内蒙古人民出版社

图书在版编目(CIP)数据

绩优企业是这样炼成的.企业最佳生产管理一本通/秦宇超编著. -- 呼和浩特：内蒙古人民出版社，2022.10

ISBN 978-7-204-17227-6

Ⅰ.①绩… Ⅱ.①秦… Ⅲ.①企业管理-生产管理 Ⅳ.①F272

中国版本图书馆CIP数据核字(2022)第147056号

绩优企业是这样炼成的：企业最佳生产管理一本通

编　　著	秦宇超
图书策划	石金莲
责任编辑	晓　峰　王丽燕
封面设计	宋双成
出版发行	内蒙古人民出版社
地　　址	呼和浩特市新城区中山东路8号波士名人国际B座5层
印　　刷	呼和浩特市圣堂彩印有限责任公司
开　　本	710mm×1000mm　1/16
印　　张	24.75
字　　数	400千
版　　次	2022年10月第1版
印　　次	2023年4月第1次印刷
印　　数	1—2000册
书　　号	ISBN 978-7-204-17227-6
定　　价	38.00元

如发现印装质量问题，请与我社联系。联系电话：(0471)3946173　3946120

前　言

　　自然界并不能给人类生存提供必需的一切物质，人们只能通过生产劳动来解决自身的生存发展问题。因此，各种不同类型的生产活动是人类社会创造财富的唯一源泉。在生产活动中，除了农业、工业、采掘业、商业和运输仓储等这些传统产业的劳动被称为"生产"以外，在人类文明发展到一定时期，从事财政、金融、证券、房地产、医疗卫生和通信等各种服务性行业的劳动，也同样是"生产"。只是这种"生产"的成果不能像有形产品那样可以直观地触摸，它更多的是一种感受，这种"生产"如今常称为"运作"。

　　生产运作管理的基本问题首先是对企业的界定，因为生产运作管理主要是针对各类企业实施的管理，但这并不在生产运作管理学科中研究，是其他学科的研究领域。在对企业进行界定之后，还要明确生产运作系统的运转过程和生产运作职能的实施。在对企业进行界定之后，还要明确生产运作系统的运转过程和生产运作职能的实施，这是组织生产运作活动所必需的方法和手段。企业管理者在组织生产运作活动时，要根据企业不同的生产类型实施不同的生产动运作管理，以达到企业的管理目标。

　　生产制造是一种古老的，曾经是热门的，至今仍在众多企业中据统治地位的职能，人们日常生活消费的各种产品都要经过生产制造来实现，它是企业经济活动的主流。进入 21 世纪，随着一个个新兴工业化国家的崛起，在世界范围内，现代化制造技术和现代生产运作方式的不断创新，国际市场竞争的焦点越来越明显地集中在质量、成本、交货期和新产品研发这四个基本要素上，而这四个基本要素无不取决于企业生产运作的方式与效率，生产制造再度成为一种令人生畏的竞争武器，成为企业获取持久竞争优势的关键。生产制造的复兴，自然使生产运作管理也得以复兴或回归，这是企业不可忽视的、不可低估的必然，生产运作管理已经重新成为企业管理的关键领域。

在本书编写过程中，运用了企业生命周期理论的最新研究成果，涵盖了生产运作系统各个方面和其生命周期各个阶段及其特征。全书共十二章，从四个方面逐步展开。一是生产运作管理的基本理念，包括生产运作管理的基本问题、可持续发展制造周期系统的管理、生产运作战略；二是系统的规划与设计，包括需求预测、生产运作能力、研发管理、企业的空间组织、工作设计与工作测量；三是系统的运行与维护，包括库存管理、供应链管理、生产运作计划、企业资源计划、生产作业计划和项目管理；四是系统的改善与创新，包括设备管理、质量管理、现代企业组织生产的先进生产方式。

本书勾勒了企业生产运作管理理论与实践的发展脉络，展示了企业生产运作管理中最新理论和实用的工具、方法、程序，从企业生产运作周期系统管理的角度，对生产运作过程的主要环节进行了较为全面细致的分析研究，详尽介绍了现代企业生产运作管理所涉及的主要问题和应对策略。

本书能够顺利在一年多的时间里编写完成，离不开诸多学者和创作伙伴的精心协作和努力。在这里要特别感谢徐凤敏、陈镭丹、贾瑞山、晶晶、李元秀、秦宇超、邓颖，感谢你们的努力与付出。在此付梓之际，一并向你们表示衷心感谢！

编　者

2022 年 6 月

目 录

第一章 现代生产管理通论 ……………………………………… 1
    现代生产与生产管理 ………………………………………… 2
    现代生产管理的内容 ………………………………………… 7
    现代生产过程 ………………………………………………… 13
    现代生产类型 ………………………………………………… 18
    现代生产管理的特征 ………………………………………… 20

第二章 生产系统的规划与组织 ………………………………… 25
    生产系统的总体布置 ………………………………………… 26
    车间布置 ……………………………………………………… 32
    生产过程的时间组织 ………………………………………… 37
    流水生产组织 ………………………………………………… 42

第三章 生产计划与管理 ………………………………………… 51
    生产综合计划 ………………………………………………… 52
    工业企业的生产能力 ………………………………………… 59
    生产计划的安排 ……………………………………………… 65

第四章 生产工作管理 …………………………………………… 71
    生产工作设计 ………………………………………………… 72
    生产作业测定与时间标准的建立 …………………………… 83
    员工报酬 ……………………………………………………… 95

第五章 生产任务管理 …………………………………………… 99
    生产计划 ……………………………………………………… 100

生产作业分配 ··· 107

　　生产进度跟踪 ··· 110

　　生产异常的处理 ··· 117

　　交货期管理 ··· 121

第六章　生产技术管理 ··· 127

　　生产技术岗位职责 ··· 128

　　生产技术管理制度 ··· 129

　　生产技术管理表格 ··· 144

　　生产技术管理流程 ··· 149

　　生产技术管理方案 ··· 153

第七章　项目管理 ··· 165

　　项目管理概述 ··· 166

　　项目管理的计划与控制 ····································· 170

　　项目管理组织 ··· 187

　　网络计划技术 ··· 190

第八章　物流管理与库存控制 ····································· 201

　　物流管理 ··· 202

　　物资消耗定额和储备定额 ··································· 206

　　物资供应计划 ··· 214

　　库存控制与仓库管理 ······································· 219

第九章　设备管理 ··· 231

　　设备分类管理概述 ··· 232

　　设备的选择与评价 ··· 234

　　设备的使用与维修 ··· 240

　　设备更新与改造 ··· 251

第十章　质量管理 ··· 257

　　ISO9000 族标准概述 ······································· 258

　　质量及质量管理的基本概念 ································· 262

　　质量管理原则 ··· 267

　　质量管理体系 ··· 277

质量管理体系方法……………………………………………280
第十一章　生产管理技术发展与模式改变…………………………303
　　生产方式的演变过程……………………………………………304
　　JIT生产方式的基本思想和主要方法…………………………306
　　精益生产方式……………………………………………………320
　　计算机集成制造系统……………………………………………322
　　敏捷制造…………………………………………………………327
第十二章　现代企业组织生产的先进生产方式……………………333
　　准时制……………………………………………………………334
　　精细生产…………………………………………………………340
　　最优生产技术……………………………………………………342
　　敏捷制造…………………………………………………………348
　　计算机集成制造系统……………………………………………351
第十三章　新产品开发与管理………………………………………359
　　新产品开发的基本概念…………………………………………360
　　新产品开发的方式和程序………………………………………365
　　新产品开发创意的来源…………………………………………369
　　新产品开发的设计………………………………………………376
　　新产品开发的评价和管理………………………………………383

第一章
现代生产管理通论

生产系统的中间转换就是生产制造过程，其主要内容包括：通过生产过程的合理组织，使生产要素按技术要求、各项标准完成产品的生产过程。这个转换过程也是企业的物流过程。

现代生产与生产管理

生产

生产也称社会生产,是指人们结成一定的生产关系,利用生产工具,改变劳动对象以适合人们需要的过程,即生产实际上是一种加工转换过程。在加工转换过程中,生产系统必须投入必要的生产要素(主要包括人、财、物、技术、信息),这样方可根据不同的生产目的,生产出满足人们不同需要的产品。见图1-1。

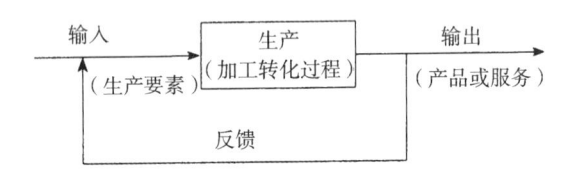

图1-1 生产活动模型

生产系统的输入有两个方面的内容:一是信息,包括生产计划、产品图样、工艺文件等生产技术要素以及有关部门标准等;二是人力、原材料、机器设备、工艺装备和能源等。

生产系统的中间转换就是生产制造过程,其主要内容包括:通过生产过程的合理组织,使生产要素按技术要求、各项标准完成产品的生产过程。这个转换过程也是企业的物流过程。

生产系统的输出,其主要内容包括产品和劳务。企业生产什么样的产品和提供什么样的劳务主要取决于用户和市场的需要。

反馈就是将生产过程输出的信息,如产品产量、质量、进度、消耗、成本等,返回到输入的一端或生产过程中,与输入的信息如计划、标准等进行比较,发现差异,查明原因,采取措施,及时解决,以保证生产过程的正常运行和生产计划的完成。反馈在生产系统中起着对生产过程的控制及提供信息的作用。

例如空调的生产，就是对生产空调所需的人、财、物、技术、信息进行加工转换的过程，该过程结束时，空调也就被制造出来了。再如宾馆饭店的生产，就是对宾馆饭店提供的产品——服务所需的人、财、物、技术、信息进行加工转化的过程。这两个例子中，产品的形式是不一样的，我们称前者为物质产品，后者为非物质产品。由于产品分为物质产品和非物质产品，所以生产也对应分为物质产品的生产和非物质产品的生产。本书主要讨论物质产品的生产管理。

生产管理

生产管理就是对企业生产活动的计划、组织、控制。它有广义和狭义之分。广义的生产管理是指对企业生产活动的全过程进行综合性的、系统的管理，也就是以企业生产系统作为对象的管理，所以，其内容十分广泛，包括生产过程的组织、劳动组织与劳动定额管理、生产技术准备工作、生产计划和生产作业计划的编制、生产控制、物资管理、设备和工具管理、能源管理、质量管理、安全生产、环境保护，等等。

狭义的生产管理则是指以产品的生产过程为对象的管理。即对企业的生产技术准备、原材料投入、工艺加工直至产品完工的具体活动过程的管理。由于产品的生产过程是生产系统的一部分，因此，狭义的生产管理的内容，也只能是广义生产管理内容的一部分。主要包括生产过程组织、生产技术准备、生产计划与生产作业计划的编制、生产作业控制等。

生产管理在企业管理中的地位

企业是一个有机的整体，企业管理是一个完整的大系统，它是由许多子系统所组成。生产管理作为一个子系统处于什么地位，需要从它和其他子系统之间的关系上来认识。

1. 生产管理与经营决策的关系

经营决策确定了企业在一定时期内的经营方针、目标、策略、计划等。生产管理作为企业管理的重要组成部分，通过组织生产活动，来保证经营意图的实现。经营决策的目的是谋求和筹划企业外部环境、内部条件和经营目标三者之间的动态平衡；生产管理为经营决策提供物质条件，起着重要的保证作用。因此，他们之间的关系是决策和执行的关系。

2. 生产管理与技术开发的关系

技术开发是企业在经营决策目标的指导下，进行的产品开发、工艺技术和原材料开发，它是生产管理的前提条件，是组织生产、实现经营目标的重要技术保证。而生产管理也为技术开发的顺利进行提供实验条件和反馈信息。因而，二者在企业管理中都处于执行地位，但又有着密切的关系。

3. 生产管理与销售管理的关系

生产管理是销售管理的先决条件，它为销售部门及时地提供用户满意的、适销对路的产品或劳务。搞好生产管理，对开展销售管理工作、提高产品的市场占有率有着十分重要的意义。然而，生产管理应主动适应销售管理工作的要求，销售部门也必须及时向生产管理部门提供可靠的信息，以改进产品、提高质量，并力求使市场需要和生产条件结合起来，达到最优配合。因此，二者在企业管理中都处于执行地位，但它们之间又是一种十分密切的协作关系。

综上所述，在企业管理系统中，经营决策处于核心地位，它决定着企业的全局，为企业的其他管理子系统确定正确的奋斗目标和方向。而其他各管理子系统，围绕着实现企业总的经营目标而活动，处于执行地位。

生产管理在企业管理中的作用

在市场经济的今天，生产管理虽然处于执行地位，但它的作用并未削弱，而是对生产管理提出了更高的要求，加强生产管理变得更为重要了。

1. 生产管理是企业管理的基本组成部分

工业生产活动是工业企业的基本活动，而工业企业经营的主要特征是商品生产。因此，生产什么样的产品、生产多少产品来满足用户和市场的需要，就成为工业企业经营的一项重要目标。生产管理就是将处于理想状态的经营目标，通过产品的制造过程而转化为商品。所以生产管理是企业经营管理的物质基础，是实现经营目标的重要保证。

2. 在市场经济情况下，对生产管理的要求更高了

在市场经济的今天，市场需求多变，不仅要产品新、品种多、质量高，还要价格便宜、交货迅速、及时。要做到这些，就必须加强生产管理，建立稳定的生产秩序，强化生产管理系统的应变能力。只有这样，才能实现企业的经营目标。

3. 加强生产管理有利于企业经营管理层搞好经营决策

在市场竞争日趋激烈的情况下，企业经营层的主要精力应抓好经营决策。但要有一个前提条件，就是企业生产管理比较健全、有力，生产、工作秩序正常，企业领导才能没有后顾之忧，才能从日常大量的烦琐事务中摆脱出来，集中精力抓好经营决策。所以，强化生产管理仍然十分必要。

生产管理的发展阶段

生产管理的发展，同科学技术的发展、管理科学化、现代化的发展是密不可分的。生产管理的方针政策和方式方法，总是和当时当地的生产力水平、政治经济体制、社会意识形态等因素保持着某种适应性关系。从市场方面来看，我国生产管理的发展变化，大致可分为四个阶段：计划导向阶段、生产导向阶段、销售导向阶段、营销导向阶段。

1. 计划导向阶段

这一阶段主要是指我国实行计划经济体制时期。在这个阶段，典型的企业管理方式是：国家投资，企业利润全部上缴，企业按国家指令性计划生产，产品由国家统购统销。企业属于单纯生产型企业。这个阶段生产管理的特点是：生产管理系统是封闭的。生产管理的重点就是提高效率，增加产量，保证完成和超额完成国家计划。

2. 生产导向阶段

这一阶段主要是指我国实行计划经济为主、市场经济为辅的经济体制时期。在这个阶段，国家对企业投资由拨改贷，企业向国家上缴由利改税。国家只对指令性计划生产的产品进行统购统销，企业需要为自己安排生产的产品寻找市场，负责盈亏。企业由单纯生产型向生产经营型转变。这个阶段生产管理的特点是：生产管理系统具有一定的封闭性，与外界联系逐步加强。生产管理的重点主要还是提高效率，增加产量，缺乏独创性和市场意识。

3. 销售导向阶段

这一阶段主要是指我国市场经济体制转换时期。在这个阶段，国家减少甚至取消了指令性计划，企业必须根据市场的需求来安排生产，实行自主经营、自负盈亏、自我发展、自我约束。企业由生产经营型向经营开拓型转变。这个阶段生产管理的特点是：生产管理系统与外界紧密联系在一

起。生产管理的重点是根据企业的战略规划,配合市场的需求,保质、保量、按期、低成本地生产出适销对路的产品。企业加强生产管理,除从技术的角度考虑保证产品质量和提高生产效率外,还注意从时间上、成本上来配合消费者的喜好和市场的需要。

4. 营销导向阶段

随着市场经济的不断发展和完善,市场竞争越来越激烈。企业为了保持在市场上的竞争能力和地位,除了在研究开发新产品上不断地下功夫外,还必须为争取和稳定顾客而进行工作。这时候,企业已成为经营开拓型企业。这个阶段生产管理的特点是:生产管理系统是完全开放的。生产管理除须与企业的战略规划配合外,还须与企业的营销计划、经营计划、利润计划互相融通,以便能对市场信息作出全面及时的反映,在最短时间内推出在质量设计及价格上均能吸引顾客的产品,满足顾客的各种需求,迅速占领市场。企业加强生产管理,不仅从技术方面,也要从时间和成本方面,更要从企业的市场营销方面来综合考虑,追求能够结合生产技术、企业设计、营销策略、成本计划于一体的生产管理方法。

以上是从市场的角度将我国生产管理的发展划分为四个阶段。从生产管理的方法研究的角度来看,生产管理的发展大致可划分为以下几个阶段,如表1-1所示。

表1-1 生产管理发展史

年份	概念或工具	创始人或创始国
1776	劳动分工的经济效益	亚当·斯密
1832	按技能高低付酬、时间研究的一般概念	查理·巴贝奇
1911	科学管理原理、工作研究	FrederickW.Tay10r
1911	动作研究、工业心理学	吉尔布雷斯夫妇
1913	移动式装配流水线	亨利·福特
1914	工作进度图表	亨利·1·甘特
1917	用经济批量控制存储	F.W.哈利斯
1931	质量控制的抽样检查和统计表	沃尔特·休哈特
1927—1933	霍桑实验对行为科学的发展	爱尔顿·梅约
1933—1934	工作抽样理论	1.H.C.蒂皮特

年份	概念或工具	创始人或创始国
1940	运筹学	英国
1950—1970	模拟理论，决策理论，数学规划，计算机应用技术，计划评审技术，自动化等	美国、西欧
1953	JIT	日本
20世纪60年代	MRP	美国

现代生产管理的内容

生产管理的内容

1. 按生产管理职能划分

生产管理的内容可归纳为生产计划工作、生产准备和组织工作、生产控制工作三个方面。

（1）生产计划工作。这是指对产品生产的计划和计划任务的分配工作。对应的生产计划主要包括产品的生产计划和生产作业计划等。产品生产计划主要规定企业在一定时期（一般为一年）内各个生产阶段所需生产的产品品种、产量、质量、产值等计划，以及为保证实现生产计划的技术组织措施计划。生产作业计划是生产计划的具体执行计划，它是根据企业的生产计划与市场形势的变化，按较短的时间（月、旬、周、日等）为企业的各个生产环节（车间、工段、班组、工作地）规定具体的生产任务和实现的方法，并保证生产过程各阶段、各环节、各工序之间在时间上和数量上的协调与衔接。

（2）生产准备和组织工作。生产准备主要包括以下三个方面的内容：

1）工艺、技术及设备方面的准备。主要包括编制工艺文件、进行工艺方案的选优、设备选择的经济评价以及设计和补充工艺装备等。

2）人力的准备。主要包括对工种、人员进行选择、配备和调整，充分发挥及挖掘人力资源的潜力。

3）物料、能源的准备。主要包括原材料、辅料、燃料、动力、外购外

协件的准备。

生产组织包括生产过程的组织与劳动过程的组织。生产过程的组织主要是解决产品生产过程各阶段、各环节、各工序在时间上和空间上的配合衔接；劳动过程的组织主要解决劳动者之间、劳动者与劳动工具、劳动对象之间的协调。

生产准备和组织工作是企业正常生产活动所必备的基本条件，是实现生产计划的重要保证。生产准备所包括的各方面准备工作之间以及生产组织所包括的生产过程组织与劳动过程组织之间，既要保持相对的稳定性，又要随着企业经营方针、经营计划及生产政策的变化而变化，只有这样才能不断提高劳动生产率，提高经济效益。

（3）生产控制工作。生产控制是指围绕着完成生产计划任务所进行的各种检查、监督、调整等工作。具体说，生产控制包括：投产前的控制、生产过程控制（包括生产调度工作、在制品管理等）、产品质量控制、库存和资金占用的控制、物料消耗及生产费用等方面的控制。实行生产控制，重要的是要建立和健全各种控制标准，加强信息收集和信息反馈，实现预防性控制。

2. 按生产管理所需做的决策类型划分

生产管理的内容包括生产系统设计的长期决策及实施、生产系统的运行和控制的短期决策及实施两个方面。

（1）生产系统设计的长期决策及实施，主要包括生产系统的地址选择（又称厂址选择）、工厂平面布置、产品的选择和设计、设备的选择、加工对象的生产设计。

（2）生产系统的运行和控制的短期决策及实施，主要包括质量控制、成本控制、进度控制和设备维修。

生产管理的任务

在市场经济的条件下，生产管理的任务主要有三条：首先是按照规定的产品品种质量完成生产任务，其次是按照规定的产品计划成本完成生产任务，最后是按照规定的产品交货期限完成生产任务。产品的质量（Quality）、成本（Cost）和交货期（Delivery），简称为QCD，是衡量企业生产管理成败的三要素。保证QCD三方面的要求，是生产管理的最主要的任务。

这三项任务是相互联系、相互制约的。提高产品质量，可能引起成本增加；增加数量，可能降低成本；为了保证交货期而过分赶工，可能引起成本的增加和质量的降低。为了取得良好的经济效益，需要在生产管理中对 QCD 加以合理的组织、协调和控制。

生产管理的任务是为实现企业经营目标服务的。生产管理的每一项任务都是通过计划、准备、生产、销售四个阶段实现的。每项任务在生产阶段的实际情况，将反馈到准备阶段。生产管理能否保证质量的要求，最终要在销售中接受用户的检验；生产管理能否保证按期交货，将通过履约率得到反映；生产管理能否按最经济的成本生产，将由销售后的盈亏作出结论。

生产管理系统的功能

为了完成上述生产管理任务，生产管理系统必须具备以下基本功能：

1. 计划功能

在与经营、营销和财务部门保持连续与沟通的基础上，通过对市场需求的预测，根据客户的要求，编制各种计划，对生产前的各项技术准备工作、劳动力的组织与调度、生产设备的安排等进行组织和协调，以便按质、按量、按品种、按期地生产出产品。

2. 分析功能

这里的分析主要包括两个方面：一是对生产系统本身的经常分析、评价，以便不断改善生产管理系统，提高生产管理水平；二是对生产计划的各个阶段的实施情况、完成情况进行跟踪调查分析，以便进一步挖掘企业的各种潜力。

3. 控制功能

在分析、比较所得到的定性、定量的资料和数据的基础上，采取相应的措施，对生产系统及生产的各个环节进行控制，使生产系统完全处于受控状态。

生产管理的组织机构

为了有效地从事生产管理，需要建立一个良好的生产管理的组织机构。这个机构在企业的组织机构中占有重要地位。生产管理机构的设置应符合三个要求：一是能够实行正确的、迅速的、有力的生产指挥；二是机构和

人员要精简,工作效率要高,有明确的责任制;三是建立一个有效的情报畅通的信息系统。由于企业的规模、生产类型、技术特点不同,生产管理组织机构的设置形式也不一样。尽管如此,它总是由两部分组成:一是生产管理的行政指挥机构,二是生产管理的职能机构。

1. 生产管理的行政指挥机构

由于有效管理幅度的限制,一名生产管理人员不可能直接有效地指挥许多人,需要分级指挥,组成一个多级的生产管理指挥系统。在企业里一般采用三级生产指挥系统,组织结构如图1-2所示。

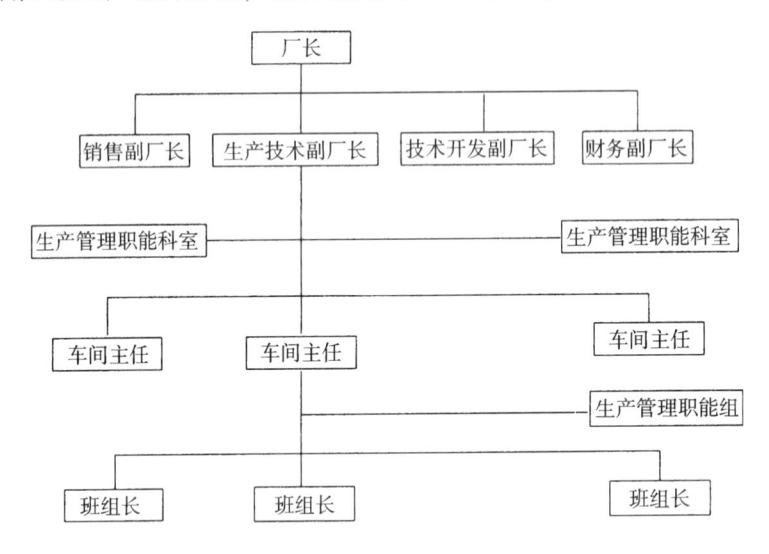

图1-2 三级生产指挥系统组织结构图

生产技术副厂长是厂长在生产管理方面的助手,在厂长领导下,负责企业的日常生产技术管理工作,直接领导各个基本生产车间和辅助车间,以及生产调度科、生产技术科等职能科室。设置生产技术副厂长(兼总工程师)比分别设置生产副厂长和总工程师为好。因为生产和技术联系密切,由一个系统管理容易统一,可以避免生产和技术、前方和后方、生产和准备之间的脱节。如果生产技术副厂长的工作过重,可设置总调度长、总工艺师等岗位,负责有关方面的工作。

车间主任是车间生产行政工作的负责人,在厂长和生产技术副厂长的领导下,全面指挥车间的生产技术经济工作。在三班制连续生产的车间,可设置值班长作为车间主任在中、夜班中统一指挥车间生产技术活动的全

权代理人。

班组长是生产班组的行政负责人，其主要职责是：一是根据车间下达的计划，组织指挥班组的生产工作；二是在技术上指导工人工作；三是检查和贯彻工人岗位责任制；四是组织工人管理员的工作。

在三级生产指挥系统中，必须加强厂级的集中统一指挥，同时注意发挥车间和班组的生产指挥作用。

2. 生产管理的职能机构

它是各级生产行政指挥人员的参谋和办事机构，在业务上起指导、帮助和监督下级行政组织的作用。生产管理职能机构的设置是多种多样的，现介绍一种典型形式。如图1-3所示。

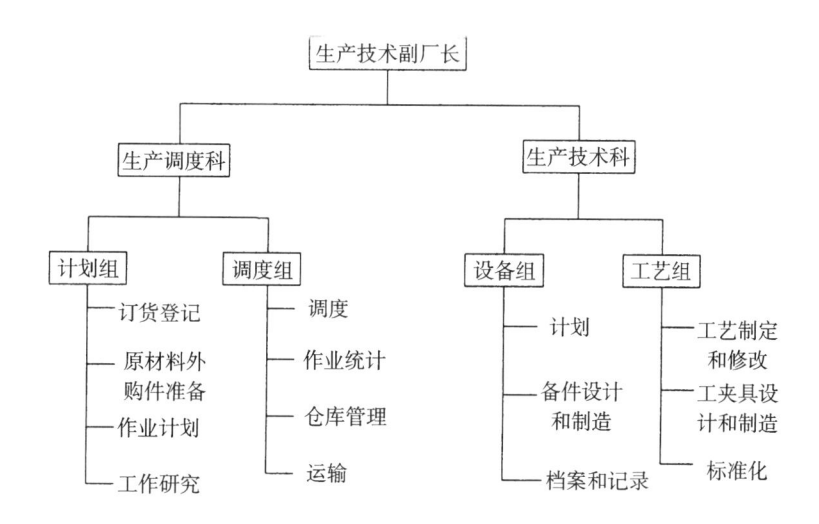

图1-3 生产管理职能机构典型形式图

3. 正确处理生产管理集权和分权的关系

在企业有多个分厂的情况下，生产管理机构的设置要正确处理好集权和分权的关系。有效地生产管理，必须符合两方面的要求：一是权力要有适当集中；二是权力要有必要的分散。处理两者的关系必须遵循统一领导、分级管理的原则。

生产管理的原则

现代工业企业的生产，从生产管理的角度看，它有两个基本特点：一是从事的是商品生产；二是从事的是现代化大机器工业的生产。

为此，搞好生产管理，必须遵循以下指导原则。

（1）讲求经济效益原则。就是要用最少的劳动消耗和资金占用，生产出尽可能多的适销对路的产品。在生产管理中贯彻讲求经济效益的原则，具体体现在实现生产管理的目标上，做到数量多、质量好、交货及时、成本低等，研究它们彼此间的联系和影响，在满足各自不同要求的前提下，达到综合经济效益的最优化，而不能追求某一方面的高水平。追求综合经济效益的最优化不能否定企业在不同时期内，根据市场要求、产品特点、企业生产技术条件，制定正确的生产政策和管理重点。突出重点、兼顾一般也是提高经济效益、加强生产管理的有效方法。

（2）坚持以销定产的原则。就是根据销售的要求来安排生产。在市场经济的今天，坚持这条原则尤为重要，否则企业就有被淘汰的危险。因此，应加强对生产管理人员的教育，树立正确的经营观念，面向市场，克服只埋头生产的单纯生产观点。

（3）实行科学管理。就是指在生产过程中要运用符合现代工业生产要求的一套管理制度和方法。现代工业生产主要依靠在生产中系统的应用现代科学技术知识，因此必须实行科学管理。实行科学管理要做许多工作：第一，必须建立统一的生产指挥系统，进行组织、计划、控制，保证生产过程正常进行；第二，要做好基础工作，即建立和贯彻各项规章制度、建立和实行各种标准、加强信息管理等，这是搞好科学管理的前提条件；第三，要加强职工培训，不断增加他们的科学技术知识和科学管理知识，同时要教育他们树立适应大生产和科学管理要求的工作作风。

（4）组织均衡生产。均衡生产是指出产产品或完成某些工作，在相等时间内，在数量上基本相等或稳定递增。均衡生产是有节奏、按比例的生产。组织均衡生产是科学管理的要求。因为均衡生产有利于保证设备和人力的均衡负荷，提高设备利用率和工时利用率；有利于建立正常的生产秩序和管理秩序，保证产品产量和安全生产；有利于节约物资消耗，减少在制品占用，加速资金周转，降低产品成本。总之，组织均衡生产能够取得比较好的经济效益。

总之，生产管理的原则就是经济性、市场性、科学性和均衡性，其中经济性是最根本的，其他三项是为经济性服务的。

现代生产过程

任何企业的产品生产,都需要经过一定的生产过程。生产管理的任务就是通过合理组织生产过程实现企业的经营战略和经营目标。

生产过程及其组成

所谓生产过程是指从投料开始,经过一系列的加工,到成品出厂为止的全过程。生产过程组织就是要以最理想的方式将各种生产要素结合起来,对生产过程的各道工序、各个环节、各个阶段进行合理的安排,使之形成一个协调的系统。生产过程组织的主要内容有:生产过程的空间组织和生产过程的时间组织。

在生产过程中,主要是劳动者运用劳动工具,直接或间接地作用于劳动对象,使之按人们的预定目的变成工业产品的过程。在某些生产技术条件下,实现产品的生产,还要借助于自然力的作用。这时候,生产过程就是一系列相互联系的劳动过程和自然过程相结合的全部过程。

产品的生产过程包括劳动过程和自然过程。劳动过程包括:工艺过程、检验过程、运输过程。自然过程包括自然时效、自然干燥、自然冷却、自然凝固。

所谓劳动过程就是劳动者利用劳动资料,按照一定的加工顺序和方法,直接或间接地作用于劳动对象改变其结构、形状、性质等的过程。工艺过程是直接改变劳动对象的尺寸、形状、性质、精度、粗糙度的过程;检验过程是对原材料、半成品、产成品的质量进行检验的过程;运输过程是将在制品从一个工作地转移到另一个工作地的过程。

所谓自然过程,是指劳动者利用自然力作用于劳动对象,使之发生物理、化学变化的过程。如铸件,需利用自然力进行自然时效处理,以消除内应力;装配过程中的油漆,需利用自然力进行凝固和干燥。自然过程一般与工艺过程交叉进行。

产品生产过程还可以划分为若干相互联系的工艺阶段。所谓工艺阶段

是指按照使用的生产手段的不同和加工性质的差别而划分的局部生产过程。如机械加工产品可分为毛坯制造、金属切削、加工装配三个工艺阶段。每个工艺阶段又由若干工序组成，所谓工序是指由一个工人或一组工人在同一工作地上对同一劳动对象进行加工的生产环节，它是组成生产过程的基本单元。

企业生产过程的组成

产品的生产过程中所需要的各种劳动，在性质及对产品所起的作用上是不同的，根据这些特点，企业的生产过程可分为以下五个部分。

（1）生产技术准备过程。这是产品在投入生产前所进行的各种技术准备工作，如产品研究试验工作、产品设计、工艺设计、工艺装备的设计与制造、标准化工作、材料定额与工时定额的制定与修订、劳动组织和设备布置等工作。

（2）基本生产过程。这是对企业主要产品进行加工的过程，它代表着企业的专业方向。在机械制造企业中它包括下料、铸造、锻造、机械加工、热处理、铆焊、电镀、装配、涂装等工作。

（3）辅助生产过程。这是指为保证基本生产过程的正常进行所必需的各种辅助产品的生产过程，如企业自己进行的动力生产（电力、蒸气、煤气、压缩空气等）、夹具、模具、刃具的制造，设备、厂房的维修和备件的生产等等。

（4）生产服务过程。这是指为基本生产和辅助生产所进行的各种生产服务活动，如原材料、半成品和工具的供应、运输、保管、配套、试验与化验，以及产品包装、发运等。

（5）副生产过程。这是指企业根据自身的条件和可能，生产市场所需要的非属企业专业方向的产品而进行的生产过程，如飞机制造厂利用边角余料生产日用铝制品等。

生产过程的几个部分之间既有区别，又有联系。基本生产过程是核心，生产技术准备过程是必要前提，辅助生产过程和生产服务过程是围绕基本生产过程进行的。

在不同的生产企业中，生产过程的构成是不同的。企业生产过程的构成取决于下述因素：企业的产品特点、企业的生产规模、企业采用的设备

与工艺方法、企业的生产专业化与协作化水平。

合理组织生产过程的原则

企业的基本任务是为社会提供质量高、价格低廉的产品，以使企业达到较好的经济效益。要实现这个任务，就必须合理组织生产过程，就是要使产品在生产过程中行程最短、时间最少、耗费最低。为达到这个目的，就必须考虑如下的几项基本原则和要求：作业细分化、集中化和一体化、专门化、比例性、平行性、单向流、连续性、节奏性、自动化、柔性化等。这些原则的意义、作用和相对的重要性，在具体的生产条件下，可能会发生变化。随着科学技术的进步和生产的发展，也可能产生新的原则，而某些过细的原则就可能失去意义和作用。

1. 作业细分化原则

这是将生产过程划分为各个工艺过程、工序、工步、操作、动作。根据每个要素特点的分析，能够创造实现它的最好条件，以保证各种资源费用最低。很多年以来，流水生产就是依靠工艺过程作业细分化原则发展起来的。划分出延续时间最短的作业，可以简化生产的组织工作和所需的工艺装备，有利于提高工人的劳动熟练程度和劳动生产率。但是，过细的分工，容易形成生产过程的单一性和增加工人的劳动强度，造成手工作业工人疲劳程度增加。作业数量的增加也会引起工作地之间劳动工具重新安装和工件装卸费用的增加。

2. 工序集中化和生产过程一体化的原则

随着现代化的、高效率的柔性设备——数控机床、加工中心、机器人等的应用，作业细分化原则就转化为工序集中化和生产过程一体化的原则。工序将成为大工作量的、复杂的并运用先进的设备和以工作队原则组织劳动的方式来完成。在各流水线上，都在一个统一的综合体中，完成零件和产品的加工、装配以及运输任务。通过设计、制造、运输、检验、库存、服务过程和整个复杂的生产系统管理过程的相互协调，保证了一体化柔性生产系统的高效率。

3. 专门化原则

专门化原则的依据是限制生产过程要素的种类。譬如以工种专门化来划分工人组，这就可以促进工人熟练程度和劳动生产率的提高。但是在有

些情况下，生产的合理组织要求工人掌握相近的工种，以便保证在生产过程中工人之间的相互替代性。有时工人从一种工作转换到另一种工作，可以减轻疲劳和工序单调引起的不适。工作的专门化程度取决于作业的固定系数，也就是在一定的时间间隔内（例如一个月），每一工作地所完成的零件工序数量。

当一个工作地固定为若干道零件工序，或根本没有经常固定的工序时，就产生了工人从一道工序转换到另一道工序的时间损失，也会影响工人熟练程度的提高。生产工段、车间、工厂专门化的前提是，限制在这些生产单位加工（或装配）的零件或产品的品种。如果一个品种的零件或产品的总产量和劳动量能保证工作地的充分负荷，那么就可以建立单一对象流水生产线、工段、甚至专门化的工厂。

4. 比例性原则

生产过程的比例性，又叫协调性，是指生产过程的各阶段、各工序之间在生产能力上要保持适当的比例关系。它要求各个生产环节之间，在劳动力、生产效率、设备等方面，相互协调发展，避免脱节现象。保证生产过程的比例性，既可以有效地提高劳动生产率和设备利用率，也进一步保证了生产过程的连续性。

5. 单向流原则

单向流原则在于保证零件和装配单元在生产过程中的移动是最短路径，在工段、车间以及全厂内不允许生产对象发生迂回的流动。为了遵循这一原则，生产设备必须按工艺过程的进程布置。在大量生产或成批和单件生产下组织成组方法中，这一原则获得了最充分体现。库房、制造车间、工段及设备在工厂内最合理布置的指标之一，就是最少的货物流动总量。

6. 连续性原则

生产过程的连续性是指产品在生产过程的各个环节上始终处于运动状态，不产生或少产生不必要的中断、停顿和等待现象。就是说，产品不是在加工，就是在检验或处于运输途中。保持和提高生产过程的连续性，可以缩短产品的生产周期，减少在制品的数量，加速资金的周转，也可以使物资设备和生产面积得到有效利用，减少产品在停放等待时可能发生的各种损失，有利于改善产品质量，从而使生产具有较高的效率和获得更大的

效益。

7. 节奏性原则

生产过程的节奏性是指产品在生产过程的各个阶段，从投料到成品完工入库，都能保持有节奏地均衡地进行。要求在相同的时间间隔内生产大致相同数量或递增数量的产品，避免前松后紧的现象。

生产过程的节奏性应当体现在投入、生产和出产三个方面。出产的节奏性是安排原材料、坯料、元器件投入和生产的主要依据，而投入和生产的节奏性又是出产节奏性的可靠保证。因此，为确保生产的节奏性，不仅要对基本生产过程加强管理，还要提高辅助生产和生产服务过程工作的质量和水平。此外，还要做好组织管理工作，以计划为准绳，抓投入、抓配套、抓前工序，充分进行生产作业准备，驾轻就熟地进行生产控制工作，从而实现企业生产过程的节奏性。

实现生产过程的节奏性，有利于劳动资源的合理利用，减少工时的浪费和损失。有利于设备的正常运转和维护保养，避免因抢进度使设备超负荷使用而出现故障；有利于产品质量的提高和防止废品；有利于减少在制品的大量积压，使生产正常储备得以保持；有利于安全生产，避免各种人身事故的发生。

8. 自动化原则

在现代生产条件下，生产过程自动化，已成为提高生产效率及其集约化的最重要原则之一。生产过程的自动化能使零件、成品产量增加，劳动消耗减少；使繁重的手工劳动由高技能的工人或更具智力的劳动所取代；取消有害条件下的手工劳动，并由工作机器人取代。服务过程的自动化也尤为重要。运输设备和库存的自动化，不仅能完成生产对象传送和存储的功能，而且还可以保证整个生产的节奏性。

9. 柔性原则

现代企业的生产组织必须适应市场需求的多变性，要求在短时期内，以最少的资源消耗，从一种产品的生产转换为另一种产品的生产。所谓"柔性"是指同一组设备和工人，在生产组织形式不变的条件下，它具有适应加工不同产品的生产能力，并能保持高生产率和良好的经济效益。在整个生产过程中，必须全面遵循柔性原则，即加工设备能力有求必应具有

柔性；制造工艺、生产作业计划、厂内运输和库存管理，以及生产经营管理等诸方面都要具有柔性，以实现多品种、小批量、生产条件更新快、周期短、质量好、成本低的目标。为提高生产系统的柔性，除了采用数控机床（NC）和加工中心（MC）等适应能力强的机床设备，培训工人成为多面手之外，还要在生产组织方面采取必要的措施，如在应用成组技术对产品零件进行分类的基础上采用成组生产单元和柔性制造系统（FMS）等组织形式。

上述合理组织生产过程的诸原则，它们既有区别，又有内在的联系和相互制约的关系，而且在不同的条件下，又有不同的意义和使用价值，所以必须灵活地加以综合应用，以求得系统整体的最大效益。

现代生产类型

科学的生产管理要按生产过程运行的规律办事。各行各业的生产过程有很大差异，即使是同一工业部门的企业，由于其产品结构和生产工艺的复杂程度不同、产品品种多少和生产规模等方面的差异，每个企业的生产过程也各具特色。只有很好了解企业生产过程的特征并掌握其运行的规律性，才能为一个企业确定合理的生产类型，以保证获得良好的经济效益。面对形形色色的企业和千差万别的生产过程，如何才能识别它们各自的特征及其运行规律性，最好的办法是运用成组技术原理。根据一定的分类标志，把不同的生产过程按相似性进行分类，在分类的基础上，针对每一类的生产过程的特征及其运行规律来设计与之相适应的生产管理系统。

生产类型的概念

所谓生产类型是指企业的各个生产环节按照它在较长的一个时期内生产的品种的多少及同种产品数量的多少而划分的一种生产类别。

企业生产类型的划分

各行各业的生产过程千差万别，按不同的标志可以划分成不同的类型：

（1）按生产方法可划分成：合成型、分解型、调制型、提取型。

(2) 按接受生产任务的方式可划分成：订货生产方式、存货生产方式。

(3) 按生产的连续程度可划分成：连续生产、间断生产。

(4) 按生产任务的重复程度和工作地的专业化程度可划分成：大批大量生产、成批生产、单件小批生产。

生产类型对企业技术经济指标的影响

不同的生产类型对企业的经营管理工作和各项技术经济指标有着显著的影响，详见表1-2。

表1-2 不同生产类型对企业管理的影响

生产类型 项 目	大批大量生产	成批生产	单件小批生产
产品品种	很少或单一	较多	很多
每种产品的产量	很大	较大	很少或单个
工作地担负的工序数目	很少	较多	很多
生产设备	广泛采用专用设备	部分采用专用设备	主要采用通用设备
生产设备的布置	按对象专业化原则布置	既有按对象专业化原则布置也有按工艺专业化原则布置	主要按工艺专业化原则布置
设备利用率	高	较高	低
工艺装备	采用高效或自动化工装	专用或通用工装兼有	主要采用通用工装
产品设计	三化程度高，零件互换性好	三化程度低，零件在一定范围内互换	按用户要求单独设计
适应能力	差	较好	好
对工人生产技术要求	低	一般	较高
对劳动定额制定的要求	高	一般	较低
劳动生产率	高	较高	低
计划管理工作	简单	比较复杂	复杂多变
生产控制	易	难	较难
产品成本	低	较高	高
经济效益	最好	较好	较差

综上所述，大批大量生产的经济效益最好，成批生产次之，单件小批生产最差。因此，生产管理的任务之一就是要通过一切可能的措施来改变生产类型，以获得较好的经济效益。

改变生产类型的途径

改变企业的生产类型的途径有：

（1）在全面规划、统筹安排的原则下，积极发展工业生产的专业化和协作，包括产品专业化、零部件专业化、工艺专业化和辅助生产专业化，以及响应的各种形式的生产协作，为减少重复生产、增加同类产品产量、简化企业的生产结构和提高企业的专业化水平创造条件。

（2）进行产品结构分析，改进产品设计，加强产品系列化、零部件标准化、通用化工作。

（3）在工艺设计方面，积极开展工艺过程典型化工作，使同类零件或结构相似的零件能具有相同或大致相同的工艺加工过程，减少工序数目，提高工作地的专业化水平，增加工序的加工批量，为采用成组加工工艺或先进的生产组织形式创造条件。

（4）在生产组织方面，加强订货管理，在保证订货的前提下，合理搭配品种，以减少同期生产的产品品种；改善劳动组织，提高工作地的专业化水平。

总之，应尽可能从各方面去扩大批量，以提高工作地的专业化程度，这样就有可能在单件小批生产的企业组织成批生产，在成批生产的企业组织大批大量生产，以提高企业生产的经济效益。

现代生产管理的特征

生产管理的内容与课题是随着时代的发展而变化的。传统的生产管理着眼点主要在生产系统内部，即着眼于一个开发、设计好的生产系统内，对开发、设计好的产品的生产过程进行计划、组织、指挥、协调、控制等。但是，近二三十年来，随着世界经济以及技术的发展，制造业所处的环境

发生了很大的变化，由此带来了一些生产管理内容及其重点的变化。

环境变化对企业的要求

当今制造业所处的环境可以用两句话来概括：市场需求日趋变化，技术进步突飞猛进。进入20世纪70年代以后，以石油危机为转折点，一是由于资源价格飞涨；二是随着经济的发展，消费者的行动变得更加具有选择性；三是全球经济一体化快速发展。因此，市场开始朝着多样化的方向发展。与此同时，近20多年来，自动化技术、微电子技术、计算机技术等新技术层出不穷。环境的变化给制造业提出了一系列新的课题：

（1）市场对产品的质量、性能要求变得更高，还要求产品有明显的个性或特色，并能随时更新换代，产品的寿命周期越来越短。这种趋势使得企业必须经常投入更大力量和更多的注意力进行新产品的研究与开发。

（2）市场需求的多样性使得以往单一品种大批量生产方式逐渐无法再施展其威力，因此要求企业生产更多地转向多品种、小批量生产。而生产方式的这种转变必然要求企业生产管理体制和管理方法也相应地改变。

（3）技术的飞跃进步使设备有可能不断更新，通信和监控装置也不断改型换代，从而形成效率更高、更有灵活性的生产系统。这种因素再加上不断开发的新产品对生产系统功能的新要求，使企业不断面临生产系统的选择、设计与调整。

生产管理的变化

企业环境的这种变化以及企业所面临的这些新课题给现代制造业的生产管理也带来了新的变化，注入了新的内容，使生产管理以及生产管理学也相应地发生了变化，并得到发展。这些新变化和新发展主要可归纳为以下几个方面。

1. 现代生产管理的范围比传统生产管理的范围更宽

如上所述，当代企业所面临的诸多新课题，如果从企业经营决策的角度来看，其决策范围在向新产品的研究与开发、生产、生产系统的选择、设计与调整的方向延伸；而从生产管理的角度来看，为了更有效地控制生产系统的运行。适时适量地生产出能够充分地满足市场需求的产品也必然要参与产品的开发与生产系统的选择、设计，以便使生产系统的运行前提——产品的工艺可行性、生产系统的合理性能够得到保障。

进一步而言，由于生产管理的结果最直接地影响着产品的市场竞争力，在市场竞争日趋激烈的今天，生产管理也正越来越多地从其特有的职责角度去考察生产管理的结果对产品市场竞争力的贡献，并力图通过市场信息的反馈来进一步改进生产管理工作。因此，从这个意义上说，企业的经营活动与生产活动，经营管理与生产管理的界限越来越模糊，企业的生产与经营，相互之间的内在联系更加严密，并相互渗透，朝着一体化的方向发展，构成为一个完整的有机整体，以便能够更加灵活地适应环境的变化和要求，这将是生产管理的发展趋势之一。

2. 多品种、中小批量混合生产将成为生产方式的主流，从而带来生产管理上的新变化

20世纪初，以福特制为代表的大量生产方式揭开了现代化社会大生产的序幕，该生产方式所创立的生产标准化原理、作业单纯化原理以及移动装配法原理等奠定了现代化社会大生产的基础，至今仍是制造业的主要生产方式。但是时代进展到今天，一方面，在市场需求多样化面前这种生产方式逐渐显露出其缺乏柔性、不能灵活适应市场需求变化的弱点；另一方面，飞速发展的电子技术、自动化技术以及计算机技术等，从生产工艺技术以及生产管理方法两方面，都使大量生产方式向多品种、中小批量生产方式的转换成为可能。因此，大量生产方式正逐渐丧失其优势，而多品种、中小批量混合生产方式将越来越成为主流。但是，生产方式的这种转变使得在大量生产方式下靠增大批量、降低成本的方法不再能行得通，生产管理面临着多品种、中小批量生产与降低成本之间相矛盾的新挑战，从而给生产管理带来了从管理组织机构到管理方法上的一系列新变化，为生产管理学也提出了一系列新的研究课题。

3. 计算机技术给生产管理带来的变化

近20年来，计算机技术已经给企业的经营活动以及包括生产管理在内的企业管理带来了惊人的变化，这是有目共睹的。CAD、CAM、MIS、OA以及生产系统中出现的 FMS、FA、GT、CAPP 等技术在企业生产以及企业管理中的应用极大地提高了生产和管理的自动化水平，从而极大地提高了生产率，同时也给生产管理带来了许多新变化和新课题。近20年发展起来的CIMS 技术更使得企业的经营计划、产品开发、产品设计、生产制造，以及

营销等一系列活动可能构成一个完整的有机系统，从而更加灵活地适应环境的变化和要求。计算机技术具有巨大的潜在效力，它的应用和普及将给企业带来巨大的效益。但是，这种技术的巨大潜在效力在传统的管理体制下是无法充分发挥的，必须建立能够与之相适应的生产经营综合管理体制，并进一步朝着经营与生产一体化、制造与管理一体化的高度集成方向发展。这将是现代生产管理的进一步发展方向。

　　总而言之，在技术进步日新月异、市场需求日趋多变的今天，企业环境发生了很大的变化，相应地给企业管理也带来了许多新变化和新课题，它要求从观念、组织、方法、手段以及人员管理等多方面探讨和研究这些新问题。

第二章
生产系统的规划与组织

生产系统总体布置对企业的生产经营有着深远的影响,如果布置不合理,则无法保证生产系统的良好运行,也就难以保证生产目标的实现。

生产系统的总体布置

生产系统的总体布置也叫工厂布置，就是以科学的方法和手段为企业选择一个合适的建厂地点，并对组成工厂的各个部分、各种生产设施与设备，以及厂内运输线路等物质要素在平面和空间上进行合理配置，使之形成有机的系统，从而能以最经济的方式和较高的效率满足生产经营的要求。生产系统总体布置对企业的生产经营有着深远的影响，如果布置不合理，则无法保证生产系统的良好运行，也就难以保证生产目标的实现。

理想的生产系统布置，开始于建厂前的设计阶段。当需要建一个新厂或老厂需要搬迁重建时，应根据拟建企业的生产规模、生产性质和产品发展方向，对组成工厂的各个部分（车间、仓库、办公室等）、对占有空间位置的各种主要物质要素进行总体安排，科学地确定它们之间的地理位置，然后按照要求，设计厂房、建筑物，安排生产设备，确定仓库和厂内运输线路。但对于大多数现有企业来说，厂址已经确定，厂房、设备都是现成的，进行工厂布置要受许多客观条件的限制。不过，老厂在技术改造过程中遇有下列情况之一时，也需要考虑工厂布置的问题：

（1）为调整产品结构或扩大生产能力需要进行扩建、改建。

（2）因引进先进技术，改进生产工艺，需要调整生产流程，迁移生产设备。

（3）因三废（废气、废水、废渣）污染或噪声扰民等原因需要搬迁。

（4）原工厂布置明显不合理，经济效益差，需要重新调整或作局部变动。

（5）企业按专业化协作原则进行改组，需要重新安排生产任务。

以工业企业为例，生产系统总体布置主要包括：厂址选择和工厂总平面布置。

厂址选择

厂址选择就是确定企业坐落的区域位置。企业建立在什么地区、什么

地点，不仅影响建设投资和建设速度，而且还影响工厂布置和企业建成后的生产经营费用、产品质量与成本。厂址选择不当，会给企业布置带来难以克服的困难，严重影响企业的经济效益。

1. 厂址选择应考虑的因素

（1）地理条件。首先，厂区的面积与外形应适合企业总平面布置的要求；其次，尽可能选择地势平坦之处。

（2）气候条件。气候条件决定是否需要增设空调设备。

（3）交通运输条件。年运输量大的企业应选择在靠近铁路、河流和有管道运输的地方建厂。

（4）资源条件。尽量接近原材料产地，或保证能取得足够数量的原材料供应。

（5）能源供应条件。尽量接近产煤、产油或供电方便的地点。

（6）水源与排水条件。应选择在水源充足，水质良好，排水方便的地方。

（7）厂址四周应有适当的扩展余地。

（8）环境保护。应充分考虑本企业和厂址附近其他企业对环境造成的危害，便于三废处理。

（9）符合防震、防火、防水等安全要求。

（10）职工的生活条件，包括住房、生活设施、服务网点、交通条件和美化环境。

（11）开展科研、教育和生产协作的条件。

（12）劳动力来源。最好能就近取得符合一定质量要求的工人来源。

（13）产品销售条件。尽量接近消费地区，便于产品储存和运输。

（14）料场条件。在车站和码头附近要有足够面积的料场，以便堆放原材料、燃料等。

（15）建厂投资费用。建厂投资费用是指全部建厂的投资费用，包括占地、移民、现有建筑物的拆迁、赔偿等所需的费用。

上述各种因素对于不同企业、不同产品的生产有着不同的影响和不同的要求。要进行可行性研究，综合考虑各种因素的影响作用，力求支出最低的建设投资费用和生产经营费用。

2. 厂址选择的方法

影响厂址选择的因素很多,为了综合地评价各种因素的作用,可采用一种适用于定性分析的方法——分等加权法。这种方法首先要列出影响厂址选择的所有因素,并按重要程度确定其权数。例如将"料场"这个最一般的影响因素,确定其权数为1,再将其他各种因素与之相比较,分别确定其权数,如确定"能源供应条件"的权数为8,"生活条件"的权数为6等。权数由有经验的专业管理人员、工程技术人员和领导干部共同研究确定。其次要列出可供选择的各个厂址。如有甲、乙、丙、丁四个地址,究竟选择哪一个地址,需要权衡各种影响因素的利弊得失后才能确定。每一个因素对各个地址的影响,可能有好有差,可按其影响的不同程度划分几个等级,如最佳、较好、一般、最差,并相应地规定各等级的系数为4、3、2、1。如"地理条件"这一因素,对丙厂址最佳,则其系数为4,乙厂址次之,系数为3,甲厂址又次之,系数为2,丁厂址最差,系数为1。确定了权数和等级系数后,将两者相乘就可以计算出该因素下各个厂址的得分数,将每一个厂址在各因素下所有得分数加起来,其中得分最多的就是所要选择的较佳厂址。分等加权法的计算实例见表2-1,表中数字是假设的。计算表明,"丙"是可选择的较佳厂址。

表2-1　分等加权法

影响因素	权数	可供选择的厂址			
		甲	乙	丙	丁
地理条件	7	2 / 14	3 / 23	4 / 28	1 / 7
气候条件	3	3 / 9	2 / 6	3 / 9	1 / 1
交通运输	6	3 / 12	1 / 6	3 / 18	2 / 12
资源条件	7	1 / 7	2 / 14	4 / 28	3 / 21
能源供应	8	2 / 16	3 / 24	4 / 32	2 / 16
水源	5	2 / 10	2 / 10	4 / 20	3 / 15
排水	5	2 / 10	3 / 15	4 / 20	1 / 5
扩展余地	2	1 / 2	3 / 6	2 / 4	4 / 8

影响因素	权数	可供选择的厂址			
		甲	乙	丙	丁
环境保护	4	1 / 4	2 / 8	3 / 12	4 / 16
安全	3	3 / 9	3 / 9	4 / 12	4 / 12
生活条件	6	2 / 12	3 / 18	4 / 24	1 / 6
协作条件	4	2 / 8	3 / 12	4 / 16	1 / 4
劳动力	5	1 / 5	2 / 10	3 / 15	2 / 10
产品销售	5	3 / 9	3 / 9	4 / 12	1 / 3
料场	5	3 / 3	4 / 4	3 / 3	4 / 4
投资费用	5	2 / 12	3 / 18	4 / 24	6 / 1
总计	5	142	190	277	148

工厂总平面布置

1. 工厂总平面布置的原则

工厂总平面布置也就是根据已选定的厂址地形，对组成工厂的各个部分，包括基本生产车间、辅助生产车间、仓库、公用设施、服务部门、绿化设施等进行合理布置，确定其平面和立体的位置，并相应地确定物料流程、运输方式和运输线路。

工厂总平面布置必须从系统的观点出发，统筹兼顾，全面规划，合理部署，讲求整体最优。如果不顾整体，片面强调某个局部，随意安排项目会给整个企业布置造成困难和产生不良后果。为避免重大失误，应首先明确一些基本的指导原则，作为判断工厂总平面布置方案是否合理的基本界限。进行工厂总平面布置一般应遵循下列原则。

（1）最短距离和单一流向原则。在符合工艺要求（考虑近期和远期）的前提下，使原材料、半成品和成品的运输路线尽可能短，这样可以缩短生产周期，减少生产费用，加强和保持生产环节之间的联系，因此必须将生产联系和协作密切的车间或部门尽量布置在一起；另外，使生产流程尽量避免迂回和往返运输现象，使产品生产能顺流而下。

(2) 立体的原则。在技术上可行和资金允许的前提下，应尽量采用多层的立体布置，以利于有效充分利用空间和各种场地，节约使用生产面积和缩短厂内运输距离，提高经济效益。

(3) 安全原则。工厂布置方案应有利于保证生产安全和增进职工的健康，符合有关安全生产的法令和制度，符合劳动保护、环境保护的法令和制度，符合文明生产的各项要求。

(4) 弹性的原则。随着科学技术的进步和社会对产品需要量的增加，企业生产不可能长期停留在一个水平上。因此，工厂布置应留有余地，要考虑长远发展的需要，使得日后可能发生调整时，基本生产流程相对稳定，技术改造和扩充施工不影响或少影响原有布置的生产活动，调整工厂布置而发生的费用应最低。

以上原则互相影响，互相制约，在一些主要考虑近期经济效益的原则和中远期发展的原则之间可能存在矛盾，因此在进行厂内布置时，不仅需要反复核定和细致的计算，更需要方案的制定者和决策者具有高度的综合能力和对未来准确的判断能力。

2. 厂内平面布置的方法——物料运量图法

这种方法主要是按照生产过程中原材料、在制品、成品等物料总的流动方向及生产单位之间搬运量来布置企业的车间及各种设施的相对位置，特别适用于物料运量很大的企业。应用这种方法首先要有一个初步的布置方案，根据初步方案和生产工艺的顺序，绘制物料流向图，并计算各组成部分的搬运量。通过对不同运输方案的计算、比较，确定一个最优方案，并根据它反过来修正原先的布置方案，使总平面布置更趋合理。最优化的运输方案就是要使搬运总量最小，特别是非相邻的单位之间的搬运量要最小。具体做法为：

(1) 根据原材料、在制品在生产过程中的流向，初步布置企业的车间及各种设施的相对位置，绘出初步物流图。

(2) 统计车间之间的物料流量，制定物料运量表，如表2-2所示。

表 2-2 物料运量表　　　　　　　　　单位：t

从一车间＼第一车间	01	02	03	04	05	06	总计
01		6		2	2	4	14
02			6	4		3	13
03		6		6	4	4	20
04			6		2	4	12
05				1			1
06		3	4				7
总计	0	15	16	13	11	12	

（3）按运量大小进行初试布置，将车间之间物料运量大的安排在相邻位置，并考虑其他因素进行改进和调整。

最后结果如图 2-1 所示。可以看出 02 和 03 车间，03 和 04 车间运量最大，因此在不违反其他要求的情况下应尽量布置得近一些。

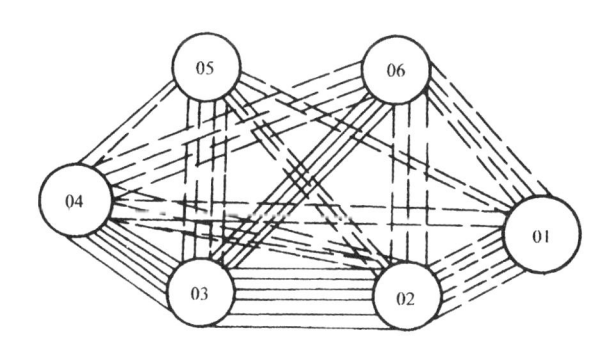

图 2-1　运量图

实线代表双向运输，虚线代表单向运输图 2-1 是总平面布置的雏形，它使各单位之间处于最经济的位置，但并不等于总平面布置的最终结果。总平面布置还要在此基础上计算各单位所需要的面积，布置通道，设计生产服务和生活服务部门，选择运输设备等。每个单位所需要的面积，可根据设备数目和每台设备所需面积，以及操作者、物料储存、通道、更衣室等所需面积估算确定。有了各单位所需要的面积，就可以按厂址地形作平面布置。

车间布置

车间是进行产品生产或其他业务活动的主要场所，车间如何布置直接关系到生产力的三个要素，即劳动者、劳动手段和劳动对象如何更好地结合问题。合理的车间布置有利于企业实现文明生产，提高生产的经济效益。车间布置一般分为两部分：一是车间总体布置，二是车间的设备布置。

车间的总体布置

确定车间各组成部分的位置，就是车间的总体布置。车间总体布置的要求、程序与方法与企业总平面布置相似，只不过规模小一些而已。进行车间布置时，首先要安排车间的总体布置。车间由哪些部分组成取决于车间的生产性质和生产规模，一般大型的生产车间由以下六个部分组成：

（1）基本生产部分，如机械加工车间的各种机械加工设备。

（2）辅助生产部分，如机修组、电工组、磨刀间等。

（3）仓库部分，如中间库、工具室等。

（4）过道部分，如主要过道、次要过道等。

（5）车间管理部分，如办公室、资料室等。

（6）生活设施部分，如休息室、盥洗室、更衣室。

其中，基本生产部分的布置要符合生产工艺流程的要求，尽量缩短物料流程；辅助生产部分的布置要便于向基本生产部分提供服务，如机械加工车间的工具室应设在工人领取工具方便的位置，并与磨刀间相靠近；车间内过道的设置要考虑物料运输与安全的需要，主要过道两旁应有明显标志，最好能与进出车间的大门相连接；更衣室、厕所等生活服务部分的面积应根据车间男、女职工的人数计算确定，以便于职工使用。

车间设备布置

在车间的各个组成部分中，基本生产部分决定着车间面貌，占用车间面积也最多。车间布置的重点应放在这一部分的设备布置上。设备布置是否合理，将影响产品生产周期和生产成本，影响劳动生产率的提高。

设备布置的原则是：

（1）尽量使产品通过各设备的加工路线最短，多设备看管时，工人在设备之间的行走距离最短。

（2）便于运输。加工大型产品的设备应布置在有桥式吊车的车间里；加工长形棒料的设备尽可能布置在车间的入口处。

（3）确保安全。各设备之间、设备与墙壁、柱子之间应有一定的距离；设备的传动部分要有必要的防护装置。

（4）便于工人操作和工作地的布置。

（5）充分利用车间的生产面积。在一个车间内，可因地制宜地将设备排列成纵向、横向或斜角，不要剩下不好利用的面积。

车间设备布置（通常也叫生产过程的空间组织）主要有三种形式：一是工艺专业化形式；二是对象（或产品）专业化形式；三是混合形式。此外还有一种特殊的形式——定位布置。

（一）工艺专业化布置

工艺专业化布置，亦称工艺原则，是按照生产工艺性质的不同来设置车间（或工段、小组），在按工艺专业化布置的生产部门里，集中着同种类型的工艺设备，对企业的各种产品（零件）进行相同的工艺加工。例如，把所有车床、铣床、磨床等各放在一起，如图2-2所示。

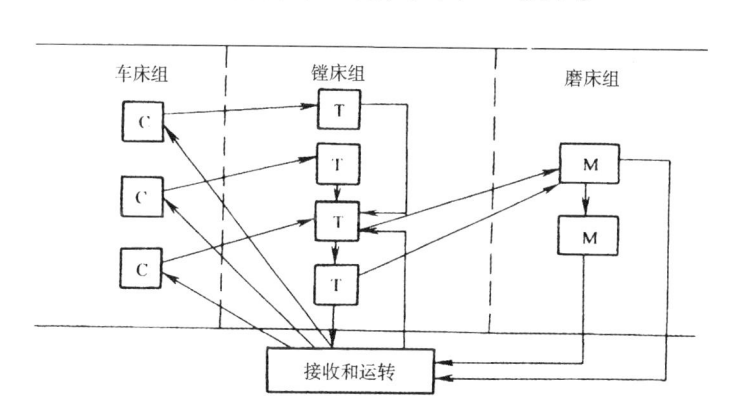

图2-2 按工艺专业化布置示意图

由此可见，按工艺专业化进行工厂布置，就是在工厂内部设置一系列具有各种特定功能的工艺中心。这种布置的生产部门，其名称如：铸造分

厂（或车间、工段），机械加工分厂（或车间、工段），热处理分厂（或车间、工段）等。

1. 工艺专业化布置的特点

（1）同一生产部门内部的所有机器设备，均是功能相同或相近的机器设备，所配备的人员也是相应的同工种或相近工种的工人。

（2）机器设备按相同型号集中，呈"机群式"排列。

（3）每一生产部门只担负各种产品的一种特定工艺性质的生产任务，除担负最后工序的生产部门外，其他所有生产部门均不能出产成品。

（4）各生产部门之间的生产联系频繁。

2. 工艺专业化布置的优点

（1）适应性强。当市场需求的产品品种发生变化时，如果需要的新品种仍属本厂既定的产品专业方向内，则有很强的适应能力；如果需求的新品种已经超出了本厂既定的产品专业方向，但只要生产工艺相近，则仍具有较强的适应能力。

（2）有利于实行专业化的工艺及设备管理。由于每个生产部门内部各个生产环节的工艺性质相同，集中了同专业同工种的工程技术人员和生产工人，长期重复地进行同工艺性质的生产活动，因此可以有效地实行专业化的工艺管理，便于提高人员和设备的工艺技术水平。

3. 工艺专业化布置的缺点

（1）经济效果差。因为每一种产品的生产过程，均需先后通过本厂全部或大部工艺专业化的生产部门，有时还出现交叉迂回和反复的运输，因而运输路线长。交接次数多，运输、保管、装卸的费用高，生产过程占用的在制品和半成品数量多，且多使用通用机床，生产效率低，因而导致生产周期长，生产成本高，总的经济效果较差。

（2）管理工作比较复杂。主要表现在两个方面：一是协作关系复杂，协调任务重；二是贯彻执行各种责任制度的难度较大。

4. 工艺专业化布置适应的生产类型

这种形式的布置适用于生产那些更新换代快、专业性强、产品具有较强个性的单件小批生产类型和订货生产类型的企业。

（二）对象专业化布置

对象专业化布置亦称对象原则，是把工厂专业方向规定生产的各种产品（或零部件），分别交由不同的生产部门生产，每一个生产部门只担负一种或少数几种产品（或零部件）的全部或大部分工艺过程的生产任务，独立（或基本独立）出产产品（或零部件）。可见，按对象专业化进行工厂布置，就是在工厂内部设置一系列能够单独出产不同产品的产品中心。生产部门的名称如：发动机分厂（车间）、涡轮转子车间、轴承车间、齿轮工段等。

1. 对象专业化布置的特点

（1）同一生产部门内部，集中了所承担生产的某些种类产品所需的具有不同功能的各种机器设备，并配备了相应的不同工种的工人。

（2）在一般情况下，机器设备按产品工艺路线的先后顺序排列，形成以生产某些种类产品为特征的生产线。

（3）产品专业化的生产部门，能独立或基本独立出产所担负的某些种类的产品。

（4）各个产品专业化生产部门之间没有或只有很少量的生产联系，分别进行封闭或基本封闭的生产活动。

2. 对象专业化布置的优点

（1）经济效果较好。因为产品专业化的生产部门可以使用专用设备及工具，使劳动生产率大大提高，并按照规定生产的某些种类产品的技术要求，实行非常紧凑的生产布置，从而有利于缩短运输距离，杜绝交叉迂回和重复运输，降低运输、装卸和保管费用，减少生产过程在制品和半成品的占用量，缩短生产周期，降低生产成本，也有利于按质、按量、按期、成套地完成生产任务。

（2）管理工作相对简化。由于各生产部门的产品方向非常明确而且稳定，不同时期生产任务的变化主要表现为数量的增减和时间先后的调整；易于贯彻执行各种责任制度，由于分工明确、交接环节少，当发生差错和失误时很容易分清责任。

3. 对象专业化布置的缺点

（1）适应性差。当市场需求的产品品种发生变化，需求的新品种已经超出了本厂既定的产品专业方向，就会出现毫无适应能力或适应能力极低

的不利局面。

（2）开展工艺技术管理工作的难度较大。由于在同一生产部门内部同时进行多种性质的工艺技术活动，各生产环节的工艺操作技术和工艺装备方面、安全生产方面、工作地服务方面等都存在着各不相同的要求，所以增加了工艺技术管理的难度。

4. 对象专业化布置所适应的生产类型

这种形式的布置适用于生产那些品种少而稳定的大量生产类型和存货生产类型的企业。

（三）综合布置

由于工艺专业化和对象专业化的优缺点恰好是互补的，即前者的优点是后者的缺点，而后者的优点又是前者的缺点，因此，在实际生产过程的组织中，一般综合运用以上两个原则，以取两者的优点。在一个企业内部，有些车间可按对象原则建立，而另一些则可按工艺原则建立；在一个车间内部，有些工段和班组可按对象专业化布置，而另一些则可按工艺专业化布置。具体应用形式有两种：一是在对象专业化原则的基础上采用工艺原则，如锅炉厂的铸造车间、锻造车间。二是在工艺专业化原则的基础上采用对象原则，如铸造厂的箱体造型工段、床身造型工段等。一般来说，工艺原则常适于单件小批或批量型生产企业，对象原则适于成批生产、大量生产企业，综合布置适于成批生产企业。

（四）定位布置

一般产品在生产时，都是加工的设备在一个地方固定不动，而被加工的产品按照工艺顺序在不同的设备间移动。但当产品因其尺寸、形状、重量或其他别的原因不宜移动时，就必须采用"上门服务"的方法——定位布置。与前两种布置方法相比，定位布置实际上就是让产品留在一个地方，而把所需的工具、设备和技术工人送到那里，去从事相应的作业。像制造船舶、大型飞机、机车和重型机床等的场地布置往往采取这种方法。

综上所述，正确选择车间专业化形式是生产过程组织的一项重要任务，是进行企业资源合理配置的首要工作。适当的布置取决于许多因素：预期的总产量、生产标准化程度、产品的物理特性、可采用的各种工艺技术，以及足够数量可以利用的各种长、短期财政资源。一个企业究竟按哪一种

形式来进行生产过程的设置，必须从企业的实际状况着眼，全面分析不同设置形式的技术经济效果，并且考虑企业长远战略决策和目前生产经营的需要。在实际中，纯粹只用一种厂内布置方式是不存在的，而必须综合运用。最常见的是把对象专业化和工艺专业化布置两种方法结合在一起运用。

生产过程的时间组织

合理组织生产过程，不仅要求各个生产部门在空间上密切配合，而且要求它们在时间上紧密衔接，即进行合理的时间组织。生产过程时间组织的目标，就是要在充分利用工时和设备的条件下，节约时间，尽可能缩短产品的生产周期，以达到提高劳动生产率和设备利用率的目的。为实现这一目标，生产过程时间组织的基本要求就是要坚决杜绝生产时间的浪费，使前后工序在时间上紧密衔接，以实现有节奏地、连续地生产，并尽量组织平行作业，提高生产过程的平行性。

据调查，目前我国一些工业产品的生产周期相当长，其中大部分的时间属于等待、闲置等无效时间，其时间构成如图2-3所示。时间组织的一个重要任务，就是要提高时间利用率，尽量减少无效时间，以缩短生产周期。

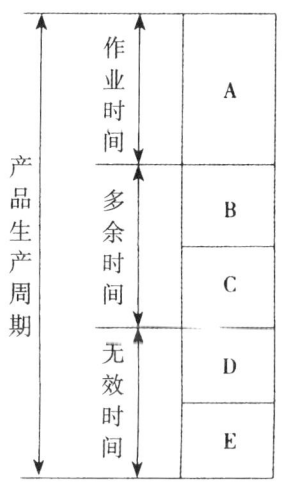

产品生产周期	作业时间	A	包括各工艺工序、检验工序、运输工序和必要的停放等待时间，如自然过程时间等
	多余时间	B	由于产品设计、技术规程、质量标准等所增加的多余作业时间
		C	由于采用低效率的制造工艺、操作方法所增加的多余作业时间
	无效时间	D	由于管理不善所造成的无效时间，如停工待料、设备事故、人员窝工等
		E	由于操作人员的责任造成的无效时间，如缺勤、出废品等

图2-3 产品生产周期时间构成示意图

产品在工序间的移动方式

产品在各工序之间的移动方式与制造产品的数量有关。如果只生产一件产品，那么，只能在加工完第一道工序以后才能把产品送到第二道工序加工，如此顺次加工下去。但是，如果生产制造的产品不是一件而是一批，则劳动对象在各工序之间的移动就有以下三种方式：

（一） 顺序移动方式

顺序移动方式的特点是产品（零件）在各道工序之间是整批移动的，即一批产品只有在前道工序全部完工的情况下，才转送到后道工序进行继续加工。假设某零件的批量（用 n 表示）n＝4 件，有 4 道工序（用 m 表示），各工序的单件作业时间（用 ti 表示）分别为 t2＝6min，t2＝5min，t3＝10min，t4＝7min，则该批零件的顺序移动方式如图 2-4 所示。

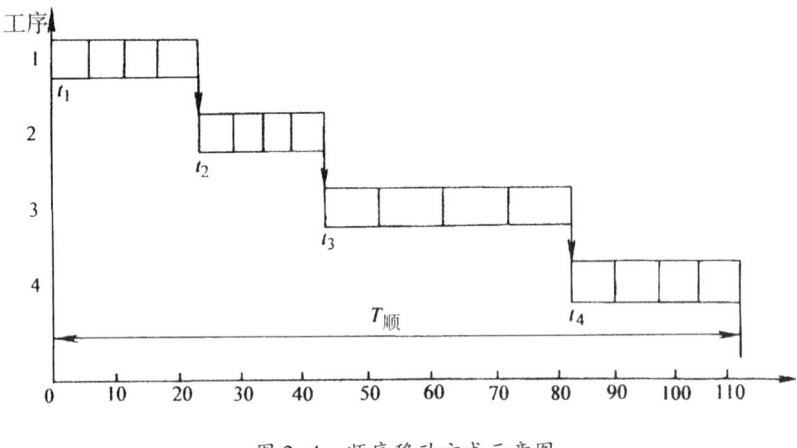

图 2-4 顺序移动方式示意图

假设该批零件在各工序之间无停放等待时间，工序间的运输时间忽略不计，则该批零件的生产周期，等于该批零件在全部工序上作业时间的总和，用公式表示如下：

T 顺＝nt1+nt2+nt3+nt4

＝n（t1+t2+t3+t4）

＝4×（6+5+10+7）min

＝112min

一般公式如下：

T 顺＝n∑mi＝1t1（i＝1，2，…，m）

式中 T顺——顺序移动方式下一批零件的生产周期;

n——零件批量(件);

m——工序数;

ti——零件在第 i 道工序上的单件作业时间(min/件)。

顺序移动方式的组织与计划工作比较简单,由于一批产品是集中加工、集中运输的,所以有利于减少设备的调整时间和提高工效。但是在一批中大多数的产品都有等待加工和等待运输的时间,因而生产周期长,资金周转慢。这种方式适宜于在产品批量不大、工序的单件作业时间较短的情况下采用。

(二) 平行移动方式

平行移动方式的特点是每件产品在前道工序加工完毕后,立即转移到后道工序继续加工,即产品(零件)在各道工序之间是单件移动的,在各道工序上成平行作业。仍以前例所列条件,按产品的平行移动方式组织生产,其生产时间如图 2-5 所示。

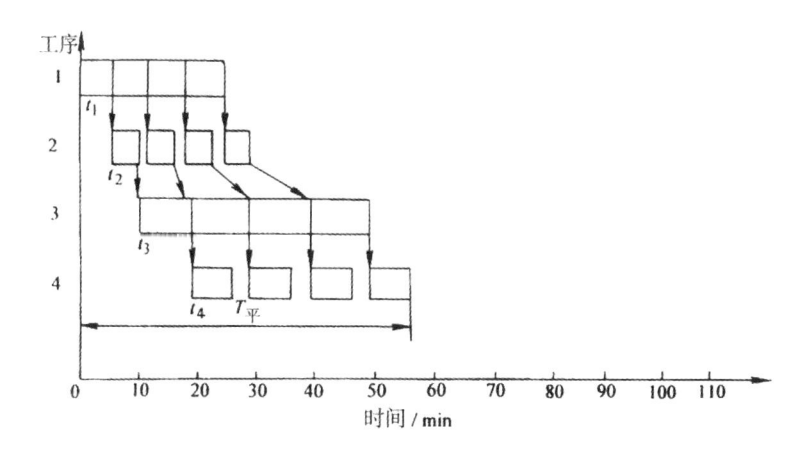

图 2-5 平行移动方式示意图

从图 2-5 可以看出,该批零件加工的生产周期为:

T平 = t1+t2+n×t3+t4

= (6+5+10+7) min + (4-1)×10min

= 58min

上式中 t3,是工艺工序中单件作业时间最长的工序,以 t1 表示,工序

总数以 m 表示，则可得一般计算公式如下：

T 平 = $\sum_{i=1}^{m} t_i + (n-1) t_1$

式中 T 平——平行移动方式下一批零件的生产周期；

t_1——各工序中单件作业时间最长的工序时间。

在平行移动方式下，零件在各道工序之间是按件或按运输批量移动的，很少停歇，因而整批零件的生产周期最短。但是，运输工作频繁，特别在前后两道工序的单件作业时间不相等时，会出现等待加工或停歇的现象，如前道工序的单件作业时间比后道工序大，则在后道工序上会出现间断性的设备停歇时间，这些时间很分散，不便于充分利用。

（三）平行顺序移动方式

平行顺序移动方式的特点是将前两种移动方式结合起来，存优避短。零件在工序之间的移动分情况采取不同的方式，一是当前道工序的单件作业时间大于后道工序的单件作业时间时，则前道工序上完工的零件，并不立即转移到后道工序，而是等到足以保证后道工序能连续加工的那一刻，才将完工的零件全部转移到后道工序去，这样可以避免后道工序出现间断性的设备停歇时间，并把分散的停歇时间集中起来加以利用；二是当前道工序的单件作业时间小于或等于后道工序的单件作业时间时，则前道工序上完工的每一个零件应立即转移到后道工序去加工，即按平行移动方式单件运输。仍以前例所列条件，按产品的平行顺序移动方式组织生产，其生产时间如图 2-6 所示。

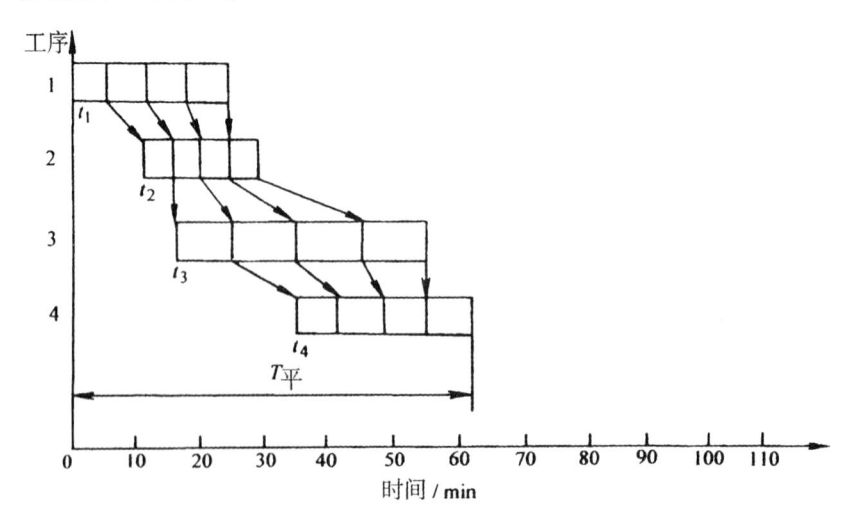

图 2-6 平行顺序移动方式图

从图 2-6 可以看出，该批零件加工的生产周期为：

T 平顺 = 4×t1-2×t2+4×t3+t4

  = （4×6-2×5+4×10+7）min

  = 61min

一般计算公式如下：

T 平顺 = n∑i=1 ti - （n-1） ∑m-1j

式中 ∑ 平顺——平行顺序移动方式下一批零件的生产周期；

tj——相邻工序（两两比较）较短的工序单件工时。

或者也可用下式计算：

T 平顺 = ∑mi=1 ti + （n-1）（∑tl - ∑ts）

式中 T 平顺——平行顺序移动方式下一批零件的生产周期；

∑tl——所有较大工序单件作业时间之和；

∑ts——所有较小工序单件作业时间之和。

所谓较大工序是指该工序的单件作业时间比与其相邻的前、后工序的单件作业时间都大，以 tl 表示。

所谓较小工序是指该工序的单件作业时间比与其相邻的前、后工序的单件作业时间都小，以 ts 表示。

（四）三种移动方式的比较

三种移动方式的比较见表 2-3。

表 2-3 三种移动方式的比较

比较项目 移动方式	产品运送方式	产品运送次数	在制品资周期	产品生产周期	生产连续性	管理工作难易	适用条件
顺序移动方式	成批运输	最少	量大期长	最长	好	易	批量小，单件工时短
平行顺序移动方式	时而成批时而单件	一般	一般	一般	好	难	成批生产类型
平等移动方式	单件运输	最多	量小期短	最短	差	易	批量大，单件工时长

选择移动方式应考虑的因素

上述三种移动方式，是工艺加工过程中组织各工序在时间上相互衔接

的基本形式，实际生产当然要比这复杂得多。从生产周期看，平行移动方式最短，平行顺序移动方式次之，顺序移动方式最长。但在选择移动方式时，不能只考虑生产周期，还应结合企业的生产特点，全面考虑以下因素：

（1）生产类型。单件小批生产宜采用顺序移动方式；大批大量生产，特别是组织流水生产线时，宜采用平行移动方式或平行顺序移动方式。

（2）产品生产任务的缓急情况。对于一些紧急任务，如为某项重点工程配套的任务，限期完成的援外和外贸任务，以及影响产品成套的缺件等，应尽量采用平行移动方式或平行顺序移动方式，以便争取时间，满足需要。

（3）企业内部生产部门的专业化形式。对象专业化的生产部门，宜采用平行移动方式或平行顺序移动方式；而工艺专业化的生产部门，由于受设备布置和运输条件的限制，一般以采用顺序移动方式为宜。

（4）工序劳动量的大小和零件的重量。工序劳动量不大，重量较轻的零件，采用顺序移动方式，有利于减少搬运次数，节省运输力量。如果是工序劳动量较大，重量很重的零件，为减少资金占用和节省生产面积，可采用平行移动方式或平行顺序移动方式。

（5）改变加工对象时，调整设备所需的劳动量。如果调整设备所需的劳动量很大，就不适于采用平行移动方式。如果改变加工对象时，不需要调整设备或调整设备所需的时间很少，则可以考虑采用平行移动方式。

流水生产组织

流水生产方式在工场手工业时期就已萌芽。1914—1916年，美国福特汽车公司为大量生产T型汽车，首次建立了以传送带为各工序间在制品运输工具的生产线，大大提高了产品生产速度，获得成功。由于在这种生产方式下，劳动对象按照一定的工艺顺序和速度（或节拍）一件接一件地经过所有工序而完成其作业，产品移动如同流水一般，因而得名"流水生产线"。

流水生产组织实际上是按对象布置原则的空间组织和平行移动的时间

组织方式建立起来的。由于这种生产过程的连续性、平行性、比例性、节奏性都很高，有很大的优越性，因此，在社会对同类产品的需求大量增加，以及生产专业化、零部件标准化、产品单一化发展的背景下，流水生产方式在世界各国许多企业中广为采用。目前，我国的电子、轻纺、机械、化工、建筑、服装、食品等一些工业部门都有流水生产的组织形式。尤其是那些市场需求量很大，需要企业大量生产的单一产品，如汽车、拖拉机、空调、洗衣机、摩托车、DVD、电视机等，组织流水生产更为有利。即使在成批生产类型的企业，甚至单件小批生产的企业中，为提高经济效益，也可以组织部分零部件的流水生产线和装配线。

流水生产的特点、分类和评价

1. 特点

流水生产是指劳动对象按一定的工艺路线和统一的生产速度，连续不断地通过各个工作地，顺序地进行加工并出产产品（零件）的一种生产组织形式。典型的流水生产线具有以下特点：

（1）流水线上固定生产一种或少数几种产品（零件），其生产过程是连续的。

（2）流水线上各个工作地是按照产品工艺顺序排列的，产品按单向运输路线移动，每个工作地只固定完成一道或少数几道工序，工作地的专业化程度很高。

（3）流水线按照规定的节拍进行生产。

（4）流水线上各工序之间的生产能力是平衡的，成比例的。

（5）流水线上各工序之间的运输采用传送带、轨道等传送装置，使各工序上完工的制品能及时地运送到下道工序继续进行加工。

2. 分类

由于具体的生产条件不同，组织流水生产可以有多种多样的形式，主要有以下几类，见图2-7。

3. 评价

流水生产方式的主要优点是能使产品的生产过程较好地符合连续性、平行性、比例性以及均衡性的要求。它的生产率高，能及时地提供市场大量需求的产品。由于是专业化生产，流水线上采用专用的设备，因而可提

高劳动生产率，缩短生产周期，减少在制品占用量，加速资金周转，降低生产成本；还可以简化生产管理工作，促进企业加强生产技术准备和生产服务工作。

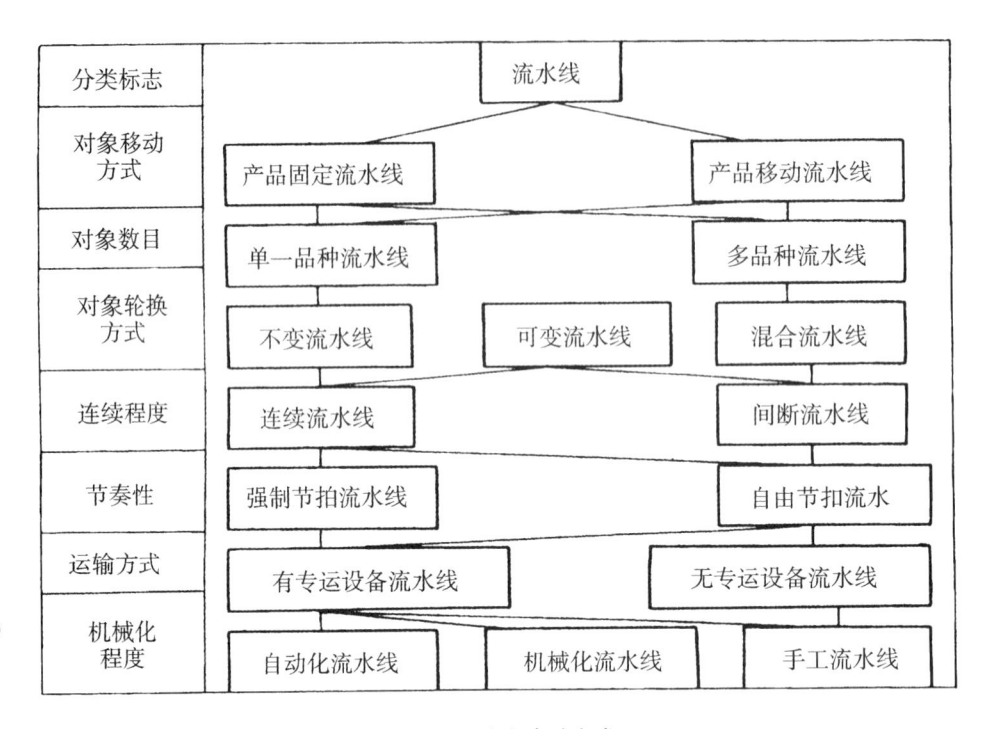

分类标志	流水线	
对象移动方式	产品固定流水线	产品移动流水线
对象数目	单一品种流水线	多品种流水线
对象轮换方式	不变流水线 / 可变流水线	混合流水线
连续程度	连续流水线	间断流水线
节奏性	强制节拍流水线	自由节扣流水
运输方式	有专运设备流水线	无专运设备流水线
机械化程度	自动化流水线 / 机械化流水线	手工流水线

图 2-7　流水线的分类

流水生产方式的主要缺点是不够灵活，不能及时地适应市场对产品产量和品种变化的要求，以及技术革新和技术进步的要求。对流水线进行调整改组需要较多的投资和花费较多的时间。工人在流水线上工作比较单调、紧张，容易疲劳，不利于提高生产技术水平。

由于以上原因，组织流水生产必须具备以下条件：

（1）所生产的产品必须具有需求量大、成熟期长的市场特点，这是首要考虑的条件。

（2）所生产的产品结构和工艺比较先进，设计已经定型，并已实现标准化。

（3）有可靠的原材料、能源、协作件等物资供应。

（4）机器设备必须经常处于完好状态，严格执行计划预修制度。

(5) 工作必须符合质量标准，产品检验能随生产在流水线上进行。

(6) 厂房建筑和生产面积允许安装流水线的设备和传送运输装置。

实践证明，建立流水生产线之前充分进行技术上和经济上的可行性分析，并据此制定有效和充分的相应措施，是保证流水线建成投产后取得成功的关键。具备了上述条件，并通过技术经济的论证或可行性研究，作出决策，决定采用流水线生产方式后，就可以进行流水线的具体组织设计。

单一品种流水线的组织设计

流水线的设计，包括技术设计和组织设计两个方面。前者是指工艺规程的制定、专用设备的设计、设备改装设计、专用工夹具的设计、运输传送装置的设计等等，这是流水线的"硬件"设计；后者是指流水线节拍的确定，设备需要量和负荷系数的计算，工序同期化工作，人员配备，生产对象传送方式的设计，流水线平面布置设计，流水线工作制度、服务组织和标准计划图表的制定等，这是流水线的"软件"设计。

流水线的组织设计和技术设计有密切的关系：组织设计是技术设计的根据；技术设计应当保证组织设计的每一项目的实现。不论是组织设计还是技术设计都应当符合技术先进、经济合理的原则，并事先做好建立流水线的可行性研究。单一品种流水线的组织设计包括：确定流水线的节拍；组织工序同期化；计算流水线的负荷系数；配备工人；设计运输工具；进行流水线的平面布置。

1. 确定流水线的节拍

所谓节拍是指流水线上相邻两件制品出产的间隔时间。节拍是流水线设计的重要数据，它决定了流水线的生产能力，以及生产的速度和效率。确定节拍的依据是计划期的产量和有效工作时间，计算公式如下：

节拍＝计划期的有限工作时间（min）计划期的产品产量

计划期的有效工作时间是指制度规定的工作时间减去必要的停歇时间，如维修设备、更换工具、工人休息等时间。计划期的产量包括计划出产量和预计废品量。例如，某产品流水线计划日产量为150件，采用两班制生产，每班规定有12min停歇时间，计划废品率为4%，节拍应为：

节拍＝8h/班×2班×60min/h－（12min×2）150/（1－4%）＝6min

2. 确定工作地数和负荷

流水线各道工序的工作地需要数应当是工序单件时间与流水线节拍之比。即：

工作地计算数：工作单件时间节拍

例如：某轴加工流水线，日计划产量 160 件，两班制，每班 8h，轴加工的各道工序时间定额为：第一道工序 12min，第二道工序 3min，第三道工序 6min，第四道工序 9min，则该轴加工流水线的节拍为 8×2×60160，即 6min 各道工序所需的工作地数为：第一道工序 12/6 即 2，第二道工序 3/6 即 0.5，第三道工序 6/6 即 1，第四道工序 9/6 即 1.5。

计算出的设备数（工作地数）若为整数，就可以确定它是该工序的设备数。

计算出的设备数若不是整数，应取接近于计算数的整数，作为实际采用数。例如前例中实际采用数第一道工序为 2 台，第二道工序为 1 台，第三道工序为 1 台，第四道工序为 2 台。

各道工序的工作地平均负荷系数按下式计算：

各工序工作地平均负荷系数＝工作地计算数工作地实际采用数

上例中各道工序的工作地平均负荷系数依次为：第一道工序 2/2 即 1，第二道工序 0.5/1 即 0.5，第三道工序 1/1 即 1，第四道工序 1.5/2 即 0.75。

整个流水线的平均负荷系数按下式计算：

流水线总的平均负荷系数＝$\sum$各工序工作地计算数$\sum$各工序工作地实际采用数

上例流水线平均负荷系数为：

2+0.5+1+1.52+1+1+2＝56＝0.83

流水线的负荷系数越大，表明流水线的生产效率越高。一般机器工作流水线的负荷系数应不低于 0.75，以手工为主的装配流水线的负荷系数应在 0.85~0.9 以上。

3. 组织工序同期化，流水线的平衡问题

工序同期化是指通过技术组织措施来调整流水线各工序时间，使它们与平均节拍相等或成整倍数关系。工序同期化是组织连续流水线的必要条件，也是提高劳动生产率，使设备充分负荷和缩短产品生产周期的重要方

法。组织工序同期化的基本方法是将整个作业任务细分为许多小工序（或称作业元素），然后将有关的小工序组合成为大工序，并使这些大工序的单件作业时间接近于节拍或节拍的倍数。劳动分工越细，工人操作的内容越简单，小工序的数量就越多。工序的分解与合并，在以手工操作为主的装配流水线上比较容易实现，而在以机器工作为主的流水线上则较难实现，因为后者受机器设备的限制，不能随意分解或合并。通过对工序的分解与合并，可达到初步的同期化。在此基础上，为进一步提高工序同期化的水平，在关键工序上还可采取以下措施：

（1）提高设备的机械化、自动化水平，采用高效率的工艺装备，减少工序的作业时间。

（2）改进操作方法和工作地的布置，减少辅助作业时间。

（3）提高工人的操作熟练程度和工作效率，改进劳动组织，如调熟练工人到高负荷工序工作，组织相邻工序协作，或选拔一名或几名工人沿流水线巡回，协助高负荷工序完成任务等。

（4）建立在制品储备。

（5）对作业时间很长而又不能分解的工序，增设工作地数，组织平行作业。

4. 配备工人

在以手工操作为主的流水线上，需要配备的工人总数等于流水线上所有各个工作地的工人人数之和。每个工作地需要的工人人数可按下式计算：

每个工作地需要的工人数：工作地上同时工作的工人数×工作班次

在以机器工作为主的流水线上，配备工人时要考虑工人实行多设备看管和兼作的可能性，以及配备后备工人的必要性。因此，配备工人这项工作常常是同编制流水线工作指示图表结合来进行的。

5. 设计运输工具

流水线上采用的运输工具种类很多，主要取决于加工对象的重量与外形尺寸、流水线的类型和实现节拍的方法。通常在连续流水线上，工序间的传送大多采用传送带，这是一种比较先进的运输装置，它可以在同一时间里把流水线上各工作地完工的制品运送到下一个工作地去加工；可以节省运输人力，缩短运输时间，控制流水线按规定的节拍进行生产。传送带

有多种形式,典型的是带式运输装置。此外,还有吊运式运输装置、旋转工作台、重力滑道、专用小车等不同方式。传送带的长度一般可按下列公式计算:

传送带长度=2×流水线上各工作地长度之和

技术上需要的长度工作地长度包括工作地本身的长度和相邻两个工作地之间的距离。传送带的速度与移动方式有关。

当传送带采用连续方式时,传送带的速度:流水线上两件产品间的中心距离(m)节拍(min)

当传送带采用脉动移动方式时,即每隔一个节拍(或节奏)往前移动一次,每次移动的距离等于传送带上两件制品间的中心距离。

6. 进行流水线的平面布置

流水线的平面布置应使机器设备、工具、运输装置和工人操作有机地结合起来,合理安排各个工作地,使产品的运输路线最短,便于工人操作和生产服务部门进行工作,充分利用车间的生产面积。流水线平面布置的形状,一般有直线形、直角形、开口形、山字形、环形、蛇形等,如图2-8所示。

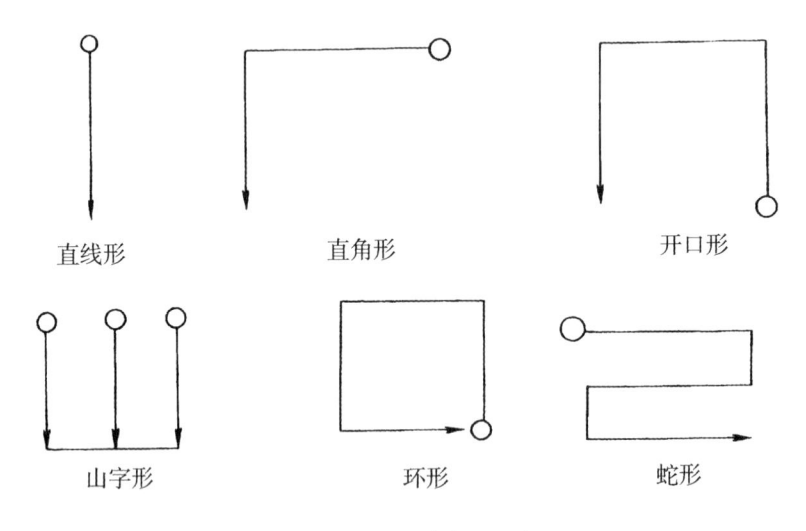

图 2-8 流水线布置形式

直线形多用于工序少,每道工序的工作地也较少的情况。当工序或工作地较多时,可采用双行直线排列。当工序或工作地数更多时,可采用直

角形、开口形或蛇形布置。

山字形布置一般用于零件加工与装配相结合的情况。环形,在工序循环重复时采用。

排列工作地时,又有单列式与双列式之分。单列式是将工作地布置在传送带一侧,如图 2-9 所示;双列式是将工作地布置在传送带的两侧,如图 2-10 所示。

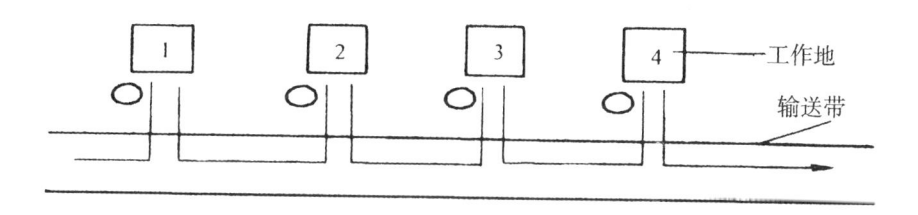

图 2-9 双列式流水线图

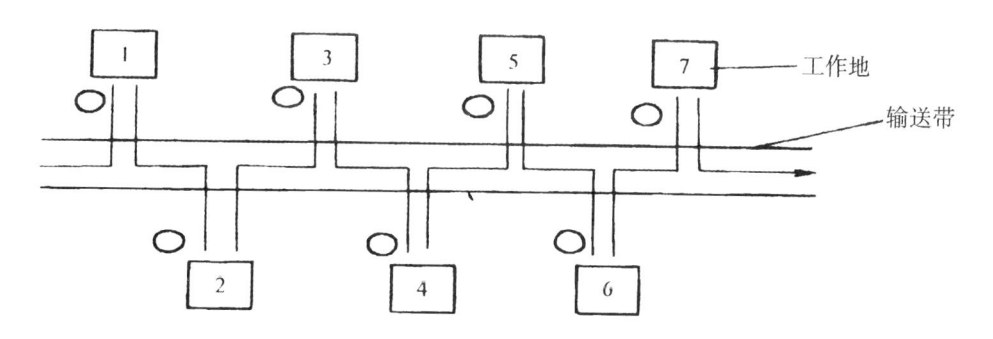

图 2-10 双列式流水线示意图

流水线内工作地的排列,首先应符合工艺路线,当每道工序的工作地数在两个以上时,就要考虑同一工序工作地的排列方法。一般当有两个或四个同类工作地时,将它们分列在运输路线两侧。当几台设备由一个工人看管时,还应注意工人的最短运动距离,以避免无效劳动,减轻工人劳动强度,提高设备看管系数。

流水线的位置及它们之间的衔接,应根据加工、部件装配及总装所要求的顺序进行安排。整个布置要符合产品总流向,以缩短运输路线,减少运输工作量,消除无效劳动。

在进行流水线平面布置时,除了遵循上述原则外,还应考虑一些具体

条件，如车间的生产面积、毛坯输入和成品输出的条件、通风设备、运输装置及动力系统的位置等。

7. 编制流水线标准计划图表

流水线标准计划图表规定了流水线的各项期量标准、工作制度和工作程序。流水线标准计划图表的简易与流水线的性质有关：连续流水线由于其生产节奏性强，故标准计划图表较简单，只要按整个流水线来编制即可；而间断流水线由于其工序同期化程度不高，生产的节奏性不是很强，其标准计划图表的编制较为复杂，需按各道工序来编制，并规定每一工作地的工作时间和程序。

第三章
生产计划与管理

生产计划。是企业生产管理的依据，它对企业的生产任务作统筹安排，规定着企业在计划期内生产的产品品种、质量、数量和期限等指标。企业生产计划是根据企业的产品销售计划制订的，它是企业经营计划的重要组成部分，同时又是编制企业其他计划的主要依据。

生产综合计划

生产计划的概念和主要指标

计划是管理的首要职能。现代工业生产是社会化大生产,企业内部分工十分精细,协作非常严密,任何一部分生产活动都不能离开其他部门而单独进行。因此,需要统一的计划来指挥企业各部分的活动。

生产计划。是企业生产管理的依据,它对企业的生产任务作统筹安排,规定着企业在计划期内生产的产品品种、质量、数量和期限等指标。企业生产计划是根据企业的产品销售计划制订的,它是企业经营计划的重要组成部分,同时又是编制企业其他计划的主要依据。

生产计划是由一系列指标构成,这些指标各含有不同的经济内容,从不同的角度反映计划期内企业生产活动的要求。主要有:品种指标、质量指标、产量指标、产值指标和出产期等。

(1) 品种指标。品种指标是企业在计划期内出产的产品品名、型号、规格和种类数,它涉及"生产什么"的决策。确定品种指标是编制生产计划的首要问题,关系到企业的生存和发展。品种一般按用途、型号和规格来划分,例如机床制造企业中不同型号的机床等。品种指标表明企业在品种方面满足社会需要的程度,反映企业的专业化协作水平、技术水平和管理水平。

(2) 质量指标。产品质量指标是指企业在计划期内各种产品应该达到的质量水平。它反映着产品的内在质量(如力学性能、工作精度、使用寿命、使用经济性等)及外观质量(如产品的外形、颜色、装潢等)。产品质量是衡量产品使用价值的重要标志,也综合反映了企业的技术水平和管理水平。有的企业,用产品品级构成指标反映产品总体的质量状况。产品品级一般分为优等品、合格品和不合格品(又分次品和废品两种)三种。

(3) 产量指标。产量指标是企业在计划期内出产的合格产品的数量,它涉及"生产多少"的决策,关系企业能获得多少利润。产量指标通常采

用实物单位或假定实物单位来计量。例如，机床用"台"表示，钢铁用"吨"表示，电动机用"台/千瓦"表示。对于品种、规格很多的系列产品，也可用主要技术参数计量，如拖拉机用马力、电动机用千瓦、煤炭用7000大卡热量的标准燃料表示等。

产量指标是表示企业生产能力和规模的一个重要指标，是企业进行供产销平衡和编制生产作业计划、组织日常生产的重要依据。

(4) 产值指标。为了比较不同企业、企业不同时期、不同品种的产品总量，需要运用价值指标，即产值指标。产值指标是用货币表示的产量指标，但又不同于产量指标，因为它还受质量因素影响，它是企业生产成果的综合反映。根据具体内容与作用不同，企业产值指标分为工业总产值、工业增加值与工业销售产值三种形式。

1) 工业总产值，它是用货币表现的工业企业在报告期内生产的工业最终产品或提供工业性劳务活动的总价值量。工业总产值可分别采用不变价格和现行价格计算。采用不变价格计算工业总产值时，统一采用某一时期的工业产品的出厂价格计算，在相当长时期内都将这个价格固定不变。用不变价格计算的工业总产值，称为不变价工业总产值，其主要目的是为了消除不同时期的价格对工业总产值的影响，以保证计算工业发展速度时的可比性。

采用现行价格计算工业总产值是指采用产品在报告期出厂的实际价格计算工业总产值。这个现行价格包括产品成本、销售或使用时所应支付的产品税或应得到的补贴，但不包括发票单列的增值税和单独开发票的运输费用和商业费用。总产值指标反映了一定时期内企业生产总的规模和水平，是计算企业生产发展速度及劳动生产率指标的重要依据。总产值中包括成品价值，对外加工费收入，自制半成品、在产品的期末、期初差额价值。计算工业总产值时应遵循工业生产原则和最终产品原则。

2) 工业增加值，是指工业企业在报告期内以货币形式表现的工业生产活动的最终成果，是企业生产过程中新增加的价值。工业增加值指标全面反映了工业生产发展的规模、速度、效益和结构。工业增加值指标表明企业在计划期内新创造的价值。它一般按现行价格计算。计算工业增加值，可采用生产法与分配法。按生产法计算增加值，是以总产值为基础的，其

通用计算公式为：

工业增加值＝工业总产出－工业中间投入

目前我国工业增加值的实际计算中，工业总产出是直接用现价工业总产值来代替计算的。工业总产值与工业中间投入均是按不含增值税的价格计算的。但是，从概念上说，增值税是企业所创造的新增价值的一部分，是企业对国家所作的贡献，属于增加值的范畴。因此，在计算工业值时要将本期应交增值税加到工业增加值中，所以工业增加值的实际计算公式为：

工业增加值＝工业总产出－工业中间投入＋本期应交增值税

而其中：工业中间投入＝直接材料＋制造费用中的中间投入＋管理费用中的中间投入＋销售费用中的中间投入＋利息支出

本期应交增值税＝销项税额－进项税额

按分配法计算工艺增加值，是从工业生产过程中创造的原始收入初次分配的角度，对工业生产活动成果进行核算的方法。按分配法计算工业增加值的公式为：

工业增加值＝劳动者报酬＋固定资产折旧＋生产税净额＋营业盈余

3）工业销售产值，它是以货币表现的工业企业在报告期内销售的工业产品总量，包括已销售的成品、半成品价值、对外提供的劳务价值、对本单位基本建设部门、生产福利部门等提供的产品和劳务费及自制设备的价值。其中已销售的成品、半成品是指所有权发生转移，对方已支付货款或已取得向对方索取货款权利的产品。

（5）出产期。出产期是为了保证按期交货确定的产品出产期限。

上述各项生产计划指标的关系十分密切，产品品种、产品质量和产品产量指标，是计算以货币表现的各项产值指标的基础，而各项产值指标又是企业生产成果的综合反映。对于订货型生产企业，确定交货期和产品价格是主要的决策；对于存货型企业，主要是确定品种和产量。

生产计划的编制步骤

编制生产计划的主要步骤，大致可以归纳如下：

1. 调查研究，收集资料

编制生产计划的过程，实质上就是一个信息处理的过程。编制生产计划所需的信息包括：①反映社会需求方面的信息：计划期产品销售量，上

期合同执行情况及成品库存量，上期生产计划的完成情况，国家有关建议和指示；②本企业的经营目标和经营方针；企业长远规划，经济协议，计划期应实现的利润指标；③有关的法律条款；④反映社会可能提供的生产资源方面的信息；⑤产品开发进度和生产技术准备能力状况；⑥反映企业实际生产水平的有关信息。在收集资料的同时，还要注意学习和研究国家有关的方针政策，认真总结上期计划执行的经验和教训，研究在生产计划中贯彻企业经营方针的具体措施。

2. 统筹安排，初步提出生产计划指标

应着眼于更好地满足社会需要和提高生产的经济效益，对全年的生产任务作出统筹安排。其中包括：产量指标的选优和确定；产品出产进度的合理安排；各个产品品种的合理搭配生产；将企业的生产指标分解为各个分厂、车间的生产指标等工作。这些工作，相互联系，实际上是同时进行的。

3. 综合平衡，确定生产计划指标

把需要同可能结合起来，将初步提出的生产计划指标同各方面的条件进行平衡，使生产任务得到落实。综合平衡的内容主要包括：①生产任务与生产能力之间的平衡，测算企业设备、生产面积对生产任务的保证程度；②生产任务与劳动力之间的平衡，测算劳动力的工种、数量，以检查劳动生产率水平与生产任务的保证程度；③生产任务与劳动力之间的平衡；④测算劳动力的工种、数量以检查劳动生产率水平与生产任务是否适应；⑤生产任务与物资供应之间的平衡，验算主要原材料、动力、工具、外协件对生产任务的保证程度及生产任务同材料消耗水平的适应程度；⑥生产任务与生产技术准备的平衡，测算产品试制、工艺准备、设备维修、技术措施等与生产任务的适应和衔接程度；⑦生产任务与资金占用的平衡，测算流动资金对生产任务的保证程度和合理性等。

4. 最后确定生产指标

企业的生产计划，经过反复核算和平衡，最后编制出工业产品产量计划和工业产值计划表。

在企业中，编制和检查生产计划的主管单位，一般为企业的计划部门或生产管理部门。在编制生产计划的过程中，需要得到其他各个职能部门

滚动式计划的编制方法

滚动式计划是一种编制计划的新方法，既可以用来编制长期计划，也可用以编制年度、季度、月度以至更短时期的计划。它的特点是，将整个计划期分为几个时间段，其中第一个阶段的计划为执行计划，后几个阶段的计划为预定计划。执行计划中的任务规定得比较具体，要求按计划实施。预定计划中的任务规定得比较粗略，每经过一个时间阶段，根据计划的完成情况，以及企业内部、外部条件的变化和经营方针的调整，对原来的预定计划作出调整和修改，并将计划向前推进一个时间阶段，原预计计划中的第一个时间阶段的计划变成了执行计划。这样，计划便具有更强的连续性，更能符合客观实际和实现的可能性。

以编制滚动式年度计划为例，每次编四个季度的计划，每隔一个季度（即滚动期）修订一次计划，并向前推进一个季度。举例如图 3-1 所示。

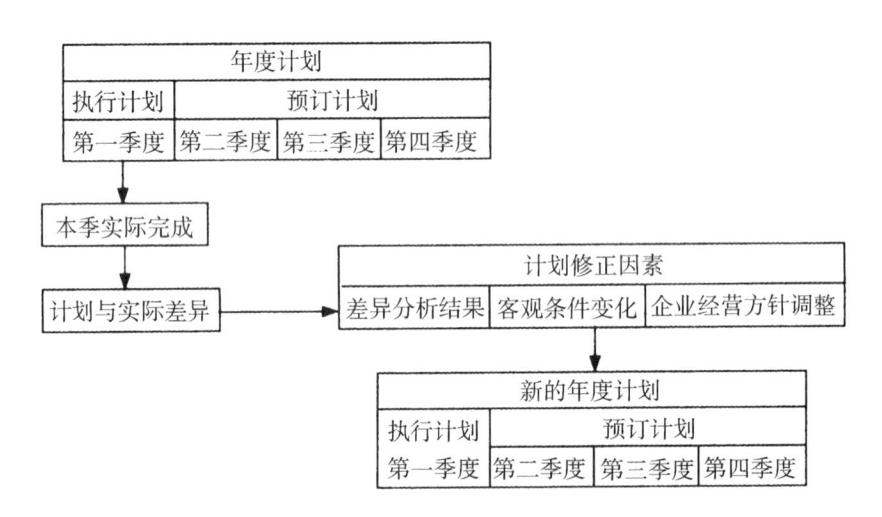

年度计划			
执行计划	预订计划		
第一季度	第二季度	第三季度	第四季度

本季实际完成 → 计划与实际差异 →

计划修正因素		
差异分析结果	客观条件变化	企业经营方针调整

新的年度计划			
执行计划	预订计划		
第一季度	第二季度	第三季度	第四季度

图 3-1　滚动式编制年度计划示意图

品种与产量的确定

备货型生产企业编制年度生产计划的核心内容是确定品种和产量，因为有了品种和产量就可以计算产值。备货型生产无交货期设置问题，因为顾客可直接从3i品库提货。大批大量生产和成批生产一般是备货型生产。

(一) 品种的确定

对于大量大批生产类型的企业，其产品品种很少，而且既然是大量大批生产所生产的品种一般是市场需求量很大的产品，因此，没有品种选择问题。对于多品种批量生产，则有品种选择问题。确定生产什么品种是十分重要的决策。

确定品种可以采取收入利润顺序法。收入利润顺序法是将生产的多种产品按销售收入和利润顺序，并将其绘在收入利润图上，表3-1所示的8种产品的收入和利润顺序，可绘在图3-2上。

表3-1 销售收入和利润顺序表

产品代号	A	B	C	D	E	F	G	H
销售收入	1	2	3	4	5	6	7	8
利润	2	3	1	6	5	8	7	4

由图3-2可以看出，一部分产品在对角线上方，

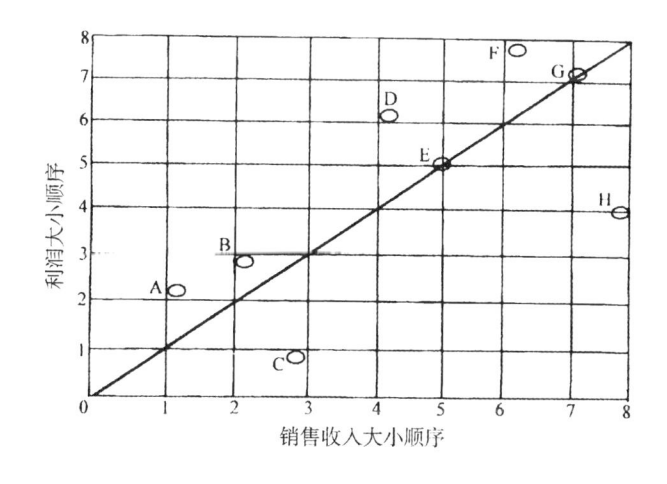

图3-2 收入-利润顺序图

还有一部分产品在对角线下方。销售收入高、利润也大的产品，即处于图3-2左下角的产品，应该生产。相反，对于销售收入低、利润也小的产品（甚至是亏损产品），即处于图3-2右上角的产品，需要做进一步分析。其中很重要的因素是产品生命周期。如果是新产品，处于导入期，因顾客不了解，销售额低；同时，由于设计和工艺未定型，生产效率低，成

本高、利润少，甚至亏损，就应该继续生产，并作广告宣传，改进设计和工艺，努力降低成本。如果是老产品，处于衰退期，就不应继续生产。在分析时除了考虑产品生命周期因素以外，还须考虑其他因素，如质量不好，则需提高产品质量。

一般来说，销售收入高的产品，利润也高，即产品应在对角线上。对于处于对角线上方的产品，如 D 和 F，说明其利润比正常的少，是销价低了，还是成本高了，需要考虑。反之，处于对角线下方的产品，如 C 和 H，利润比正常的高，可能由于成本低所致，可以考虑增加销售量，以增加销售收入。

（二）产量优选方法

企业生产计划指标的确定，是一个统筹安排、综合平衡的过程。既要服从市场需要，同时也要充分考虑企业目标利润的实现和生产能力以及各种资源的充分利用。为此，必须确定一个优化的产量指标。

1. 用盈亏平衡分析法优化总产量计划

企业要达到一定的利润目标，其产量指标可运用盈亏平衡点法来衡量。计算公式如下：临界产量=固定费用产品销售单价-单位产品变动费用（3-6）例如，某企业预定在计划年度生产某产品，销售单价预定为 500 元，单位产品变动费用预计为 300 元、计划年度的固定费用总额为 800 万元，则：

临界产量 = 8000000 = 元（500-300）元 = 40000 件

这就是说，计划产量应当超过 40000 件，企业才能获得利润。

2. 用线性规划法优化分品种产量计划

企业生产的品种往往不是单一的，当分品种产量受到工（台）时、材料、动力、资金等因素的制约时，为取得最大的经济效益，实现资源的最佳配置，可以运用线性规划来选择最优的分品种产量方案。

工业企业的生产能力

企业生产能力的概念及种类

1. 生产能力的概念

工业企业的生产能力,是指一定时期内(通常为一年)企业的全部生产性固定资产,在一定的技术组织条件下,所能生产一定种类和一定质量的产品的最大数量。它是反映企业生产可能性的一种指标,通过以下四点说明其含义。

(1)企业生产能力用一年内可生产的最多产品数量来表示,而在某些轻工业和选矿企业里,以一年内可加工处理的原材料数量来表示。

(2)工业企业的生产能力应是企业各生产环节的各种生产性固定资产,在满足生产要求的一定比例关系条件下所具备的综合生产能力。这里,生产性固定资产,是参与企业产品生产过程或直接服务于企业产品生产过程的各种厂房、建筑物、机器设备等。

(3)生产能力是在一定的技术组织条件下出产品的能力,不同的条件,有不同的生产能力水平。技术组织条件是指产品的品种、结构、技术要求和工作量,机器、工具、生产面积、制造工艺、原材料,职工业务水平、熟练程度,所采用的生产组织和劳动组织等。

(4)工业企业的生产能力,通常用实物单位来计量,对于多品种生产企业可以选择一种代表产品来计量。代表产品可以按照下列原则来选择:①企业专业方向中的主要专业产品;②国家和市场迫切需要的重点产品和短线产品;③产量较大,结构和工艺具有代表性的产品。

2. 生产能力的种类

企业生产能力的客观性表明,它是一个随时间推移而发展的概念。按核定生产能力依据的条件不同,将企业的生产能力划分为三种:

(1)设计能力。设计能力是企业基本建设设计任务书的技术文件中所规定的生产能力,是新建、改建或扩建后的企业应达到的最大年产量。而

企业建成投产后，由于种种条件的限制，一般要经过相当长一段时间后才能达到。

（2）查定能力。查定能力是指企业生产了一段时期以后，重新调查核定的生产能力。在没有设计能力或虽有设计能力，但由于企业的产品方案、协作关系和技术组织发生了很大变化，原有设计能力不能反映实际情况，而由企业重新调查核定的生产能力。

（3）现有能力。亦叫计划能力，是企业在计划年度内依据现有的生产技术条件，实际能达到的生产能力。

上述三种生产能力指标，水平不同，用途各异。新建和改建的企业，由于需要一个熟悉和掌握技术的过程，这时的计划能力水平要低于设计能力，经过一段时间以后，才能逐渐接近或达到。查定能力也不是企业当时就能达到的能力，一般要高于计划能力。只有当企业实现了先进的组织技术措施，才能达到查定生产能力。在确定企业的规模、编制企业的长远规划、安排基本建设和技术改造时，应以设计能力和查定能力为依据；在编制企业的年度、季度生产计划，确定生产指标时，应以计划能力为依据。

企业生产能力的核定

(一) 影响生产能力的因素

企业生产能力的大小取决于各种因素，比如设备数量、特点、工装情况；产品结构的复杂程度、质量要求；零部件的"三化"水平及生产组织形式等。从生产能力核定的要求看，可以分为如下三个因素。

（1）固定资产的数量，指全部能够用于工业生产的机器设备、厂房及其他生产性建筑物面积。机器设备包括正在运转、正在修理、正在安装或等待修理的机器设备，以及因生产任务不足或某些非正常原因而暂时停用的机器设备。对于损坏严重，已判定不能修复并决定报废的设备，以及留作备用、封存待调的机器设备，则不应计算在内。

（2）固定资产的工作时间，指机器设备的全部有效工作时间和生产面积的全部利用时间。可以分为制度工作时间和有效工作时间。前者，是在规定的工作制度下，固定资产可利用的时间，一般为全年日历天数扣除104个周末和10个节假日后的差与每天工作班次，每班工作小时数的连乘积。后者，是在制度工作时间中扣除设备停歇时间。由于企业不同，工作制度

不同,其工作时间亦不同。连续性生产企业的机器设备有效工作时间为日历时间减去计划修理时间;间断性生产企业里,按上述有效工作时间计算,也要扣除计划修理时间;而生产面积的利用时间,按制度工作时间计算,一般没有停修时间。

(3) 固定资产的生产效率,包括机器设备生产效率(即设备能力)和生产面积的生产效率。前者,用单位机器设备的产量定额或单位产品的台时定额表示;后者,是指单位产品占用生产面积的大小以及时间的长短。它受各种条件影响,是核定生产能力时最难确定的一项因素。而生产能力的大小,又在很大程度上取决于定额水平是否先进合理。影响定额水平的因素包括:产品的结构与质量要求、原材料成分及质量、设备使用年限及其状况、工艺操作方法、工人技术水平、生产组织与劳动组织状况及企业的专业化协作水平等。

(二) 核定生产能力的作用与意义

生产能力是确定企业长远规划,安排改建、扩建、技术改造规划的重要依据。通过核定,可以使管理者在计划、组织方面作到心中有数,掌握生产中的薄弱环节和富裕环节,挖掘生产潜力。

(三) 生产能力核定的程序

这项工作应该从基层做起。通常分为两个阶段:第一,核定班组、工段、车间各环节的生产能力;第二,在对各生产环节的能力进行综合平衡的基础上,核定企业的生产能力。

1. 各车间内部生产能力核算

(1) 单一品种生产条件下,设备组的生产能力一般按下列公式计算:

设备生产能力=设备数量×单位设备有效工时×单位时间产量定额

或设备生产能力=设备数量×单位设备有效工时÷单位产品台时定额

生产能力=积数量×的延续时间×积的生产定额

例如,某机加工车间的产品加工过程是按顺序移动方式设置,顺次通过车、铣、磨三个工艺环节,这三个工组的资料如表3-2所示。试计算各组设备的生产能力。

表3-2 加工车间生产能力资料表

设备组	设备台数	工作班数	计划检修时数/h	全年有效台时，h	产品台时定额，h	设备组生产能力/件
①	②	③	④	⑤=②×251×15.5−④	⑥	⑦=⑤÷⑥
车工组	15	2	1145	57212.5	200	286
铣工组	17	2	1381	64757.5	250	259
磨工组	9	2	687	34327.5	120	386

注：全年工作日按制度工作日数251天计、每天两班按15.5h计。

由计算结果知，车工组与磨工组的生产能力相同，每年可以生产286件，相比之下，铣工组是薄弱环节，应采取一定的技术组织措施"填平补齐"。

流水线生产能力按下式计算：流水线生产能力=流水线有效工作时间÷节拍。

(2) 多品种生产条件下，设备组生产能力的计算方法。当企业生产多种产品时，按各种产品分别计算生产能力是困难的。在这种情况下，企业可根据具体情况采用标准产品法、代表产品法或假定产品法来核算生产能力。

1) 标准产品法。按标准产品计算生产能力就是在生产的品种中选择一种产品作为标准产品，再按一定标准（如千瓦、马力等）把不同品种、规格的同类产品换算成标准产品，最后用单一品种生产条件下核算生产能力的方法来确定设备组的生产能力。所谓标准产品是对具有不同品种或规格的同类产品，进行综合计算时所用的一种实物量折算单位，如电动机可用标准千瓦的电动机，拖拉机可用标准马力的拖拉机等。

2) 代表产品法。就是以代表产品为计算单位确定设备组生产能力。其计算步骤是：

首先，确定代表产品。代表产品是反映企业专业方向、产量较大、占用劳动量最多、在结构或工艺上具有代表性的产品。

其次，计算出以代表产品为计算单位表示的设备组的生产能力。

再次，将其他产品的计划产量用换算系数分别折合成代表产品的产量。换算时，一般用台时定额或产量定额作为换算标准。换算系数的计算公

式是：

换算系数=某种产品台时定额代表产品台时定额

或换算系数=代表产品单位时间产量定额某种产品单位时间产量定额

最后，计算出设备组各种计划产品的生产能力。

例如，某厂车床组有车床10台，每台车床全年有效时间为3780h，车床组加工A、B、C、D四种结构和工艺相似的产品，其计划产量分别为80台、50台、180台、60台，单位产品台时定额分别为80h、60h、100h、120h，选定C为代表产品，试计算车床组的生产能力。

以代表产品C的产量表示的生产能力及将代表产品换算为具体产品的计算过程和结果见表3-3。

表3-3 代表产品换算为具体产品的计算过程　　　　　　　单位：h

产品名称	生产计划/台	台时定额	换算系数	换算为代表产品产量	换算后产量比值	以代表产品表示的生产能力/台	换算为集团产品表示的生产能力/台	备注
①	②	③	④=③/100	⑤=②×④	⑥=⑤/∑⑤	⑦	⑧=⑦×⑥×1/④	⑨
A	80	80	0.8	64	0.185	$\dfrac{3780\times 10}{100}$ =378	70	代表产品
B	50	60	0.6	30	0.087		33	
C	180	100	1	180	0.520		197	
D	60	120	1.2	72	0.208		97	
∑	370		346	1.000			397	

3）假定产品法。假定产品是计算生产能力时假定的产品折合量单位。假定产品法就是以假定产品为单位计算设备组生产能力。在企业产品品种比较复杂，结构、工艺和劳动量差别较大，不易确定代表产品时，可采用假定产品法。其步骤为：

首先，计算假定产品的台时定额。

假定产品的台时定额=∑（该产品台时定额×该产品产量占假定产品总产量的百分比）

式中，假定产品总产量以各种产品计划产量总和来表示。

其次，计算设备组生产假定产品的生产能力。

以假定产品为单位的生产能力=设备台数×单位设备有效工时假定产品

台时定额

最后,根据设备组假定产品生产能力,计算出设备组各种计划产品的生产能力。

计划产品生产能力=假定产品生产能力×该产品产量占假定产品总产量的百分比

例如,某厂铣床组有铣床14台,每台铣床全年有效时间为4553h,铣床组加工A、B、C、D四种结构、工艺不相同的产品,其计划产量分别为200台、100台、140台、160台,单位产品台时定额分别为100h、60h、100h、120h,试用假定产品法计算铣床组的生产能力。

详细计算和结果见表3-4。

表3-4　以假定产品为计量单位生产能力计算表　　单位:h

产品名称	计划产量/台	各产品占产量总数比重(%)	各产品铣床组台时定额	假定产品台时定额	以假定产品为单位的生产能力/台	铣床组各种计划产品的生产能力/台
①	②	③	④	⑤=③×④	⑥	⑦=⑥×③
A	200	33%	100	33	$\dfrac{4553\times14}{98}=650$	241.5
B	100	17%	60	10		110.5
C	140	23%	100	23		149.5
D	160	27%	120	32		175.5
合计	600	100%		98		650

2. 企业生产能力的确定

先将各生产环节的生产能力综合平衡,进而确定企业的生产能力。综合平衡有二方面的工作,其一,基本生产车间之间的能力平衡;其二,辅助生产车间生产能力与基本生产车间的生产能力的平衡。

当各基本生产环节的能力不一致时,应按主导环节来确定企业的生产能力。主导环节是指产品制造的主要工艺加工环节。如机械制造企业的机械加工车间,占产品全部制造过程劳动量的比重最大,所需投资额也往往最多。据此确定企业生产能力,可以更好地发挥投资经济效益。若企业主导生产环节同时有几个,并且生产能力各异,综合生产能力的核定应依据未来市场需求的多少确定。若该产品需要量大,按较高能力的主导生产环

节来定，同时组织外协或技术改造解决其他能力不足的环节；否则，可按薄弱环节的能力来核定，对于能力富裕的环节，可将多余的设备调出，或长期接受外协订货。

当基本生产单位的生产能力与辅助生产单位的生产能力不一致时，企业的生产能力要按基本生产单位的生产能力来确定。即使这样，也要考核辅助生产单位的生产能力与基本生产单位能力的综合平衡。若辅助生产单位的生产能力低于基本生产单位的生产能力，要采取措施提高其供应、服务能力，确保基本生产单位能力得到充分发挥。反之，亦要采取有力措施，使富裕的辅助生产能力得以充分利用。

上述生产能力核定程序是对查定能力而言，这一工作的劳动量很大，因此，不经常进行。要经常进行核定的是企业的计划能力（现实能力）。在编制短期生产计划暨生产作业计划时，都要核定现实能力，以便同计划的生产任务进行比较、平衡，使生产任务落到实处，同时使生产能力得到充分利用。

生产计划的安排

产品出产进度安排

编制生产计划，不仅要确定全年总的产量任务，而且要进一步将全年生产任务具体安排到各个季度和各个月份，这就是产品的出产进度。合理安排产品的出产进度，可以使企业的计划进一步落实，为完成用户订货合同提供保证。合理安排产品的出产进度，也有助于有效运用企业的人力和设备资源、提高劳动生产率、降低成本、节约流动资金，从而提高企业生产的经济效果。

产品出产进度的安排方法，因企业的不同特点而有所不同。

1. **产品各季、各月的市场需求量比较稳定或者生产任务饱满的企业**

这类企业的产品出产进度的安排，应实行均衡生产的方针。这就是把全年的产量任务均衡地分配到各季度和各个月份，以便充分利用生产能力，

增加产量，更好地满足社会需求。所谓生产进度的均衡安排，并不等于各季、各月的平均日产量绝对相等，而是可以有以下多种分配形式：

（1）平均分配。即全年生产任务等量分配，各季各月的平均日产量相等。

（2）分期递增。即产量分期分阶段增长，每隔一段时间平均日产水平有所增长，而在该段时期内平均日产水平大致相同。

（3）小幅度连续增长。随着企业生产技术水平与工人熟练程度的不断提高，各季、各月的产量逐渐地、小幅度地不断上升。

（4）抛物线形递增。主要指新产品，开始是小批生产，然后逐渐扩大批量以至大量生产，由于工人技术熟练程度提高，开始日产量提高较快，以后逐渐趋于稳定。

在全年任务分季、分月安排时，产量增长幅度的确定，取决于多种复杂的因素，主要是：企业的生产能力和工人生产效率在各季、各月的变化；原材料、燃料、动力不同时期的供应情况；重大技术措施生效的期限；各季、各月工作日数的不同以及各个时期自然条件的变化等。所以，要根据报告期产量增长与分配的资料，结合计划期各项条件的变化，掌握主要影响因素，综合考虑确定。

2. *产品的需求具有季节性的企业*

例如某些农业机械和农药等。这时全年任务的进度安排就有多种方式：

（1）均衡安排方式。各月产量相等或基本相等。这样，有的月份产量大于销售需要，就有一部分产品作为库存储备起来，以供旺季时的需要；而有的月份产量小于销售需求，则动用原有库存，如仍不足，还可以组织外协。

均衡安排生产进度的方式，有利于充分利用人力和设备，有利于产品质量的稳定，也有利于管理工作的稳定。它的缺点主要是成品库存量大，流动资金占用多。

（2）变动安排的方式。各月生产量的安排，随着市场销售量的变动而变动。销售量增长，生产量也随之增长；销售量下降，生产量也随之下降。其累计的产量线与需求线基本重合，基本上没有库存和脱销现象。

这种进度安排的方式，优点是成品库存量小，节省库存保管费用；对

市场的适应性好,能及时生产市场欢迎的新花色和新规格。缺点是需要经常调整设备和人力,生产能力利用较差,不利于产品质量的稳定。这种安排方式要求较高的管理水平。

采用哪一种方式,应当进行经济上的比较。主要是比较生产调整费用和库存保管费用的大小。生产调整费用主要包括设备工艺装备的调整和改装费用、人员培训费用、加班加点费用、调整引起的停工损失和增加的废品损失额等。库存保管费用主要包括资金占用的利息、仓库和运输工具的维修折旧费用、仓库人员工资、物资存储损耗等。此外,还必须考虑到企业的各种特点。例如,食品工业企业的产品不宜长期储存,宜采取变动安排进度的方式。有些企业,保证和提高产品质量是关键问题,就宜于采取均衡安排的方式。

(3)折中方式。这是上述两种安排方式的结合。

品种搭配

多品种生产的企业,生产任务的安排不仅要合理安排产品的出产进度,而且要搞好品种搭配工作。所谓多品种生产的品种搭配,就是在同一时期内,将哪些品种搭配在一起进行生产。合理组织各种产品的搭配生产,有利于按期、按品种完成订货合同,有利于稳定企业的生产秩序,有利于提高企业生产的经济效果。因此,品种搭配是多品种企业安排生产任务中的一项重要工作。

搞好品种搭配,一般应该考虑下面几个问题:

(1)要首先安排经常生产的和产量较大的产品。对于这种产品应该在符合订货合同要求的前提下,采用"细水长流"的办法,尽可能在全年做比较均衡的安排,使各个季度、月份都能生产一些这种产品。这样可以保持企业生产上的相对稳定性。

(2)对于企业生产的其他品种,实行"集中轮番"的安排方式,加大产品的生产批量,在较短的时间完成全年任务,然后轮换别的品种。对于同类型(同系列)的产品,宜采用这种方式,它能够在不减少全年产品品种的前提下,减少各季、各月同期生产的品种数,从而简化生产管理工作,提高经济效益。

(3)新老产品交替要有一定的交叉时间。在交叉时间内,新产品产量

逐渐增加。老产品产量逐渐减少。这样可以避免由于"齐上齐下"带来产量的过大波动，也有利于工人逐步提高生产新产品的熟练程度。

（4）尖端产品与一般产品、复杂产品与简单产品、大型产品与小型产品等，均应合理搭配，使各个工种、设备及生产面积得到均衡负荷。

（5）各个品种轮番时，谁先谁后，应当考虑生产技术准备工作的完成期限、关键材料和外协件的供应期限等因素。

安排车间任务

生产任务的安排，不仅要对企业总的生产任务作出进度安排，而且要将整个企业的生产任务分解到各个车间（或分厂），规定车间的生产任务。安排车间任务的作用在于：更具体地进行平衡工作，使企业的生产任务得到落实和保证；使各车间明确计划期内产品生产方面的经济责任，更好地调动车间的积极性，并提前做好各项准备工作。

安排车间生产任务，应该实现下列要求：

（1）必须保证整个企业的生产计划得到实现，为此，规定给各个车间的生产任务，应当在品种、数量和进度上相互衔接，以保证企业计划的按期完成。

（2）要缩短生产周期和减少流动资金占用量，以提高生产的经济效益。

（3）要充分利用车间的生产能力，规定给各个车间的任务应当适合这个车间的机器性能和设备条件，并能充分利用这些机器设备，不要有的车间过忙，有的车间过闲。

安排车间任务的方法，一般是首先安排基本车间的生产任务，然后安排辅助车间的生产任务。

规定基本车间生产任务的方法，取决于各基本生产车间的专业化形式。对象专业化的基本生产车间，安排车间任务的方法比较简单，主要是考虑生产能力、生产技术条件对生产任务的适应情况。如果二者大体适应，就可将生产任务按各车间原有的专业分工范围进行安排。根据实际情况，必要时亦可对原有车间的分工进行某些适当的调整。工艺专业化的基本生产车间，规定车间任务主要是解决车间与车间之间在品种、数量和期限方面的平衡衔接问题，这时，安排车间任务的方法是"反工艺顺序法"，按照工艺顺序的相反方向，逐个地决定各个车间的生产任务。以机械制造企业为

例，首先根据装配车间产品装配的数量、时间要求，决定装配车间的生产任务；然后再根据机械加工车间产品加工的数量、时间要求，决定毛坯车间的生产任务。由于企业生产类型的不同，反工艺顺序法的运用，又有在制品定额法、提前期法、生产周期法等具体形式。

  关于辅助生产车间的任务安排，也有几种情况。有些辅助车间，它的任务同基本生产车间的任务有着明显的、直接的联系，这些车间的任务，就要根据基本生产车间的任务来规定。例如，工具车间的任务，应当根据各个基本生产车间的产品加工数量和单位产品的工具消耗定额来规定，同时考虑其他辅助车间对工具的需要量、试制新产品对工具的需要量以及工具结存量变化等因素。运输车间的任务，应当根据厂内运输量和厂外货运量来规定；包装材料车间的任务，应当根据产品产量和单位产品消耗量来规定。有些辅助车间，它的任务同基本生产车间没有明显的、直接的联系，例如机修车间，它的生产任务应该根据它所服务的全部机器设备的使用程度，按照设备修理计划来规定。规定动力车间的任务，也和上面一样，它有个特点，就是所提供的产品（劳务）不能储存，因此它的任务安排，要能保证全厂最高负荷的需要。

第四章

生产工作管理

生产工作管理中,工作设计决定了一个工作的内容,方法分析决定一个工作如何执行,而作业测定决定了完成工作所需的时间长度。工作时间是制订人力计划、估计劳动成本、安排工作进程、预算和设计员工报酬等决策的关键性因素。

生产工作设计

工作设计的目的是建立有生产力的、有效的工作系统。生产主管要考虑由谁来做这项工作、工作将如何进行以及在何处开展工作。为确保成功，工作设计要做到：

（1）由经过培训和有一定背景的有经验的人员来担任。
（2）与企业目标一致。
（3）建立一个工作设计的书面形式，当出现问题时可作参考。
（4）同时被管理者和雇员所理解和接受。

一、工作专门化

工作专门化是指工作具有非常窄的范围。这些从生产线到医学专家均可为例。大学教授常常专门教授某些课程；某些汽车技工专门研究传送系统的维修；某些面包师专门制作婚庆蛋糕。专门化的主要原则是集中工作注意的能力，从而精通特定类型的工作。

有时，专家具备的一定知识或教育或工作的复杂性使得选择这些工作的个人对他们的工作感到满意。这对"专门职业"（例如，医生、律师、教授）尤其适合。与这些高技术知识专家对应的天平另一端是装配线工人，其实他们也是专家，尽管通常人们并不这样认为。这些高度专门化工作的优点是高产出、低单位耗费，专门化正大量地为现存工业社会中高标准生活提供服务。

然而，许多这些工作被认为是单调、乏味的，而且这是目前工人中许多不满情绪的根源。尽管这样，推论所有的工人都反对这种类型的工作是错误的。毫无疑问，有些工人喜欢这种对技术和决策责任要求有限的工作，有些人则是由于能力限制不能处理更大范围的工作因而适合这样的工作。然而这种工作使得许多工人产生受挫感，并在许多方面表现出来，如高跳槽率和缺勤率。例如，有一个汽车工厂，缺勤率高达20%。尽管并不是说所有缺勤者均是生产装配线上的受挫者，然而这至少体现了它的严重性。

另外，工人也通过破坏性活动、故意降低生产率和忽视产品质量来表现其受挫感。

这些问题的严重性引发了生产主管等管理者寻找消除矛盾的努力。表4-1 说明了专业化的主要优缺点。

表4-1　企业中专门化的主要优缺点

优点	
对管理者来说：	对劳动者来说：
1. 简化培训	1. 教育和技能要求低
2. 高生产效率	2. 少负责任
3. 低工资耗费	3. 需要的脑力劳动少
缺点	
对管理者来说：	对劳动者来说：
1. 难以提高质量激励	1. 工作单调
2. 工人不满情绪可能引起工人的缺勤、跳槽、破坏活动和对质量的忽视	2. 缺少晋升机会
	3. 缺少对工作的控制
	4. 难以自我实现

二、工作设计中的行为方法

为使工作更加富有趣味性和意义，工作设计者经常考虑采用工作扩大、工种轮换、工作丰富化和提高机械化的使用等措施。

工作扩大意味着将总任务中很大一部分分派给工人。这构成了水平负载，即将处于相同技能水平的工作附加给原工作。目的是通过提高工作所需技能的多样性和给工人的最终产出以更多的承认，来提高工人对工作的兴趣。例如，扩展生产工人的工作使他们对一系列活动而不是单一活动负责。

工作轮换意味着让工人定期交换工作。生产主管可以采用这种方法来避免让某个或某些雇员拴在单调的工作上。这种方法在工人转到更有兴趣的工作上时，效果最好。如果工人是从一个单调工作转到另一个单调工作岗位上时，其效果就甚微。工种轮换能够扩大工人的经验知识，使得他们能在别人缺勤或生病时顶替他人。

工作经验丰富涉及在计划和协调任务上责任水平的提高。有时也指垂

直负载。例如，让超市里的货架整理员负责缺货的补充，从而提高他们的责任。增加工作责任方法，集中于提高工人可能的满足感。

这些方法对于工作设计的重要性在于它们有可能通过提高工人生活质量从而提高工人的满足感来增强工作的动力。生产主管慎重考虑和开展计划来提高工作生活的质量。除了上面提及的方法，许多企业也在实验选择厂址（如，中等城市、校园式的环境）、采用灵活工作时间以及团队生产等方法来提高工人工作效率。

三、工作团队

为了使企业变得更加富有生产力、竞争力和顾客导向，企业开始重新思考工作是如何完成的。一些工作环境上的结构变化，特别是精益生产，提高了工作团队的应用和改变了工人工作的付酬方式。

过去，诸如处理顾客抱怨或改进工作过程等非日常性工作安排的通常做法是分派给由同一管理者负责的一个或几个人。最近，更多非日常性的工作安排被分派给从事开发和实施问题解决方案的团队。

自引导团队，有时也叫自我管理团队。它是为提高协同工作水平和达到更多员工参与的目的而设计的。尽管这些团队并未被赋予制定所有决策的绝对权力，但他们通常被授予对其控制之下的工作过程进行必要改变的权力。它所强调的概念是：最接近工作流程、对流程最为了解的工人，要比管理人员更适合做出最有效的改变以提高流程的效率。并且，由于流程改变与他们的切身利益挂钩，且亲自参与，因此他们会比管理人员更加努力，以确保达到预期结果。为使团队良好运转，团队成员必须在质量、流程改进和协同工作上接受培训。自引导团队具有许多优点：其一，是需要的管理人员少，一个管理者可以领导几个团队；另外，自引导团队能提高工人对问题的反应，因为他们在流程工作中有其个人利益，因而进行流程改进需要的时间更短。

一般来说，团队生产好处包括：更好的产品质量、更高的劳动生产率以及更多的员工满足感。而且，由于高水平的员工满足使得员工跳槽和缺勤现象的减少，从而可以降低培训新员工和替补缺勤的费用。然而，所有这些并不意味着企业在应用团队生产理念时毫无困难，值得重视的是，当团队承担了某些管理人员，特别是那些中层管理人员的大多数传统职能时，

这些管理人员有可能会感到其权利被侵犯。

四、方法分析

方法分析集中于怎样进行工作。工作设计时常从总体操作的方法分析开始，然后从总体到工作的具体细节，最后集中在工作位置的安排和原材料、员工的分配上。方法分析是提高生产率的一种好办法。

采用方法分析的原因有以下一些不同的方面：

（1）工具设备的改变。

（2）产品设计的改变或新产品的出现。

（3）材料、加工程序的改变。

（4）政府条令或合同协议。

（5）其他因素（例如，意外事故、质量问题）。

方法分析既针对现存工作，也针对新工作。尽管对新工作的方法进行分析看来有些奇怪，但仍有必要为其工作建立一种方法。对于现存的方法，一般的程序是当工作目前还未执行时，让分析员进行观察，然后进行改进设计。对于新工作，分析员必须依赖工作描述和对操作的想象能力。

方法分析的基本过程是：

①确认所要研究的操作，收集所有有关工具、设备、材料等的相关因素。

②对于现存工作，同操作工人和监督技术人员进行讨论，得到他们的信息输入。

③利用流程图研究并将现存工作的既有方法文档化，对于新工作，基于涉及协作的有关信息设计流程图表。

④分析工作。

⑤提出新方案。

⑥实施新方案。

⑦重复检验方案的实施，确保改进的实现。

1. 选择要研究的操作

有时对某一操作进行研究是应班组长或监督人员的要求而进行的。然而多数时候，方法分析是作为提高生产率、降低成本和费用努力的总计划的一部分。进行工作研究，所选择工作的总体原则是：

①工作具有高劳动量。

②工作为经常性进行的。

③工作危险，令人疲劳、不舒适，工作环境吵闹。

④被明确为有问题的工作（例如，有质量问题的工作、加工瓶颈的作业）。

2. 将现存方法存档

利用图、表和文字，记录原有工作实施中所采用的方法，这有助于对工作的理解，并可作为工作改进评估的比较基础。

3. 分析工作，提出新方法

方法分析要求对工作的内容、原因、时间、地点、工作涉及人员进行仔细分析。通常，只要对以上这几个问题简单分析一遍，并鼓励分析人员对现有和将要采用的方法采取一种唱反调的态度，便能使工作分析过程简明化。

通过利用各种图表，比如流程图和"人—机"图，能够使得工作分析和方法改进变得更加简便。

流程图是通过集中对操作员的运动和原材料的流动，来回顾和批判性检查一个操作的整个加工顺序。这些图表有助于明确过程中那些没有生产率的部分（例如，延迟、暂时库存、远距离运输）。图4-1描述了构筑一个流程图所使用的符号。图4-2举例说明了一个流程图。

流程图的应用，可包括分析部门的材料流动，研究公司文件表格的传送顺序等。

有经验的分析员经常列出一个清单，自己向自己提问题，以形成工作改进的一些想法。下面是一些有代表性的问题：

①这点为什么会有延迟或储存？

②如何缩短或避免传输距离？

③能减少原料的处理吗？

④工作位置的重新安排会带来更高的效率吗？

⑤相同的行为可归组吗？

⑥附加或改进的设施有益吗？

⑦工人对于改进有自己的想法吗？

图 4-1 流程图使用的符号图

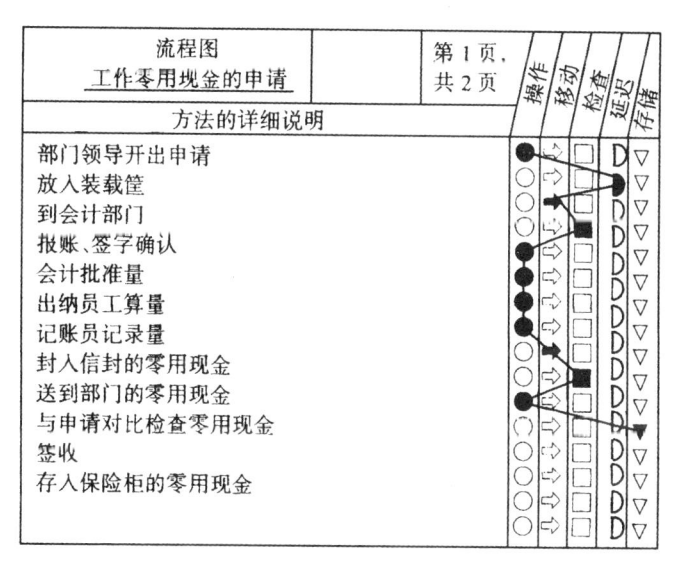

图 4-2 一个流程图的格式图

"人—机"图有助于使得在工作周期内,将操作人员、机器处于空闲或忙碌的部分可视化。通过"人—机"图,分析人员能容易地发现何时操作员和机器在独立地工作,何时"人—机"的工作是交叉或依赖的。这种图的用处之一是能决定一个操作员应操作多少台设备或机器。

图4-3展示了一个"人—机"图的例子,在其他例子中,"人—机"图能加强对工人和机器的利用。

产品	散装食品		操作员:	
程序	重量/价格		制表人:	
步骤	雇员	时间/秒	机器	
1	接收来自顾客的塑料袋并放在天平上	0 1		
2	输入价格	2		
3		3	计算机显示总价,分配价格标签	
4	获得价格标签,移走袋子	4 5		
5	把价格标签放入袋中	6 7		
6	把袋子给顾客	8		

	总结			
	员工时间/秒		机器时间/秒	
工作	7	87.5	1	12.5
清闲	1	12.5	7	87.5

图4-3 "人—机"图

4. 实施改进方案

提出的改进方案的成功实施,需要对新方法的合理性进行令人信服的管理和得到工人的协作。如果在改进的全过程中,保持同工人的协商并且采纳工人所提出的建议,那么,比起由分析员独自承担方案开发的全部责任来,这部分工作将变得容易很多。

如果所提出的工作方法包含对过去操作方法的重大改变的话,工人就可能需要进行一定的再培训,方案的彻底实施将需要一定时间来完成。

5. 重复检查

为确保改进的实现，而且提出的方法如期地发挥作用，分析员应在经过一段合理时间后，应再次检查工作的运作，并向实地操作人员咨询。

五、工作条件

工作条件是在工作设计中很重要的一方面。工作环境的温度、湿度、通风、照明、噪声等物理因素对于工人在生产率、产出品的质量和事故上表现出来的工作绩效有重大影响。

1. 温度和湿度

尽管人能在一个相当宽的温度范围内发挥职能，但是如果温度超出了一个非常窄的舒适范围，工人的工作绩效将受到不利影响。这个舒适范围取决于工作的紧张程度，工作越紧张，舒适范围就越小。

相对与办公室环境而言，工厂和其他某些工作环境的加热和空调就是一个很大的问题，因为工厂通常具有使温度非常容易升高的天花板，并且经常有大卡车和其他移动处理设备进出大门，这些条件使得它难以保持在一个恒定的温度上。解决这一问题的办法是选择合适的衣服，或者安装合适的空间加热或制冷装置。

保持一个舒适的工作环境，湿度也是一个重要的变量。

2. 通风

令人厌恶的气体和有毒的气味可以引起工人的分心，甚至危害工人的身体健康。如果烟灰不定期抽走，空气将会迅速地变得陈腐和令人不舒服。通常车间需要采用大风扇和空调装置来转换空气。

3. 照明

所需照明的亮度在很大程度上取决于工作的类型，工作越细致，为确保工作能够正常进行所需的照明度就越高。另外一个重要考虑就是光的灰度和对比度。从安全角度来看，大厅、楼道以及其他危险地段，良好光照是很重要的，然而，因为照明价昂贵，在所有地方都采取同样高的照明度总体来说是不可取的。

有时候，自然光可用来照明，它不但免费而且还可给工作人员带来一些心理上的好处。在一个没有窗户的封闭房子里工作的工人，经常会感到与外面世界隔绝，因此可能引发各种心理疾病。采用自然光照明的不利方

面是，人们没有能力控制自然光（例如，阴天），外界因素可能导致光强度的剧烈变化。

操作员：								零件			
时间：								方法：			
操作：装配								制图人：			

时间刻度（瞬间）	动作单位时间	左手描述	符号	运动级别 1 2 3 4 5 4 3 2 1	符号	右手描述	动作单位时间	时间刻度（瞬间）
4548	12	轻轻触及	RE		RE	轻轻触及	12	4548
4560	19	轻轻抓取	G		G	轻轻抓取	19	4560
4579	31	轻轻移动	M		M	轻轻移动	31	4579
4610	75	轻轻放置和释放	P PL		P PL	轻轻放置和释放	75	4610
4685	15	用力触及	RE		RE	用力触及	15	4685
4700	15	用力抓	G		G	用力抓	15	4700
4715								4715
7541	12	装配抓取	G		G	装配抓取	12	7541
7559	18	装配移动和释放	M RL		M RL	装配移动和释放	18	7559

%	时间	左手合计	合计	右手合计	时间	%
8.56	249	触及	RE	触及	245	8.4
7.49	218	抓	G	抓	221	7.6
12.16	354	移动	M	移动	413	14.2
30.47	887	放置	P	放置	1124	38.6
39.33	1145	用	U	用	876	30.1
1.03	30	空闲	I	空闲	0	0.0
0.96	28	释放	RL	释放	32	1.1
100.0	2911		总值		2911	100.0

4. 噪声和振动

噪声是不受欢迎的声音。它是由机器设备的振动或人造成的。噪声既令人心烦，又使人分心，而且容易使人产生错误或导致事故的发生。如果噪声非常大，还可能造成工人听力的损伤。

成功的声音控制应从消除刺耳的声音开始。在新的操作中，设备的选择和安放可以消除和减少许多潜在的噪声问题；现存设备的情况下，重新

设计或更换设备有可能减少噪声；在有些情况下，可将噪声源与其他工作区域隔离开来，如果这样做不可行，采用能使声波改变方向的隔音墙、天花板或栅栏也能有效降低噪声；然而，某些情况下为那些最接近噪声区域的工人提供保护装置（例如为那些引导喷气飞机着陆的机场地勤人员配备耳塞）可能是唯一的解决方案。

即使没有噪声，震动也是工作设计中的一个重要因素。在任何情况下，仅消除声音是不够的。震动可能来自于工具、机器、交通工具、人的行为、交通装置、水泵和其他设备。正确的方法是使用包括缓冲器、振动吸收器、填塞材料、垫圈、橡皮承载物等在内在消除震动的材料设备。

5. 工作间歇

工作间歇的频率、长度和时间，对于工人的生产率和产出质量都有重大影响。图4-5说明了工人的工作效率和工作间歇之间关系。它表明随着一天工作时间的延长，工人的工作效率逐渐降低，同时，它也说明了午餐和休息如何能使得工作效率回升。

影响工作效率下降的速度和工作间歇潜在影响的一个重要变量是：工作中的体力和脑力消耗量，比如，钢铁工人由于他们工作的紧张性质，需要每小时有15分钟的休息间歇。然而，体力消耗并不是需要工作间歇时间的唯一条件，学生学习也需休息。

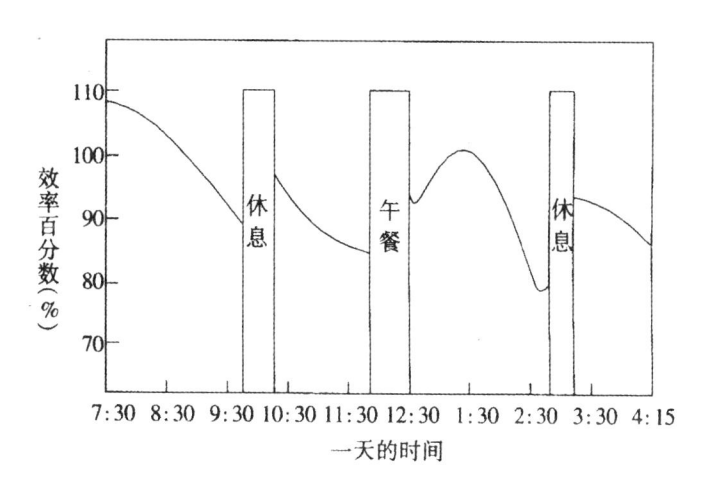

图4-5 工作效率和一天工作时间的典型关系示意图

6. 安全性

工人的安全是工作设计中最基本的问题，生产主管、工人和工作设计者在任何情况下都不可以掉以轻心。如果工人感受到处于身体危险中，他们是不可能有效地激励的。

从公司的角度来看，不期望发生事故，因为其代价（保险和赔偿）高昂：事故的发生通常涉及产品和设备的损坏，需要重新雇人、培训和弥补工作；此外，事故通常还会打断正常工作进行。从员工的角度来看，事故意味着遭受痛苦、精神折磨，收入的潜在损失和正常工作的中断。

事故的原因。引起事故的两个基本原因是工人的粗心大意和事故的随机性。粗心容易产生不安全的行为，比如驾驶员酒后高速开车，工作不使用保护性装备，忽视安全控制（例如按下控制按钮），不注意安全程序（例如工作场合随意奔跑、乱扔东西、直接穿行、不注意单行标志）以及工具、设备的不正确使用，在危险区未使用合理警告。不安全的工作条件包括未保护的滑轮、链条、原料处理设备、机器等，另外，阴暗的过道、楼梯和暗藏危险的装卸码头也是不安全的工作条件。此外，有毒的废物、气体、液体、放射性物质也应包含在不安全工作条件内。在许多情况下，没有特殊的设备，这些危险是检测不出来的，因此他们经常被工人和急救人员忽视。预防灾难事故的措施包括，使用合适的照明，清楚标识危险区域，使用保护装置（安全帽、护目镜、耳套、手套、鞋和衣服）、安全设备（机器保护及要求操作员同时使用双手操作的双重控制开关）、急救器材（紧急喷水器、灭火器、安全门、安全程序）以及指导员工如何使用正常和急救设备。房间的整理（打扫地板，打开通道，清扫垃圾）也是确保安全的另一重要因素。

一个有效的安全和事故控制的行动计划，需要工人和生产主管双方的协作。工人必须就正确的工作程序和态度接受培训；同时，工人也能在灾难发生之前，向管理人员指出危害所在，从而为减少损失作出贡献。生产主管必须努力贯彻实施安全工作程序，使用安全设备。如果监督人员允许工人忽视安全程序，看到工人违反安全条例而无动于衷，工人就不可能采取合理的谨慎态度。生产主管可以通过开展部门间安全比赛和推广安全意识来减少事故发生。要知道，一个非常偶然的事故，就有可能严重影响工

人的士气，甚至可能酿成附加事故。采用安全告示能够有效地减少事故，特别是如果告示用明确的语句告诉了人们如何避免事故就更为有效。例如，泛泛警告"小心"远不如"戴安全帽"，"走，别跑"，"抓住栏杆"等语句有效。

生产作业测定与时间标准的建立

工作设计决定了一个工作的内容，方法分析决定一个工作如何执行，而作业测定决定了完成工作所需的时间长度。工作时间是制订人力计划、估计劳动成本、安排工作进程、预算和设计员工报酬等决策的关键性因素。另外，从工人的角度来看，时间标准为预计产出提供了一个指标。时间标准反映了一个工人在典型条件下完成一件工作平均所花费的时间。这个标准包括了预期动作时间和允许的可能延迟。

标准时间是一个合格的工人利用给定的办法、工具、设备、原材料以及一定的工作位置布置，按可持续的速度完成一项给定的工作所需的时间。因为完成工作的实际时间对所有这些因素都很敏感，因此无论何时对工作设立一时间标准，都需要对工作的这些参数做一个完整的描述，任何一个因素的改变都可能重大地影响实际时间的需要。例如，产品设计的改变或由方法研究引起工作实施的改变将触发新的时间研究并更新时间标准。然而就实际问题而言，偶尔发生的微小变化，并不能作为重新进行时间研究工作的充足理由，因为重新进行一项时间研究需要花费大量的人力、财力。因此，许多工作的时间标准可能稍有误差，需要通过定期采用时间研究来更新标准。

企业采用许多不同方法开发时间标准，尽管一些小生产商通常是依赖于对工作时间的主观估计，作业测定最常采用的主法有：

（1）测表时间研究法。

（2）历史时间法。

（3）预定数据法。

（4）工作采样法。

一、测表时间研究

测表时间研究是 19 世纪末由 F·W·泰勒正式引进，目前它是作业测定中最为广泛采用的方法，尤其适应短而重复性的工作。

测表时间研究是基于对某个工人多个工作周期的观察来开发时间标准，然后将之应用于企业中的执行相同任务的其他人的工作中的方法。时间研究的基本步骤如下：

（1）通知被研究的工人，明确被研究的任务。

（2）决定观察的周期数。

（3）记录工作的时间，评估工人的绩效。

（4）计算标准时间。

通常，被研究的工人经常试图在其工作中添加一些不必要的动作，以期获得一个更为宽松的每件产品的标准时间（这样，工人就能够以更慢的节奏生产，同时又能满足时间标准），因此，工作研究的分析人员应对其所研究工作非常熟悉。并且，在设定时间标准之前，分析人员应检查所研究的工作是否正在被有效地执行。

在大多数情况下，经常将非常短的工作分解成为基本的动作单元（例如，够、抓），获得每一动作单元的时间。这种做法有几个原因：一是有些动作单元并不是在每一周期都会执行，对其分解可能使得分析人员更好地认识它们；二是工人对工作中各个动作单元的熟练程度可能不尽相同；三是这样可以建立一个动作单元的时间档案，从而可应用于其他工作的时间设定，这一用途后面还将介绍。

为避免怀疑和误解，通知被观察的工人有关研究事宜是很重要的。工人有时会对被研究感到不安，并害怕由此可能引起工作的某些变化。为减轻疑虑，分析员应在研究操作之前，尽量同工人讨论，以获得工人的合作。

时间记录的周期数是以下三方面的函数：①观察到的时间的变化幅度；②期望的精确度；③工作时间估计的合意置信水平。期望的精确度经常被表示为观察时间均值的一个百分数。例如，某一时间研究的目标是要达到一个估计值，使其在实际均值的 10% 误差内。达到这个目标所需的样本量可用下式确定：

$$n = \left(\frac{zs}{ax}\right)^2$$

式中：

z——达到期望置信度所需的正态分布标准差系数；

s——样本的标准差；

a——期望精确度的百分比值；

x——样本均值。

计算中使用到的可从标准正态分布表 4-3 中获得。

表 4-3　标准正态分布表

期望的置信度（%）	z 值	期望的置信度（%）	z 值
90	1.65	98	2.33
95	1.96	99	2.58
95.5	2.00		

当期望的精确度被表达成一个总量（例如一分钟内的实际均值）而不是用百分比时，可使用替换公式：

$$n = \left(\frac{zs}{e}\right)^2$$

式中：e——可接受误差的最大值或精确值。

对样本大小做一个预先的估计，通常的做法是先取一小量（10~20次）观察值计算 x 和 s 的值，然后利用公式计算 n。在研究的最后，可利用积累起来的可用数据再修正 x 和 s 估计值，重新计算 n。

注意：这些公式在实际中是否可用取决于进行时间研究的人员的个人判断，一个有经验的分析员通常是依靠个人的判断来决定记录的周期数的。

时间标准研究涉及三种时间的计算：观察时间（OT），正常时间（NT）和标准时间（ST）。

观察时间是记录时间的简单平均值，因此

$$\text{OT} = \left(\frac{\sum x_i}{n}\right)$$

式中：OT——观察时间；

$\sum x_i$——记录时间之和；

n——观察次数。

注意：如果一个动作单元并不是在每周期中都出现，那么，这一平均时间应分别计算，该值应包含在观察时间中。

正常时间是考虑工人绩效，对观察时间的调整值。它通过用观察时间乘以绩效等级来计算，即：

$$NT = OT \times PR$$

式中：NT 正常时间；

PR——绩效等级。

这里我们假设为整个工作制定单一绩效等级，如果等级是基于每一动作单元而制定，则正常时间应通过用每一动作单元的正常时间乘以它的绩效等级求和得到：

$$NT = \sum (X_j \times PR_j)$$

式中：x——动作单元的平均时间；

pR_j——动作单元 j 的绩效等级。

包含绩效等级这个调整因子的原因是正被观测的工人可能以不同于正常速率的速度进行工作，或者是故意减慢步伐，或者是因为他们的自然能力不同于一般水平。基于这些，观察者应采用一个绩效等级来把观察次数调整到一个平均节奏。假设正常等级为1，0.9的绩效等级意味着其节奏是正常水平的90%，而1.05的等级表明了一个比正常稍快的工作节奏。对于一个长任务，每一动作单元都需要给定等级；对于短工作，则可仅为整个周期制定一个单一的等级。

评估工作绩效时，必须把观测的绩效同被观测的工人的正常的工作绩效相比较。显然，关于正常绩效应由什么组成尚有争论的余地，并且绩效等级的评定有时是员工和主管人员产生冲突的源泉。然而尽管无人能提出一个客观评估的方法，由分析员采用培训胶片进行足够的培训和定期重新测定，还是可以使得不同分析员的等级评判达到高度的一致性。

标准时间是一个工人在不存在延迟和中断时完成任务所需的时间长度。它不包括像个人延迟（喝水、休息），不可避免的延迟（机器调整和修理、同监督员谈话、等待材料）和休息间歇之类因素。一个工作的标准时间是正常时间加上这些延迟的允许值。

因此，标准时间为：

$$ST = NT \times AF$$

式中：ST——标准时间；

AF——允许量因子。

允许量可以基于完成某项工作的时间或工人工作时间来决定，如果允许量是以完成工作的时间为基础，则允许量因子必须用下式计算：

$$AF.ob = 1 + A$$

式中：A——以完成工作时间为准的允许量百分数。

当不同的工作具有不同的允许量时可用这一公式。如果允许量以工人工作时间（即工作日）为基础，则应使用以下公式：

$$AF_job =$$

式中：A——以工作日为基础的允许量百分数。

当工作相同或近似，并且具有相同的允许量因子时，可用这个公式。

表4-4列举了一些典型的允许量，在实践中，允许量可以根据时间研究分析员的判断，工作采样（在以后章节中描述）或员工和主管之间协商来确定。

注意：如果观察记录了一个异常的短时间值，通常这被假定为观察的错误，因而不应被列入计算。然而，如果观察记录了一个异常的长时间值，分析员应对这一观察值进行研究，确定在任务中是否有异常事件的存在（例如取落下的工具或零件），这种情况下，该值应列入工作时间的观察样本中。

表4-4 工作条件下典型的允许量百分数

允许量	百分数（%）
固定允许量	
1. 个人的允许量	5
2. 基本的疲劳允许量	4
变动允许量	
1. 备用允许量	2
2. 异常工作位置下允许量	
◆轻微的不便	0

允许量	百分数（%）
◆不便（转弯）	2
◆非常不便（放、拉）	7
3. 用力或肌力（举、推、拖）	
举的重量（磅）	
5	0
10	1
15	2
20	3
25	4
30	5
35	7
40	9
45	11
50	13
60	17
70	22
4. 光线不好	
◆略低于推荐值	0
◆很低	2
◆非常不足	5
5. 空气条件（热度和湿度）变量	0~10
6. 密切的注意力	
◆较好	0
◆好或准确	2
◆非常好或非常准确	5
7. 噪声水平	
◆持续性	0
◆间歇性——大	2
◆间歇性——很大	5

允许量	百分数（%）
◆高音——大	5
8. 精神压力	
◆一般复杂加工	1
◆复杂或需要非常注意	4
◆非常复杂	8
9. 单调性	
◆低	0
◆中等	1
◆高	4
10. 乏味性	
◆确点乏味	0
◆乏味	2
◆非常乏味	5

尽管利用时间研究可从作业测定中获益，然而其也存在一些局限。一个局限是只有可以观察的工作才能被研究，这就排除了大量的管理和创造性的工作。因为这些工作涉及体力，也涉及脑力的运用；其次，时间研究的费用排除了它对于非规则性操作和不经常发生工作的应用；另外，它打乱了人们的例行工作，并且许多情况下会引起工人们对它的憎恶。

二、标准动作单元时间

标准动作单元时间源于公司的自有历史时间研究数据，经过多年时间，时间研究部门可能收集了许多工作中很普遍的动作单元时间的档案，从某时点以后，许多动作单元时间可直接从档案中读取，使得分析员不必进行完整的时间研究去得到它们。

利用标准动作单元时间程序由以下步骤组成：

（1）分析工作以确认标准动作单元。

（2）检查档案中具有历史时间的动作单元，并记录它们。如果有必要，利用时间研究获得其他数据。

（3）如果必要修改档案中的时间（将在下面解释）。

（4）对动作单元时间加总得到正常时间，考虑允许量因子求得标准时间。

在某些情况下，档案中的时间不可能准确地与某一特定任务相对应。比如，在档案中的标准动作单元时间可能是"移动工具3厘米"和"移动工具9厘米"的时间，而问题中的任务是"移动6厘米"，粗略的情况下，通常可以通过插值法推得期望的估计时间。

标准动作单元时间这种方法明显的优点之一是，不用对每一工作进行完整的时间研究，从而节约了费用和劳动；第二个优点是因为分析不必占用工人时间，从而减少了工作暂停；第三个优点是不需要进行绩效等级评定。它们通常已包含在时间的均值中。这种方法最主要的不足是不存在足够多的动作单元时间使之随手可取，并且这些档案时间可能存在某些偏见或不精确的地方。

三、预定时间标准

预定时间标准涉及利用与标准动作单元时间有关的公布数据。一个普遍应用的系统是20世纪40年代由美国操作工程委员会开发的操作时间测量系统。时间测量系统表是以基本动作单元的动作和时间的广泛研究为基础，采用这种方法，必须把工作分解成基本动作单元（够拿、移动、返回、分开），测量所涉及的距离（如果可行），评估动作单元的难度，然后参照合适的数据表获得动作单元时间。最后，将所有的基本动作时间求和得到工作的标准时间。基本动作单元时间可用时间测量单位（TMU）来衡量，一个测量单位（TMU）等于0.0006分钟，一分钟的任务可包括大量的基本动作单元，一个工作可能涉及成百上千的基本动作单元。完备地描述操作并做出现实合理的时间估计，需要有一定的技巧，表4-5显示了一个时间测量系统表的一部分，以便生产主管能够对它们所提供的信息有所了解。

表 4-5 MTM 表的一部分

移动距离/英寸	时间				重量允许值			文件和描述
	A	B	C	提交动作 B	重量/磅	动力因素	静态固定	
3/4 或更少	2.0	2.0	2.0	1.7	2.5	1.00	0	A. 把物体移到另一只手或靠着某物
1	2.5	2.9	3.4	2.3				
2	3.6	4.6	5.2	2.0	7.5	1.06	2.2	
3	4.9	5.7	6.7	3.6				
4	6.1	6.9	8.0	4.3	12.5	1.11	3.9	
5	7.3	8.0	9.2	5.0				
6	8.1	8.9	10.3	5.7	17.5	1.17	5.6	
7	8.9	9.7	11.1	6.5				
8	9.7	10.6	11.8	7.2	22.5	1.22	7.4	B. 把物体移到近似或不明确位置
9	10.5	11.5	12.7	7.9				
10	11.3	12.2	13.5	10.0	27.5	1.28	9.1	
12	12.9	13.4	15.2	10.0				
14	14.4	14.6	16.9	11.4	32.5	1.33	10.8	
16	16.0	15.8	18.7	12.8				
18	17.6	17.0	20.4	14.2	37.5	1.39	12.5	
20	19.2	18.2	22.1	15.6				C. 把物体移到精确位置
22	20.8	19.4	23.8	17.0	42.5	1.44	14.3	
24	22.4	20.6	25.5	18.4				
26	24.0	21.8	27.3	19.8	47.5	1.50	16.0	
28	25.5	23.1	29.0	21.2				
30	27.1	24.3	30.7	22.7				
额外	0.8	0.6	0.85		超过 30 英寸，每英寸测量单位时间			

产生一个预定时间标准需要高水准的技巧，通常需要参加培训或开展认证教育来取得这类工作的必要技能。

以下是预定时间标准的一些优点：

（1）它们是以受控条件下大量的工人动作时间测量为基础的。

（2）在研究标准时无须对绩效进行评估。

(3) 无须中断操作。

(4) 在工作之前就可建立时间标准。

尽管预定标准的倡议者认为这种方法比测表时间研究提供了更好的精确性，但并不是所有的人都同意这种说法。一些人认为许多动作时间太特殊以致对一给定操作不能从公布的数据中获得；另一些人认为不同的分析员用不同的方法对基本动作进行分解，会严重影响时间的确定，从而在不同分析员间产生不同的时间估计；还有一些人认为由于分析人员分配给指定的任务的难度系数不同，因而会产生不同的时间标准。

四、工作抽样

工作抽样是估计一个工人或机器在做不同动作中所花时间比例的一门技术。

与时间研究不同，工作抽样无须对动作时间进行记录，也不涉及动作的连续观察。相反，一个观测者只需随机地对工人或机器进行短暂性地观测并对动作特性做简单记录。例如一台机器可能处于忙碌或空闲状态，一名秘书可能在打字、整理文件、接电话等；一个木工可能在运货、测量、锯木头等。结果数据是对被观测的每一类动作的有无进行次数统计。

工作抽样只是偶尔用于制定时间标准，它的两个基本应用是：①用于延迟比率的研究，其关注由于不可避免的延迟和机器空闲造成的时间浪费占工人工作时间的百分比情况；②非重复性工作分析。在延迟比率研究中，比如某医院管理员估计某件 X 射线设备处于空闲状态的时间比例；在非重复性工作分析中，比如秘书的工作或机器维修，工作抽样这种方法，对于建立一个员工执行不同的任务所需时间的百分数是很重要的。

非重复性工作比重复性工作涉及更宽范围的技能，从事这种工作的工人经常根据其技能水平付酬，因此计算用于高技术水平的工作时间比例是重要的。例如，某秘书的工作可能包括记录口述、进行文字处理、整理文件、接电话、安排约会以及其他日常性办公室工作。如果这个秘书花大量的时间用于整理文件，而不是进行文字处理或速记，则前者的报酬通常低于后者。工作抽样，可用于核对这些工作的时间百分比，因而是进行工作描述研究的重要工具。此外，工作抽样也是说明一项工作内容需要"真正的职业资格"的途径，即招聘要求应聘者具有广告上所明确的技能。

工作抽样预测存在着一定的出入或误差，因此把工作抽样预测值看成是给定任务的实际时间比例的一个近似值是很重要的。工作抽样的目标是获得一个估计值，这一估计值提供了一个特定的与真实值的偏差不超过一定误差值的置信水平。比如，医院管理员可能需要 X 射线机空闲时间的估计值，能提供在实际值的4%误差内的95%置信度。因此，设计工作抽样产生一个 P 值，在允许的差错范围 e 内，对实际比例进行估计：P±e。对于大样本，P 的样本估计值的偏差趋向于服从正态分布。从而其可用来构造一个置信区间，并确定需要进行观察的样本量。一个非正统方法是可将实际比例值看作是能够产生一个给定样本 P 值的分布，这个可能实际比例值的分布具有：①正态分布特性；②以样本比值为中心。最可能的实际值是接近样本比值的值，接近分布中心的值比两尾端的值的可能性要大得多。图 4-6 说明了这个观点。分布宽窄程度是样本量和 P 的函数，最大可能误差量是样本量和期望置信水平的函数。

对于大样本，最大可能误差 e 可用下式计算：

式中：z——达到期望的置信度所需的标准偏差量；

P——样本比值（用样本量除以发生的次数）；

n——样本量。

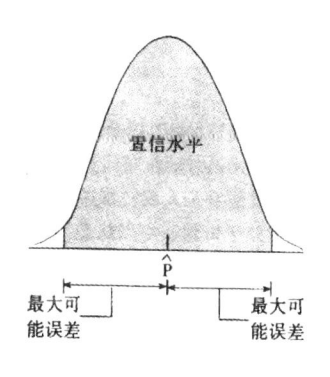

图 4-6

大多数情况下，通常是由管理人员来明确期望的置信水平和允许的误差量，然后由分析员根据这些要求计算出要获得这些结果所需的足够的样本量，n 值可通过下式求解得到，即

$$n=\left(\frac{z}{e}\right)^2 P(1-P)$$

注意：如果 n 的结果不是整数，应向上取整。

计算样本容量仅是工作抽样的一部分，全面的程序包括以下步骤：

（1）明确要研究的工人或机器。

（2）告知工人和监督员研究的目的，以免引起怀疑。

（3）如果 P 可得（例如来自分析员的经验或历史数据），利用初始 P 的估计值计算初始样本容量的估计值，否则令 P = 0.50。

（4）制定一随机观察时间表。

（5）开始观察，在研究中重新计算需要的样本量，重复数次。

（6）计算用于给定行为项目的估计时间比例。

对问题进行仔细描述可以防止出错，例如研究的工人对象错误或研究的动作不对。同样，告知有关当事人研究的目的和范围，减少由于未事先通报的数据采集而在当事人中产生的不必要的恐惧是重要的，此外，获得随机观察值以取得有效结果也很重要。

观察必须在一定时期内展开，以便获得变量的真实值。如果观察时间靠得很近，在这段时间内观察到的行为将不能真正地反映该操作的正常状态。观察展开的范围部分依赖于研究动作的性质，该决定通常最好是留给分析员做出。

表 4-6 对工作抽样和时间研究进行了比较，从中可看出工作抽样方法对于确定工作时间不太正式、不太具体，对非重复性的工作最为适用。

表 4-6　工作抽样与停表时间研究的比较

优点
1. 观察是持续一段时间进行的，受短期波动影响少
2. 很少或不干扰工作
3. 很少引起工人不满
4. 研究花费的成本和时间少，对于分析的技术要求少
5. 研究可以中断而不影响结果
6. 不同研究可以同时进行
7. 无须时间记录装置
8. 很适合非重复性工作

缺点
1. 缺少关于工作基本动作的详细资料
2. 工人见到观察者时有可能改变其工作模式，因而会影响结果
3. 观察者也可能没有遵守随机性安排
4. 不适合于短而重复性的工作
5. 在一个工作地和另一个工作地之间的转移以满足随机性要求需要更多的时间

员工报酬

报酬是工作系统设计中一个重要问题，对一个企业来说，为其员工实施合理的工资报酬计划是非常重要的。如果工资太低，企业很难吸引和留住能干的工人和管理人员；如果工资过高，过高的费用会导致利润的下降，不利于企业再扩大生产，这将对企业的经营管理工作带来不利影响。

企业有两种基本的员工报酬方式：基于时间的报酬方法和基于产出的报酬方法。基于时间的报酬方法，即众所周知的按时或按日计酬方法，按工人在带薪期间工作的时间来补偿员工，薪水体现了基于时间的报酬方式。基于产出的报酬（效率工资）是根据工人在工作期间产出的数量多少来补偿员工的方法，是一种直接根据工作绩效的报酬方式。

基于时间的报酬方法，比基于产出的报酬（效率工资）方法更为广泛使用，尤其是在办公室、行政部门、管理层中，即使是在蓝领工人中也是这样。原因之一是这种工资计算方式很直接，生产主管很容易预计某一时期的劳工费用，员工常更喜欢基于时间的报酬方法，因为这种报酬非常稳定，而且能够清楚知道在每个工作期能收到多少报酬。此外，员工也可能不满以产出为基础的报酬方法带来的压力。

采用计时方式的另一个原因是许多工作不适合使用激励计划。在有些情况下，计量产出可能很困难甚至是不可能。例如，要求有创造性或脑力劳动的工作，不可能很容易地计量产出。其他工作可能包括一些不规则动作或者有许多不同的产出形式，以至于计量产出或计算报酬相当复杂。在

装配线的情况下，个人激励的使用可能会打乱工作流程的均衡，然而，在这些例子中，群体激励有时却得到了成功的使用。最后一个原因是，质量因素可能同数量因素一样重要。

另外，确实存在激励计划发挥作用的地方，按照产出给予工人激励报酬，可引起一些工人比在计时方式下产出更多，这样做法的优点是，某些费用（固定费用）不随产出的增加而改变，如果产出增加，每单位摊销的总费用就会减少。工人也可能更喜欢激励报酬方式，因为他们明白他们的努力和报酬之间的关系：激励报酬方式为他们得到更多的金钱提供了一个机会。

激励报酬方式消极的一面是，它产生了大量的文书工作，其工资计算比计时方法下更为复杂，必须对产出进行计量并制定相应标准。生活费用的增加也难以在激励计划中得到体现。并且，这种方式还需要制定临时性的安排，以应付由于某些不可避免的原因造成工作延迟。

表4-7列举了基于时间报酬计划和基于产出报酬计划的一些主要的优缺点。

表4-7 基于时间报酬和基于产出报酬的比较

	管理层	工人
基于时间的报酬方式		
优点	1. 劳工费用稳定 2. 易于管理 3. 简化报酬的计算 4. 产出稳定	1. 报酬稳定 2. 生产的压力少于定产机制下的压力
缺点	1. 没有让工人提高产出的激励	1. 对于额外的付出无报酬
基于产出的报酬方式		
优点	1. 低单位成本 2. 更高产出	1. 报酬与付出相关 2. 有挣更多钱的机会
缺点	1. 工资计算复杂 2. 需要计算产出 3. 质量可能受影响 4. 难以考虑工资的上涨因素 5. 与进度安排有关的问题增多	1. 报酬波动 2. 工人因为不可控因素（例如，机器故障）被罚款

为使员工从工资报酬计划中获得最大的收益，计划应做到：

（1）准确。

（2）易于应用。

（3）一致性。

（4）易于理解。

（5）公平。

此外，劳动和报酬之间应有明显的联系，而且无收入上的限制。

报酬激励机制应集中于每个人或者集体的产出上。

一、个人报酬方案

个人报酬方案有不同的形式，最简单的是直接计件工资，在这种方案下，工人的报酬是其产出的直接线性函数。在过去，计件工资方案相当普遍，现在，最少工资的法律规定使得这种方案有点不切实际。尽管如此，目前采用的许多种方案都反映了直接计件工资方案的变形。通常它们包含一个基本比率作为最低工资，无论工人产出多少，给予其一个最低工资保证。基本比率与一个产出标准相联系，工人的产出低于标准的将按基本比率付酬，这使得个人避免由于延迟、故障等类似问题而遭受意外报酬损失。在大多情况下，对于超过标准的产出给予激励，这种报酬即奖金。

二、群体报酬计划

当前，有多种强调与员工进行增产收益分红的群体报酬计划正广为使用。有些仅仅集中在产出上，而另一些根据产出和材料、成本费用的减少相结合来奖励工人。下面四种方案反映了目前正实施的大多数群体激励计划的主要特点：

1. 斯坎伦方案

这项方案的主要特点是通过允许工人分享从劳动成本减少带来的收益以鼓励劳工成本的减少，这项方案包括建立工人委员会积极发掘可改进的领域。

2. 凯瑟方案

同员工方案一样，它利用工人委员会来寻求减少费用的办法，并且用雇员分享节约所带来的收益。除分享劳工费用的减少外，它还让工人从材料和供应费用的减少中获得收益。

3. 林克方案

位于俄亥俄州克利夫兰的林克电子公司开发了这一方案。它包括利润共享、工作大和参与管理,同其他方案一样,它利用评估委员会来提出建议。这个方案的三个主要组成是计件工资、年终奖和认股权。

4. 柯达方案

这个方案结合使用加班工资和与公司利润有关的年终奖,而不是传统的激励方式。公司鼓励工人帮助制订目标,决定合理的绩效水平,其理念是:工人的参与使得他们更容易在某一报酬率上进行生产。

团队生产方法是群体激励的另一种形式,许多公司正在使用它来解决问题,获得持续进步。这种方法强调的是团队绩效,而不是单个人的绩效。

三、基于知识与管理的报酬方式

随着企业向精益生产的转换,一些变化对工作环境产生了直接影响:其一,企业以前存在的许多缓冲器消失了;其二,现在的管理人员更少了;其三,对质量、生产率、柔性的强调提高了。因此,能够执行多种工作的工人变得特别有用武之地,企业日益认识到这一点,因此制订了付酬方式来奖励那些参加培训以提高技术水平的工人,这就是有时所指的基于知识的报酬。它以工人所掌握的知识和技能为基础,是工人工资报酬的一部分。基于知识的付酬体现了三方面:反映工人能从事不同工作任务的水平技能;反映工人能从事生产管理任务的垂直技能;反映质量和生产效果的深层技能。

同时,许多传统上以产出为基础为激励高层管理者的公司现在开始重新严肃地审视这种方法。随着对顾客服务和质量的不断重视,公司正重新设置报酬方法来反映绩效的新度量。许多公司决策者的报酬越来越与公司或者所负责部门的成功密切相关。

这同 20 世纪 80 年代的即使工人被解雇、公司遭受大量亏损也要提高公司高层管理者的报酬的做法已经相去甚远。

第五章

生产任务管理

　　生产任务管理是设计和维持一种环境，使在这一环境中工作的人们能够用尽可能少的支出实现既定的目标，或者以现有的资源实现最大的目标。细分为四种情况：产出不变，支出减少；支出不变，产出增多；支出减少，产出增多；支出增多，产出增加更多。

生产计划

一、产能与负荷分析

在管理中经常碰到这样的情况,花很多功夫制定出来的生产计划却无法实施。其原因主要在于对生产能力把握不准确,过高估计了生产能力,理想中能生产出来,实际条件并不具备。

1. 分析内容

生产能力与负荷分析的内容可以用以下几个问题来概括:

(1) 我们要生产哪些产品?生产进度是怎样的?生产期限是多长?

(2) 生产这些产品需要哪些材料?每种材料需要多少(按定额和合理损耗来推算)?如何保证这些材料供应?

(3) 生产这些产品对技术有什么要求?目前的技术力量能否满足需要?如果不能,如何解决?

(4) 生产这些产品需要使用哪些设备?需要多少设备?

(5) 生产这些产品需要多少人力?现有多少人力?这些人力够不够?如果不够,差多少?怎样解决差的这部分人力?是重新组织,还是补充?

2. 制定产能与负荷分析管制表

生管部可将各工作中心每时段(一般为月度或周次)的产能与负荷分别换算成相同的可比单位,如时间或产量(一般用时间来衡量),填入"产能与负荷分析管制表"中,以比较分析制造能力与生产任务之间可否平衡。

"产能与负荷分析管制表",一般应包括以下内容:

(1) 工作中心的名称、编号。

(2) 分析评估期间(一般为一个月或一周)。

(3) 产能状况,含正常上班及加班,一般包括可稼动天数、可出勤人数、可稼动设备数、每日班次、产能系数及产能时间等项目。

(4) 负荷状况,含生产批号、生产产品、生产预定量、标准工时、负荷工时等项目。

(5) 分析结论及对策。

表 5-1　产能与负荷分析管制表

工作中心名称			所属制程	名称	分析时段	
工作中心代号				代号		
产能分析	正常班	可稼动天数			说明	
		可稼动设备数				
		每班人数				
		每日班次				
		设备产能时间				
		人力产能时间				
	加班	可加班时间				
		设备可加班时间				
		人力可加班时间				
合计产能时间						
	制造命令	排程量		标准工时	负荷工时	累计
分析对策						

核准：　　　　　　　　　审核：　　　　　　　　　填表：

3. 产能预估分析

（1）月产能预估分析。

每月固定某日（一般是每月的 24 日或 25 日）前，生管部依各工作中心分别填写产能状况。

正常产能，指该月依公司规定正常上班的总时间内的产能状况，依次填入可稼动天数、可出勤人数、可稼动设备数、每日班次。再计算设备产能时间、人力产能时间。

计算公式为：

设备产能时间 = 每日正常上班时间 × 每日班次 × 可稼动天数 × 可稼功设备数

人力产能时间＝每日正常上班时间×每日班次×可稼动天数×每班人数

（2）周产能预估分析。

每周末，由生管部依各工作中心分别填写下周产能状况。填写方法参照月产能预估分析。

4. 负荷预估分析

（1）月负荷预估分析。

每月固定某日（一般是每月的24日或25日）前，生管部将业务部转发的订单状况，转换成生产订单，并编上生产批号，同时加上预估陆续补入的订单状况，依各工作中心分别填写负荷状况。

具体填入生产批号（预估单可不填写批号）、生产产品、生产预定量、标准工时。再计算负荷工时，其公式为：

负荷工时＝生产预定量×标准工时

（2）周负荷预估分析。

每周末，由生管部依各工作中心分别填写下周负荷状况。填写方法参照月负荷预估分析。

5. 分析结论及对策

具体见下表：

表5-2　分析结论与应对措施表

分析结论	应对措施
当产能大于负荷时	1. 要求业务部门追加订单 2. 将下月（周）的订单提前 3. 安排富余人员或设备支援其他工作中心 4. 安排富余设备保养及人员教育培训 5. 安排调休，减少加班 6. 必要时评估设备变卖、转移，人员裁减、辞退
当产能小于负荷时	1. 向其他工作中心请求设备、人员支持 2. 不足工作量由委外加工弥补 3. 必要时增购设备．增加人员 4. 延长加班时间 5. 必要时与业务部门协调将部分订单延迟或取消

二、制定与实施月生产计划

1. 月生产计划的种类

（1）月生产排程与负荷计划。

该计划只排定一个月内各生产批的大致排程量与期间，并作为负荷分析计算的依据，并不明确每个工作日的生产计划量。

（2）月生产计划。

该计划详细安排一个月内每个工作日完成的生产数量，作为制造部生产任务达成的目标。

2. 月生产计划的制订

（1）据"订货通知单"确立生产批。

①生管部接获业务部的订货通知单后，应制定生产批号，如订单数量比较大，应根据交货日期区分，将同一产品型号的订单，区分为不同的生产批，并加以编号。

表 5-3　制造命令单

No.

生产批号		订单号码		客户		
产品名称		型号		规格		
单位		生产批量		交货日期		
技术要求						
排程控制	制程代号	制程名称	预计上线日	排程数量	预计完工日	备注
说明						

核准：　　　　　　　　审核：　　　　　　　　填表：

②如果订单量较小，可以与其他订单进行合并，编成同一生产批号，但编制同一生产批号的订单，其产品型号、规格、名称应完全一致，否则不可以合并。

（2）开立"制造命令单"。

①针对每一生产批号，由生管部开立"制造命令单"，一般要多做几份，其中一份由生管部自存，其他分发制造部、生技部、品管部、业务部、资材部、采购部等各一份，以便于各部门管理。

②"制造命令单"一般应包含下列内容：生产批号、产品型号、规格、名称、单位、生产批量、、交货日期、技术要求。

③生管部应将原"订货通知单"上的特殊要求，转记于"制造命令单"上，以利各部门进行过程管理。

④如遇订单取消、变更时，生管部应相应对"制造命令单"作取消或变更，并通知相关部门。

表5-4　月生产计划表

制程名称：　　　　　　　　　　　　　　　　月份：

序号	制令号	客户	产品	生产批量	1	2	3	4	5	6	7	8	9	10	…	31

核准：　　　　　　　　　　审核：　　　　　　　　　　填表：

（3）月生产计划编排。

①每月在公司规定的某固定日，如 25 日前，生管部根据月销售计划资料，编排月生产排程与负荷计划，明确各制程的负荷状况。

②根据月计划制定依据中的各项资料，由生管部编排次月生产计划。

③月生产计划一般要复制几份，一份由生管部自存，另分发下列相关部门各一份：业务部、制造部、生技部、资材部、品管部、采购部等。

④如果月生产计划分发之后，遇客户订单变更、取消、临时增加或其他变化，一般应体现在周生产计划或日生产计划中。

⑤重大变更确需作大量调整时，由生管部修订月生产计划，并通知各相关单位。

三、制订细部生产计划

1. 细部生产计划的含义及种类

细部生产计划是指详细安排生产进度的计划，其目的是明确各生产批及各工程的投产日、每日产量及完工日。细部生产计划有以下三种：

（1）生产批细部排程。

是指分别以各生产计划编制从第一道工程到最后一道工程（此处工程均指大制程，以不同性质的加工科或班组为一大制程）的详细生产计划，包含投产日、每日产量及完工日等内容。

（2）周生产计划。

是指分别以各大制程编制一周的详细生产计划，包含每日生产产品的名称、型号、规格及客户、每日生产量等内容。

（3）日生产计划。

是指分别以各大制程编制的 1 日（一般为次日）或 2~3 日详细生产计划。包含生产产品名称、型号、规格、客户、每日生产量及起讫时间等内容。

2. 细部生产计划的制订

（1）建立工作日历。

①在每年年底即依据次年公司行事年历，制定次年度各月的"工作日历"，将必要的节假日予以扣除，作为生产计划安排时的主要依据，其格式可自行设计。

②每月中某固定日，根据具体状况视需要修订次月的"工作日历"，作为更精确的生产排程之用。

④每周依据生产状况，确定该周原"工作日历"中的节假日是否依计划休息或加班。

（2）生产批细部排程。

①在依据"订货通知单"确立生产批后，应编好月生产计划。

②根据月生产计划、产品别标准工时、近期实际生产效率、各制程的设备与人员状况，编制各生产批的各制程细部生产进度排程，填入"生产批细部排程表"。"生产批细部排程表"一般作为生管部自控资料使用，不另发其他部门。

（3）周生产计划编排。

①生管部依据月生产计划、生产批细部排程，转化成各制程的每周生产计划，一般在每周五完成次周的计划。

②每周五由生管部召集各相关部门召开周生产计划协调会，并就会议状况视需要修改周生产计划，并重新分发周生产计划。

③每周生产计划一般要多制几份，一份由生管部自存，其余分发制造部、品管部、生技部、资材部、业务部、采购部等部门各一份。

表5-5　周生产计划表

月份：_____　　　　　　　　　　　　日期：_____

序号	订单号	工令号	客户名	型号/规格	生产量	计划时程			
1									
2									
3									
4									
5									
6									
7									
8									
9									

10							
11							
12							
13							
14							
15							
合计							
说明	1. 依据月生产计划的执行状况修订。 2. 依据产品所要求的标准时间制订时程。 3. 计划时程栏内注明计划产量。						

④每周生产计划如需要变更，一般体现在每日生产计划上，如确有重大调整，有必要进行周计划修订时，一般由生管部负责修订并分发。

（4）每日生产计划。

①生管部根据周生产计划、每日生产进度、物料供应状况、品质技术问题等具体状况，于每日下午（一般在15：00前）安排次日生产计划，确定各大制程的生产目标。

②因订单临时变化或其他进度异常而引起的生产计划的变更，在每日生产计划中须予以体现。

③每日生产计划作为各制造部门安排内部生产的最终依据。

④每日生产计划同每周生产计划一样应分发给各相关部门。

生产作业分配

一、作业分配的功能

1. 作业准备

（1）作业上所需的材料、零配件、工具、设计工艺图纸或资料等，要在作业前准备好，使作业者可方便取得。

(2) 作业者开始作业时,能够作物料、工具等的安排,不致浪费时间。

2. 作业分配

作业分配是以个人别或机械别进行工作分配,一般应考虑下列两点:

(1) 考虑交货日期:按交货日期要求,依先后顺序分配。

(2) 从提高作业效率的角度进行分配:将工作量同作业者(机械)的能力相配合或将相同的作业集中安排,使作业效率提高。

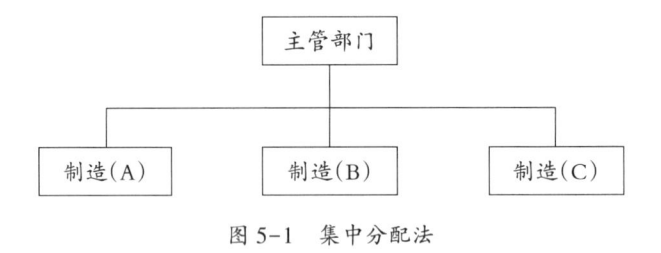

```
              主管部门
                 │
      ┌──────────┼──────────┐
   制造(A)    制造(B)    制造(C)
```

图 5-1　集中分配法

二、作业分配的方法

作业分配的方法随企业规模及运作制度的不同而有不同的选择运用。

1. 集中分配法

此方法如上图所示,作业分配由生管部门负责。

2. 分散分配法

此方法如下图所示,由生管部门将"生产日程表"或"制造命令单"下达分派给各制造部门主管,再由其视情况排序,往下分配。

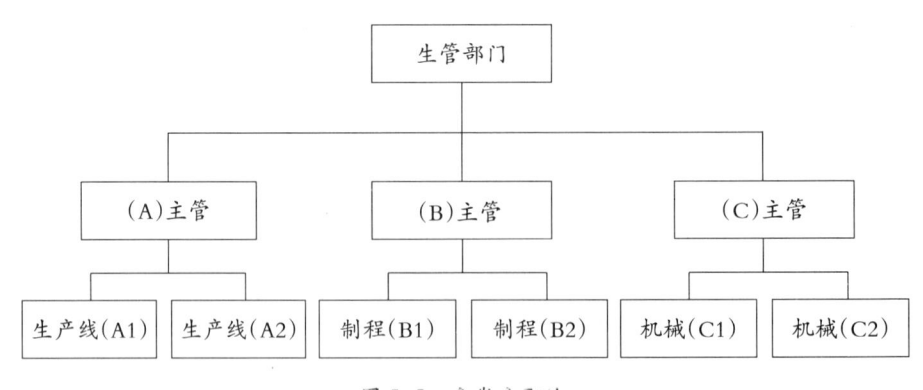

```
                    生管部门
                       │
         ┌─────────────┼─────────────┐
      (A)主管       (B)主管       (C)主管
        │             │             │
     ┌──┴──┐       ┌──┴──┐       ┌──┴──┐
  生产线  生产线  制程    制程   机械   机械
  (A1)   (A2)   (B1)    (B2)   (C1)   (C2)
```

图 5-2　分散分配法

3. 混合式分配法

此方法如下图所示，由生管部门负责关键的日程，安排主要作业分配。次要的分配安排由制造部门主管自行决定。

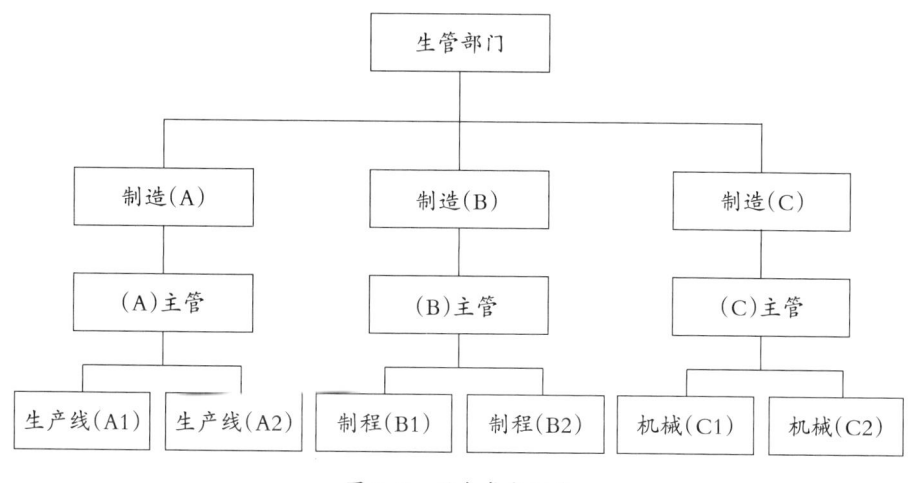

```
                    生管部门
        ┌──────────────┼──────────────┐
      制造(A)         制造(B)         制造(C)
        │               │               │
      (A)主管         (B)主管         (C)主管
      ┌─┴─┐          ┌─┴─┐          ┌─┴─┐
   生产线 生产线    制程   制程     机械   机械
   (A1)  (A2)     (B1)  (B2)      (C1)  (C2)
```

图 5-3　混合式分配法

4. 不同作业分配法之间的比较

详见下页"各作业分配法比较表"。

三、作业分配的步骤

（1）根据生产投料日期的先后顺序向制造部门发出"制造命令单"或"工作单"。

（2）在生产前由制造部门以"用料明细单"或"领料单"方式向仓库领取需用的物料。

（3）在生产前由制造部门以"工具申请单"向工具库领取需用的工夹具。

（4）若生产前不能将物料、工夹具准备妥善，应迅速通知相关部门，更改"生产日程计划"。

（5）配合批量生产，依据工艺规范加强制程管制。

（6）各制造单位的"生产日报表"应记录生产时间，关注进度以便跟催。

（7）完成品依"制造命令单"的批号，以入库传票移转入库。

（8）完工的"制造命令单"应转回作业分配部门及财务（成本）部

门,余料及工夹具随即缴库。

表5-6　各作业分配法比较表

方法	优点	缺点	适用企业
集中分配法	1. 统一调度 2. 减少指令通知数 3. 减轻现场主管工作	1. 不能实时调度 2. 适应性低 3. 现场主管责任降低	1. 品种少 2. 生产变动少 3. 制程短、简单 4. 产品标准化程度高
分散分配法	1. 因地制宜 2. 适用性强 3. 加强各主管责任心	1. 调度的难度提高 2. 增加指令通知层次 3. 增加主管工作压力	1. 品种多 2. 生产变动大 3. 制程长,复杂 4. 厂区较分散
混合分配法	适中	适中	1. 品种、批量适中 2. 生产稳定、变动不太多 3. 制程长、复杂

生产进度跟踪

一、生产进度的动态控制

生产进度的动态控制是从生产的时间、进度方面或从时间序列纵向去进行观察、核算和分析比较,用以控制生产进度变化的一种方法,一般包括投入进度控制、出产进度控制和工序进度控制等。控制的依据主要是生产作业凭证、作业核算和作业统计、分析等信息资料。

1. 投入进度控制

(1) 定义。

投入进度控制是指对产品开始投入生产的日期、数量、品种进行控制,以便符合计划要求。

(2) 控制范围。

它包括检查各个生产环节、各种原材料、毛坯、零部件是否按提前期

标准投入,设备、人力、技术措施等项目的投入生产是否符合计划日期。

(3)投入进度控制不良的影响。

投入不及时必然会造成生产中断、突击赶工,影响成品按时出产;投入过多,又会造成制品积压、等待加工,影响企业的经济效益。

(4)投入进度控制的方法。

由于企业的生产类型不同,投入进度控制的方法也不相同,大致可分为以下几种:

①大批量生产:可根据投产指令、投料单、投料进度表、投产日报表等进行控制。

②成批和单件生产:利用投产计划表、配套计划表、加工线路单、工作命令及任务分配箱来控制投入任务。

表 5-7 成批生产出产进度控制方法表

控制方面	具体方法
出产日期和出产提前期	可直接利用月度生产作业计划进度表,只要在月度作业计划的"实际"栏中逐日填写完成的数量,就可以清楚地看出实际产量与计划产量及计划进度的比较情况,如果计划进度采用甘特条形图形式,则可直接在计划任务线下画出实际完成线
零部件出产成套性	可直接利用月度生产作业计划,不但要对零部件的出产日期和出产提前期进行控制,还应对零部件的成套性进行控制,才能保证按期投入装配。通常采用编制零部件成套进度表来控制零部件的成套性
成品装配出产进度	可利用成批出产日历装配进度表进行控制

2. 出产进度控制

(1)定义。

出产进度控制是指对产品(或零部件)的出产日期、出产提前期、出产量、出产均衡性和成套性的控制。出产进度控制,是保证按期按量完成计划,保证生产过程各个环节之间的紧密衔接、各零部件成套出产和均衡生产的有效手段。

(2)出产进度的控制方法。

通常是把计划出产进度同实际出产进度列在同一张表上进行比较来加

以控制，而不同的生产类型各有不同的控制方法。

①大量生产。

用生产日报（班组的生产记录、班组和车间的生产统计日报等）同出产日历进度计划表进行比较，来控制每日出产进度、累计出产进度和一定时间内生产均衡程度。

②成批生产。

根据零件轮番标准生产计划、出产提前期、零部件日历进度表、零部件成套进度表和成批出产日历装配进度表等来进行控制。

表 5-8　加工路线单

产品：　　　　填发日期：　　年　　月　　日　　　　卡片编号：

件号	零件名称	每台件数	计划投入数			实际投入数		
			件	台	累计	件	台	累计

日期		工序		机床号	工作者收到		检查结果				检查员签章
月	日	序号	名称		数量	签章	合格	反修	工废	料废	

合格入库数	检查员签章	仓库盖章	入库日期	备注

③单件小批生产。

主要是根据各项订货合同所规定的交货期进行控制，通常是直接利用作业计划图表，只要在计划进度线下用不同颜色画上实际的进度线即可。

3. 工序进度控制

(1) 定义。

工序进度控制是指对产品（零部件）在生产过程中经过每道加工工序

的进度所进行的控制。

（2）适用范围。

适用于成批或单件生产。在成批、单件生产条件下，由于品种多、工序不固定，各品种（零部件）加工进度所需用设备经常发生冲突，即使作业计划安排得很好，能按时投产，但往往是投产后在生产执行过程中干扰因素一出现，原来的计划就会被打乱。因此，对成批或单件生产只控制投入进度和出产进度是不够的，还必须加强工序进度的控制。

表 5-9　工序票

机床号：　　　　　　　　　　　年　月　日　　　　　票号：

产品编号	件号	件名	序号	序名	单件定额	每台件数	投入件数	
							当批	累计

日期	班次	工作者姓名	起	止	工时	件数	工时定额	合格	回用	退修	工废	料废	检查印	备注

生产组长：　　　　　　　　　　　　　计划调度员：

（3）常用的方法。

①按加工路线单经过的工序顺序进行控制。

由车间、班组将加工路线单进行登记后，按加工路线单的工序进度及时派工，遇到某工序加工迟缓时，要立即查明原因，采取措施解决问题，以保证按时、按工序顺序加工。

②按工序票进行控制。

即按零部件加工顺序的每一工序开一张工序票交给操作者进行加工，完成后将工序票交回，再派工时又开一张工序票通知加工，用此方法进行

控制。

③跨车间工序进度控制。

当零部件有跨车间加工时，须加强跨车间工序的进度控制，控制的主要方法是明确协作车间加工及交付时间，由零部件加工主要车间负责到底，将加工路线单下达给他们。主要车间要建立健全零部件台账，及时登记进账，按加工顺序派工生产；协作车间要认真填写"协作单"，并将协作单号及加工工序、送出时间一一标注在加工路线单上，待加工完毕，"协作单"连同零部件送回时，主要车间要在"协作单"上签收，双方各留一联作为记账的原始凭证。

二、生产进度的静态控制

生产进度的静态控制是指从某一"时点"（日）各生产环节所结存的制品、半成品的品种和数量的变化情况来掌握和控制生产进度。这是从数量方面（横向）控制进度的一种方法。

1. 控制范围

（1）原材料投入生产的实物与账目控制。

（2）在制品加工、检验、运送和储存的实物与账目控制。

（3）在制品流转交接的实物与账目控制。

（4）在制品出产期和投入期的控制。

（5）产成品验收入库的控制等。

2. 控制方法

主要取决于生产类型和生产组织形式。

表5-10　生产类型和组织形式表

生产类型	组织形式	控制方法
大量大批生产	在制品在各个工序之间的流转，是按一定路线有节奏地移动的，各工序固定衔接，在制品的数量比较稳定	对在制品占用量的控制，通常采用轮班任务报告单，结合生产原始凭证或台账来进行，即以各工作地每一轮班在制品的实际占用量，与规定的定额进行比较，使在制品的流转和储备量经常保持正常占用水平

生产类型	组织形式	控制方法
成批和单件生产	因产品品种和批量经常轮换，生产情况比较复杂	一般可采用工票或加工路线单来控制在制品的流转，并通过在制品台账来掌握在制品占用量的变化情况，检查是否符合原定控制标准（定额），如发现偏差，要及时采取措施，组织调节，使它被控制在允许的范围之内

控制在制品占用量的组织工作主要有：

（1）建立和健全车间在制品的收发领用制度和考核制度，并使之同岗位责任制、经济责任制结合起来。

（2）推广应用数字显示装置和丁位器具，管好原始凭证和台账，正确、及时地进行记账与核对工作。

（3）妥善处理在制品的返修、报废、代用、补发和回用。

（4）定期述行在制品的清点、盘存工作，及时发现和解决问题。

（5）合理组织在制品的保管和运输。避免因丢失、损坏、变质、磕碰损伤等造成的损失。

（6）加强检查站（点）对在制品流转的控制，认真核对项目、查点数量、检验质量和填报"检查员值班报告单"。

三、插单与急单的应急处理

1. 插单与急单的原因

在具体的生产活动中，常常会出现插单与急单，这很容易打乱整个生产计划，严重影响整体生产进度。

插单与急单的出现，业务部门和生产部门都有原因：

（1）采用提成、奖励、业绩与工资挂钩的方式进行业务员管理，虽然可以有效地刺激业务人员的工作积极性，但是，也会造成业务员不考虑企业生产能力及订单难度而逢单必接，甚至主动给客户进行不切实际的交货期许诺。

（2）生产部门的因素。

在总体配置上存在不合理现象，生产能力设计不足；缺少预留生产空间；生产系统的应变能力差等原因。

2. 插单与急单的处理方法

（1）首先向客户及业务部门解释和通报生产状况，力争取得谅解。

（2）对于必须接下的急单（如大单、重要客户订单），要及时与物控部门、采购部门就物料供应问题达成一致，以保证物料供应及时。

（3）应组织所属各车间、班组开会讨论，进行生产动员、鼓舞士气。

（4）组织有关人员详细规划生产细节，有条不紊。

（5）主动与物控、采购、品质、工艺等部门沟通，取得配合。

（6）进行必要的人员、设备、场地、工具调整。

（7）进行工艺指导和员工技术培训。

（8）及时进行工作时间的调整，正确使用加班，适时采用轮班制。

（9）认真进行总体工作分析，并通过优化生产组合与计划组合，发现剩余生产空间。

（10）合理进行设备、材料、人员的再分配，以达到最佳效果。

（11）对于本车间、班组无法解决的困难，要及时上报取得支持。

（12）加强人员重组与调动的管理，掌握工作主动权。

（13）有效地吏用罚手段，强化执行力度。

表 5-11　生产异常分类表

种类	导致原因
计划异常	因生产计划临时变更或安排失误等导致的异常
物料异常	因物料供应不及时（断料）、物料品质问题等导致的异常
设备异常	因设备、工装不足或故障等原因而导致的异常
品质异常	因制程中出现了品质问题而导致的异常，也称制程异常
产品异常	因产品设计或其他技术１问题而导致的异常，或称机种异常
水电异常	因水、气、电等原因而导致的异常

生产异常的处理

一、生产异常的种类

生产异常，是指造成生产现场停工或生产进度延迟的情形，由此造成的无效工时，也可称为异常工时。生产异常一般指生产计划异常、物料异常、设备异常、质量异常、设计工艺异常、水电异常等。

二、异常状况排除

对生产异常状况排除，应从这几个方面着手：

1. 生产计划异常处理

（1）根据计划调整，作出迅速合理的工作安排，保证生产效率，使总产量保持不变。

（2）安排因计划调整而余留的成品、半成品、原物料的盘点、入库、清退等处理工作。

（3）安排因计划调整而闲置的人员做前加工或原产品生产等工作。

（4）安排人员以最快速度做计划更换的物料、设备等准备工作。

（5）利用计划调整时间作必要的教育训练。

（6）其他有利于效率提高或减少损失的做法。

2. 物料异常处理

（1）接到生产计划后，应立即确认物料状况，查验有无短缺。

（2）随时进行各种物料的信息掌控，反馈给相关部门以避免异常的发生。

（3）物料即将告缺前30分钟，用警示灯、电话或书面形式将物料信息反馈给采购、资材、生管部门。

（4）物料告缺前10分钟确认物料何时可以续上。

（5）如物料属短暂断料，可安排闲置人员做前加工、整理整顿或其他零星工作。

（6）如物料断料时间较长，可安排人员作教育训练，或与生管部协调

作计划变更，安排生产其他产品。

3. 设备异常处理

（1）做好日常设备保养工作，避免设备异常的发生。

（2）发生设备异常时，立即通知生技部门协助排除。

（3）安排闲置人员做整理整顿或前加工工作。

（4）如设备故障不易排除，需较长时间，应与生管部门协调另作安排。

4. 质量异常处理

（1）对有品质不良记录的产品，应在产前做好重点管理。

（2）异常发生时，迅速用警示灯、电话或其他方式通知品管部及相关部门。

（3）协助品管部、责任部门一起研讨对策。

（4）配合临时对策的实施，以确保生产任务的达成。

（5）对策实施前，可安排闲置人员做前加工或整理、整顿工作。

（6）异常确属暂时无法排除时，应与生管部门协调作生产变更。

5. 设计工艺异常处理

（1）迅速通知品管部、生技部或开发部。

（2）采取同制程品质异常的处理方式处置。

6. 水电异常处理

（1）迅速采取降低损失的措施。

（2）迅速通知生技部门加以处理。

（3）人员可作其他工作安排。

7. 其他异常处理

比照上述做法进行。

三、生产异常报告

发生生产异常，即有异常工时产生，时间在10分钟以上时，应填写"异常报告单"。其内容一般应包含以下项目：

（1）生产批号。填写发生异常时正在生产的产品的生产批号或制造命令号。

（2）生产产品。填写发生异常时正在生产的产品的名称、规格、型号。

（3）异常发生单位。填写发生异常的制造单位名称。

（4）发生日期。填写发生异常的日期。

（5）起讫时间。填写发生异常的起始时间、结束时间。

（6）异常描述。填写发生异常的详细状况，尽量用量化的数据或具体的事实来陈述。

表5-12　生产异常报告单

生产批号		生产产品		异常发生单位		
发生日期		起讫时间	自	时 分至	时	分
异常描述				异常数量		
停工人数		影响度		异常工时		
紧急对策						
责任单位分析对策						
责任单位会签	主管：		审核：		填表：	

（7）停工人数、影响度、异常工时。分别填写受异常影响而停工的人员数量，因异常而导致时间损失的影响度，并据此计算异常工时。

（8）临时对策。由异常发生的部门填写应对异常的临时应急措施。

（9）填表单位。由异常发生的部门经办人员及主管签核。

（10）责任单位对策（根本对策）。由责任单位填写对异常的处理对策。

四、生产异常责任分析

要对生产异常进行处理，首先要辨析生产异常责任归属，才能找出妥善的对策。以下分部门来展现属于各个部门责任的工作失误现象：

表 5-13 生产异常责任划分表

责任部门	工作失误表现
开发部	未及时确认零件样品；设计错误或疏忽；设计延迟；设计临时变更；设计资料未及时完成；其他因设计开发原因导致的异常
生管部	生产计划日程安排错误；临时变换生产安排；物料进货计划错误造成物料断料而停工；生产计划变更未及时通知相关部门；未发"制造命令单"；其他因生产安排、物料计划而导致的异常
采购部	采购下单太迟，导致断料；进料不全导致缺料；进料品质不合格；尚未进货或进错物料；未下单采购；其他因采购业务疏忽所致的异常
资材部	料账错误；备料不全；物料查找时间太长；未及时点收厂商进料；物料发放错误；其他因仓储工作疏忽所致的异常
制造部	工作安排不当，造成零件损坏；操作设备仪器不当，造成故障
供应商	供应商所致的责任除考查采购部、品管部等内部责任部门外，对厂商也应酌情予以索赔；如交货延迟、进货品质严重不良、数量不符、送错物料、其他因供应商原因所致的异常
其他	特殊个案依具体情况，划分责任；有两个以上部门责任所致的异常，依责任主次划分责任

五、生产异常处理

1. 处理流程

（1）异常发生时，发生部门的第一级主管应立即通知生技部或相关责任单位，前来研讨对策加以处理，并报告直接上级。

（2）制造部会同生技部、责任单位采取异常的临时应急对策并加以执行，以降低异常的影响。

（3）异常排除后，由制造部填写"异常报告单"一式四联，并转责任单位。

（4）责任单位填写异常处理的根本对策，以防止异常重复发生，并将"异常报告单"的其中一联自存，其余三联退生产部。

（5）制造部接责任单位的"异常报告单"后，将其中一联自存，并将其余两联转财务部、管理部。

（6）财务部保存"异常报告单"，作为向责任厂商索赔的依据及制造费

用统计的凭证。

（7）生管部保存"异常报告单"，作为生产进度管制控制点，并为生产计划的调度提供参考。

（8）生管部应对责任单位的根本对策的执行结果进行追踪。

2. 生产异常工时计算

（1）当所发生的异常导致生产现场部分或全部人员完全停工等待时，异常工时的影响度以100%计算（或依据不同的状况规定影响度）。

（2）当所发生的异常导致生产现场需增加人员投入排除异常现象（采取临时对策）时，异常工时的影响度以实际增加投入的工时为准。

（3）当所发生的异常导致生产现场作业速度放慢（可能同时也增加人员投入）时，异常工时的影响度以实际影响比例计算。

（4）异常损失工时不足10分钟时，只作口头报告或填入"生产日报表"，不另外填写"异常报告单"。

3. 异常责任处理

（1）公司内部责任单位因作业疏忽而导致的异常，列入该部门工作考核，责任人员依公司奖惩规定予以处理。

（2）供应厂商的责任除考查采购部门或相关内部责任部门外，列入供应厂商评鉴，必要时应依损失工时向厂商索赔。

损失索赔金额的计算：

损失金额=公司上年度平均制费率×损失工时

（3）生管部、制造部均应对异常工时进行统计分析，于每月经营会议上提出分析说明，以检讨改进。

交货期管理

一、交货期

交货期管理是为了遵守和顾客签订的货期，按质、按量、按期地交货，而按计划生产并统一控制的管理。交货期管理不好会导致许多直接的后果：

(1) 在预定的交货期内不能交货给客户，会造成客户生产上的困难。

(2) 不能遵守合约，丧失信用，将会失去客户。

(3) 生产现场因交货延迟，作业者士气低下。

(4) 现场的作业者为挽回时间勉强加班加点地工作，若这种情况经常发生可能会因此而病倒。

(5) 交货期管理不好的工厂，品质管理和降低成本的管理也不会好。

二、交货期作业及管制重点

交货期管理不单是某一个部门的事，所以企业最好是设计一个管理流程及相关联络表单，就交货期设定、交货期变更及生产异常等做出一定的规范。

1. 交货期设定

(1) 销售部门依据"产能负荷分析""出货日程表"及客户需求，确定交货期。

(2) 生管部门依据"排程原则"及"产能负荷分析"编制生产计划，确定交货期。

(3) 紧急订单需先协调相关部门后，排定交货期。

表 5-14 交货期变更通知单

通知单位：　　　　　　　　　　制造号码：

产品名称规格：　　　　　　　　生产数量：　　　　　　　　年　　月　　日

接单日期	原预定交货期	变更交货期	变更原因	□船期　月/日　□人员不足　□L/C　□制造异常　□配合客户要求　□机械故障　□原物料延误		

项　目	单　位					
原　定						
修　正						

主管：　　　　　　　　　　　　经办：

2. 交货期变更

交货期变更的形式有：提前、延后、取消三种。变更时，各相关部门应如此做：

（1）销售部门发出"交货期变更通知单"，通知相关部门。

（2）生管部门修改"交货期预定表"，并发出"进度修订通知单"，调整生产计划。

表 5-15　进度修订通知单

收受：　　　　　　　　　日期：　　年　　月　　日　　　　编号：

订单号	品名	类别	投料/日期	完工/日期	数量	修订日期
		原进度				
		修订进度				
		原进度				
		修订进度				
		原进度				
		修订进度				

生管主管：　　　　　　　　　　　　　　　　　承办：

3. 生产异常

生产异常是影响交货期的主要因素，所以应：

（1）依据对异常的原因分析，采取相应的对策。

（2）规定影响交货期的责任部门，向生管部门呈报"交货期延误报告书"以便生管部门同销售部门协调交货期的修正。

三、缩短交货期的方法

为达到缩短交货期的目的，可采取以下方法：

1. 调整生产品种的前后顺序

特定的品种优先进行生产，但这种优先要事前取得销售部门的认可。

2. 分批生产、同时生产

同一订单的生产数量分成几批进行生产，首次的批量少点，以便尽快生产出来，这部分就能缩短交货期，或用几条流水线同时进行生产来达到缩短交货期的目的。

3. 缩短工程时间

缩短安排工作的时间，排除工程上浪费时间的因素或在技术上下功夫加快加工速度以缩短工程时间。

四、交货期延误改善对策

交货期延误并非单单是制造部门的原因，销售部门、物控部门、研发部门、采购部门方面的原因及相互沟通、协调的不善也可能导致产品生产延误，影响交货期。因而应查找原因，并制定相应的对策。

1. 研发、设计部门

（1）原因。

①出图计划拖后，后序工作的安排也跟着延迟。

②图纸不齐全，使材料、零件的准备存在缺失，影响交货期。

③突然更改修订设计，导致生产混乱。

④小量试制尚未完成即开始批量投产。

（2）改善对策。

①编制设计工作的日程进度管理表，通过会议或日常督导进行进度控制。

②质或量的内部能力不足时，应寻求其他途径，如委托外部具有能力者。

④当无法如期提供正式、齐全的设计图纸（资料）时，可预先编制初期制程需要的图纸（资料），以便先准备材料等，防止制程延迟。

④对设计图纸（资料）的审核应认真负责，尽量避免中途更改、修订。

⑤推进设计的标准化，共用零件的标准化、规格化，减少设计的工作量。

⑥设计工作的分工，职责清晰、明确。

2. 销售部门

（1）原因。

①频繁变更订单或计划。

②随意答应客户的交货期，致使期限极为紧迫。

④无法把握客户、市场需求，无法订立明确的销售预定计划。

④临时增加或亟待即刻完成的订单多。

⑤有时销售主管直接干涉生产部门运作,直接在现场指示作业。

(2) 改善对策。

①用全局性、综合性的观点指导工作。

a. 交货期应根据客户的要求或预测,生产计划应配合交货要求,求得工作量(负荷)与生产能力的平衡。

b. 当工作量大于生产能力时,必须同客户协商,若重新调整交货期可行的话,从内部的加班计划、人员计划、机械设备计划、外协计划等方面着手。

c. 当工作量小于生产能力时,促进销售活动,争取更多的订单。

②改善销售职能运作。

a. 定期召开产销协调会议,改善销售、生产两个部门的关系,促进产销一体化。

b. 要求生管部门应定期编制现有的订货余额表、主要工程进度状况表、余力表及基准日程表,提供给销售部门,以便依此决定最适当的交货日期。

e. 加强销售部门人员的培训,提高工作技能、业务能力。

d. 销售部门应每月编制3~6个月的需求预测表,提供给生产部门作为中期生产计划的参考。

e. 制定产品成交说明或规范,使订单接洽逐步效率化。

f. 在商谈之初就做成明确的记录,交给客户确认。

3. 采购部门

(1) 原因。

①所采购的材料或零件滞后入库。

②材料品质不良或不均,加工麻烦。

④物料计划不完善,需要的物料不够,不需要的物料库存一大堆。

④外协的产品品质不良率高,数量不足。

(2) 改善对策。

①进一步加强采购、外协管理,采用ADC分析方法,实行重点管理。

②以统计方法调查供应商、外协厂商不良品发生状况,确定重点管理厂家。

③对重点管理对象,采取具体有效措施加以改善。

4. 生产部门

（1）原因。

①工序、负荷计划的不完备。

②工序作业者和现场督导者之间产生对立或协调沟通不佳。

③工序间负荷与能力不平衡，中间半成品积压。

④报告制度、日报系统不完善，因而无法掌握作业现场的实况。

⑤人员管理不到位，纪律性差、缺勤人数多等。

⑥工艺不成熟，品质管理欠缺，不良品多，致使进度落后。

⑦设备、工具管理不良，致使效率降低。

⑧作业的组织、配置不当。

⑨现场督导者的管理能力不足。

（2）改善对策。

①针对工厂配置是否合理作出检讨。

②谋求提高现场主管、督导者的管理能力。

③确定外协或外包政策。

④谋求缩短生产周期。

⑤加强岗位、工序作业的规范化，制定作业指导书等，确保作业品质。

⑥加强教育训练，促进人与人之间的沟通（人际关系改进），使作业者的工作意愿提高。

五、对已延误交货期的补救方法

（1）在知道要误期时，先和不急着要的产品对换生产日期。

（2）延长作业时间（加班、休息日上班、两班制、三班制等）。

（3）分批生产，被分出来的部分就能挽回延误的时间，使顾客先取得一定数量的产品。

（4）同时使用多条流水线生产。

（5）请求销售、后勤等其他部门的支援，这样等于增加了作业时间。

（6）委托其他工厂生产一部分。

第六章
生产技术管理

现代企业生产技术管理名目繁多，概括地讲，有工艺管理，操作管理，质量管理，标准化计量管理等。但这些管理均需围绕一个中心-管理，突出一个重点——质量，因此，要提高产品质量，降低物质消耗，获得更好的经济效益，就必须狠抓生产技术管理，尤其是工艺管理。

生产技术岗位职责

一、技术主管岗位职责描述如下：

职责1	组织制定工艺技术工作近期和长远发展规划，制定技术组织方案
职责2	组织编制产品的工艺文件，制定材料消耗工艺定额
职责3	根据工艺需要，设计工艺装备并负责工艺工装的验证和改进工作，设计工厂、车间工艺平面布置图
职责4	组织指导、督促车间工艺员及时解决生产中出现的技术问题
职责5	负责会签新产品图纸和新产品批量试制的工艺工装设计，完善试制报告和有关工艺资料，参与新品鉴定工作
职责6	负责技术管理制度的起草和修订工作，做好技术资料的立卷、归档工作
职责7	组织技术专员搞好工艺管理，监督执行工艺纪律
职责8	组织领导新工艺、新技术和试验研究工作，抓好工艺试验课题的总结与成果鉴定并组织推广应用
职责9	开展技术攻关和技术改进工作，不断提高工艺技术水平
职责10	协助人力资源部和生产车间做好生产一线工人的技术培训工作
职责11	负责本部门人员的管理工作和全厂各单位工艺人员的业务领导和考绩工作
职责12	完成生产部经理布置的其他临时性工作

技术主管的主要职责是，在生产部经理领导下，主管全公司的工艺技术工作和工艺管理工作，认真贯彻国家技术标准工作方针、政策和公司的相关规定。

二、生产技术专员岗位职责

技术专员的主要职责是，协助技术主管做好生产部的相关技术工作，编制生产技术相关文件，其具体的工作职责如下：

职责1	负责企业内生产技术资料、工艺规程资料、工艺方案的编制、整理及保管
职责2	根据需要,编制产品合格标准、原材料及辅助材料的入库标准
职责3	负责车间现场工人工艺技术方面的培训
职责4	对车间的生产过程进行指导,处理生产过程涉及的相关技术问题
职责5	对现场生产的质量进行巡检,避免发生工艺质量事故
职责6	参与新工艺技术攻关、薪技术开发、旧技术改进工作
职责7	跟踪国内外本行业先进的生产技术及工艺,对技术改进提出合理化建议
职责8	完成技术主管及其他领导交代的工作

生产技术管理制度

一、生产技术管理制度

下面是某企业生产技术管理综合制度,供读者参考。

第1章 总则

第1条 目的。

生产技术管理的主要任务是,合理地组织企业的一切技术工作,建立良好的生产技术活动秩序,保证企业生产正常进行,开展科学实验和技术革新,努力学习国内外先进技术,不断采用新技术,发展新品种,提高产品质量,降低产品成本,提高劳动生产率。

第2章 技术改进、引进与转让

第2条 技术改进。

生产部经理向总经理提出改进生产技术的方案,由总经理对此进行研究并做出决定。

第3条 技术引进。

当本企业引进技术时,生产部经理要研究引进合同的原文,并要求承担这项工作的部门阐述引进外来技术后成本与成果之间的关系。

第4条 技术转让。

本企业转让技术时，生产部经理要研究检查转让的内容，并与承担这项工作的部门讨论这项转让可能带来的后果。

第5条　技术发表。

（1）向社会公开发表企业生产技术的时候，要把发表原稿交生产部经理审阅，经其批准后方可对外公开。

（2）外来人员到本企业参观学习时，须征得生产部经理或总经理的同意。

第3章　生产工艺管理

第6条　工艺是产品生产方法的指南，是计划、调度、质量管理、质量检验、原材料供应等工作的技术依据，是优质、高效、低耗和安全生产的重要保证手段。

第7条　工艺工作由生产技术管理科负责，应建立严格的管理制度和责任制，工艺人员要坚持科学的态度，不断提高工艺水平，为生产服务。具体详见《生产工艺管理制度》。

第8条　工艺工作要认真贯彻工艺规程典型化，工装标准化、通用化的原则。

第4章　样品管理

第9条　取样品。

（1）凡需要取样品者，持生产部管理人员签发的通知单，方可到样品试制车间领取。

（2）送往省市、外贸部门、商业部门的样品，一律到生产技术管理机构办理"领取单"，样品由生产技术管理机构负责发放。

第10条　样品管理。

（1）公司内设立样品室，由专（兼）职人员负责，并建立样品专账，每月盘点一次，做到账物相符。

（2）凡本公司生产的新花色、新品种、新工艺产品，必须留存两套。

（3）本厂样品和外来样品应分别保管。

（4）每件样品必须有来源、生产日期、型号名称、厂号、品名及新花色、新工艺等简单情况的介绍。

（5）凡我公司各部门需要样品时，必须履行借用手续，并定出归还日

期，如果丢失、污染，照价赔偿，不允许自行处理。

（6）存放样品的样品室必须保持干燥、卫生，做好防霉、防鼠、遮光。

（7）除生产技术管理样品室外，任何部门及个人都无权保管样品或向车间索取样品。

第 5 章　技术资料管理

第 11 条　所有中外文技术图书、期刊、工艺资料、设计底样都要及时登记、编号、分类整理和保管。在未登记前，不得借出使用。

第 12 条　所有借阅者应爱护技术图书，不准有污损、涂改、剪裁、损毁、卷折。还书时，应当面检查，如损坏应照价赔偿或加倍罚款。

第 13 条　外单位索取技术工艺资料时，应经生产部经理同意，报请生产总监批准。

第 14 条　对于产品工艺资料，除保留样品外，应把经鉴定合格的工艺处方及技术工艺文件一起归档整理，并登记造册。

第 15 条　存档资料要建立账簿，保持账物相符、完整准确。发现资料破损，应及时修补复制。

第 6 章　技术管理组织

第 16 条　本公司的技术管理归生产技术研究会统一组织管理。

第 17 条　目的。生产技术研究会的工作职责是，对下列工作进行研究、协调。

（1）提高、改进生产技术。

（2）研究新产品的生产技术。

（3）工程、质量、试验、管理上的各种问题。

（4）生产技术的引进、技术研究成果的对外发表。

第 18 条　生产技术研究会的构成。

（1）生产技术研究会的成员有总经理、生产总监、生产部经理、技术主管、车间主任、有关部门的经理。

（2）研发部门负责人以及其他有关的技术人员根据需要出席会议。

第 19 条　生产技术研究会的运行。

（1）凡定期的技术研究会议，由生产总监主持召开。

（2）临时的技术研究会，由提出议题的部门负责人主持召开。

(3) 事务性检查，由技术主管担任负责人。

第20条　开会时间。

(1) 凡定期的技术研究会议，每月一次。

(2) 凡临时性的会议，随时召开，生产部经理为会议的召集人。

第21条　议题决定。

(1) 每月开会前10日，技术主管把会议的议题和开会目的具体记录下来，向生产总监报告。

(2) 技术主管要在开会前三天决定议题，通知各委员并递交有关资料。

第22条　会议记录。

生产技术研究会的会议记录由总经理办公室负责。

第7章　附则

第23条　制订、修改和废止。

本制度的制订、修改和废止须经企业经营常务会议讨论，并由技术主管人员决定。

第24条　实施。

本制度自颁布之日起实施。

二、生产工艺管理制度

下面是某企业生产工艺管理制度，供读者参考。

第1章　总则

第1条　为规范公司生产工艺的管理工作，特制订本制度。

第2条　生产工艺是产品生产方法的指南，生产工艺的管理工作由生产技术管理机构具体负责。

第3条　本制度明确了生产工艺管理的工作责任，工艺人员要坚持科学的态度，不断提高工艺水平，为生产服务。

第4条　工艺工作要认真贯彻工艺规程典型化，工装标准化、通用化的原则。

第2章　生产工艺文件的编制、执行

第5条　工艺工作必须完善工艺手段，保证产品质量和降低成本，工艺过程以合理、可靠、先进为原则。

第6条　新产品投产或老产品复制，必须依照"制定完整工艺—贯彻

工艺—投产"的流程。

第 7 条　生产技术管理机构根据原料的性质、新品种的试验、工艺设计和生产部产量平衡后的情况，提出各项工艺规程的初步意见，送交生产部经理批准。

第 8 条　最终形成的工艺文件必须正确、完整、统一、清晰。

第 9 条　工艺规程必须在投产前送交车间主任，工艺品必须详细复核，发现与实际不符或由于某些条件限制，暂且不能执行的项目应及时与生产技术管理机构协商解决。

第 10 条　车间主任及车间工艺技术员复核工艺规程后，应在工艺通知单上签字承认，并且严肃执行该项规程，及时下达给有关生产人员。

第 11 条　各车间、工序必须严格施行工艺，按工艺要求对产品进行检查，如不符合工艺要求，应及时向车间、工艺技术员反映检查结果，分析原因，找出解决问题的办法，并立案记录。

第 12 条　生产过程中，发生工艺与实物不符必须进行工艺调整时，及时向生产技术管理人员反映，并研究解决方案，而不准随意更改和调整工艺。生产技术管理人员调整好工艺后，需经生产部经理签字，才能作为正式生产依据（对旧工艺必须收回存档，并注明变更原因）。

第 13 条　已经确定的工艺，所有人员必须严格执行。下发的工艺资料，若有损坏和丢失，查明原因后由生产技术管理机构补发，各部门必须有专人对工艺进行妥善保管，不准任意涂改。

第 14 条　对违反工艺生产或随意变更工艺，造成责任事故者，应赔偿 5%~10% 的经济损失。造成损失严重者，报生产部经理和人力资源部经理批准，给予必要的纪律处分。

第 15 条　工艺技术员将工艺下达后，必须经常检查工艺落实情况，发现问题，及时解决，因工艺不妥而造成大批严重事故者，工艺技术员应承担事故责任。

第 16 条　工艺技术员应不断对车间操作人员进行工作纪律教育，严格按工艺标准监督工艺执行。

第 3 章　工艺试验备案手续

第 17 条　提出工艺试验的部门填写"工艺规程"，变更试验一份留底，

另一份送交生产技术部备案，以便配合工作，其余送予试验有关部门或车间。

第 18 条　凡是对产品质量影响较大，以及影响上下工序质量的工艺项目的变更，要填写申请书，提交技术主管审核，经生产部经理批准后，方可变更。

第 4 章　生产工艺变更审批

第 19 条　在技术主管的领导下，生产技术管理机构负责全公司工艺文件的编制与管理，下达工艺要求，任何单位或个人无权下达和变更。

第 20 条　车间工艺员，在车间主任领导下，负责贯彻工艺和技术服务，业务上受生产技术主管的指导。

第 21 条　未经工艺性审查的产品设计图样，不予编制工艺文件，不能投入生产。

第 22 条　在生产过程中，凡产品设计修改涉及工艺、材料变动时，均应由有关工艺技术员会签。

第 23 条　工艺路线（工艺流程），是产品从投料到出成品的生产路线，工艺路线由技术管理相关人员提出。

第 24 条　产品工艺文件由生产技术管理科提出，附有工艺卡、工艺守则和材料工艺定额资料，工艺文件要先进合理、正确无误、齐全成套、符合标准。

第 25 条　工艺文件由工艺技术员编制，技术主管审核，成套工艺由技术主管会同有关部门批准。

第 5 章　违反工艺规程事故登记

第 26 条　要严肃工艺纪律，发动群众对违反工艺规程事故的原因进行分析追查，并提出预防措施。

第 27 条　凡不遵守工艺规程造成的各项差错事故，无论本次事故是否造成损失，一经发现，主管部门负责人应及时到现场检查分析，找出产生原因，提出措施，以减少下个工序的损失，并在当天填写工艺规程事故报告单，送交技术主管。

第 28 条　影响上下车间质量的事故，应由技术管理人员、质量管理人员、车间主任及相关人员协商解决。

第29条　下列情况应作为违反工艺规程事故。

（1）不按工艺规程进行生产，擅自变更工艺。

（2）抄错工艺单，开错通知单。

（3）工艺未经审定、制定不合理造成批量损失。

（4）原料、涂染料、浆料成分配错。

（5）化验室化验结果不正确，配料单开错。

第30条　上述各项事故由生产技术管理机构及时向个人、车间、部门提出，要追究责任并采取措施，按情节轻重记事故一次。若本人及部门隐瞒，经其他部门提出时，应按情节轻重记违反工艺规程一次，并取消本人或部门当月奖金。

第6章　附则

第31条　本制度由生产技术管理机构制定，经生产总监审核、总经理批准后执行。

三、技术标准管理制度

下面是某企业技术标准管理制度，供读者参考。

第1章　制定

第1条　企业技术标准由生产技术管理机构根据各级标准负责制定。制定技术标准时，一定要做到符合实际、技术先进、经济合理、安全可靠。

第2条　对同类产品，要进行规格优选和合理分档，形成标准条例。

第3条　尽量采用国际上的通用标准和国外的先进标准，但内控标准一定要优于采用的国际标准或国内标准。

第4条　对产品质量有直接影响的物料及企业内部中间产品，都有必要制定质量检验标准。

第2章　标准分级

第5条　标准分为国际标准、国家标准、部颁标准、企业内控标准和协议产品标准。

第6条　公司在制定技术标准时，一律以国家标准为准，并不得与其他标准相抵触，并且要满足用产需求。

第3章　审批和颁布

第7条　企业所采用的企业内控标准由生产技术管理人员负责起草，经

分管工艺的副总审核。

第8条 工艺副总审核完毕，送交生产总监及总经理批准，批准后颁布实施。

第9条 企业内控标准的修改由生产技术管理人员负责，修改前必须充分调查市场需求，修改后审批颁布程序同上。

第10条 企业内控标准修改得到确认的同时，废除以往的旧标准。

第4章 贯彻执行

第11条 企业技术标准一经颁布，各部门必须严格贯彻执行。

第12条 任何部门在工作执行过程中，不得擅自修改工艺、降低标准。否则，所引起的质量事故将按生产质量管理中的有关条款执行。

第13条 企业的检测、验收活动，都必须按制定的技术标准执行。符合标准的物资或产品由检验部门颁发合格证，不符合标准的物资不准入库（产品不准出厂）。

第5章 技术资料管理

第14条 技术资料的归档。

生产技术管理人员处理完毕的技术资料，应在第二年的第一季度内归档。归档应达到如下要求。

（1）技术文件与资料须纸质优，清楚，格式统一，签字手续完备。

（2）要准确、齐全成套，新设计的图样技术文件应符合国标、行业标准或企业标准，否则资料管理员可拒绝接受。

第15条 归档的技术文件与资料应确定密级和保管期限。

第16条 归档的资料应立卷编号，登记造册，以便查找。

（1）归档的技术资料按名称、特征编成卷册，按时间顺序或按重要程度排列。

（2）应编写"卷内目录"，卷内的技术资料也应逐张编号，并根据需要填写"备考录"。

第17条 归档的技术资料必须装订整齐，在装订时应去掉金属物，用线绳装订，并在卷角编号。

第18条 技术资料的保管。

（1）资料管理员在接受技术文件与资料后，要检查其准确、成套性，

及时登记、分类、编号，不得遗漏、涂改。

（2）凡归档技术资料的底图，只能在更改、复制情况下方能取出，不得做他用。

（3）技术资料采用电子文档时，由计算机信息室专人负责备份。

（4）技术资料在保管时，应注意防火、防潮、防虫、防盗。

（5）对长期和永久保存的技术资料，若有破损或字迹模糊者，应及时修补或复制。

第19条　技术资料的外供。

（1）外供的条件。存档的技术文件及资料（包括产品样件）、未存档（试制的）的技术文件及资料只有在下列情况下才可以外供。

①外协（在签订技术协议的前提下）。

②对比试验。

（2）外供技术文件及资料（包括产品样件）需按规定程序办理。

第6章　附则

第20条　修订。技术标准每隔2~3年审核一次，并根据市场情况做适当修订。

第21条　本制度由生产技术管理机构制定，经生产总监审核、总经理批准后执行。修改亦同。

四、技术改造管理制度

（一）技术改造实施办法

下面是某企业技术改造实施办法，供读者参考。

第1章　总则

第1条　技术改造是企业在现有基础上用先进技术代替落后技术，用先进工艺和装备代替落后的工艺和装备，促进技术进步，实现以内涵为主的扩大再生产。

第2条　技术改造的目的。

技术改造是企业改造的重要组成部分，其目的主要包括以下3个方面。

（1）提高技术水平。

（2）培训员工、开发智力，以提高员工素质。

（3）改革管理，以提高管理水平，提高企业综合素质，强化企业生命力。

第 3 条　技术改造的目标。

企业技术改造的总体目标是，使企业的劳动手段和劳动对象逐步现代化，在技术进步的基础上不断提高经济效益，推动生产的发展。具体包括以下 5 项要求。

(1) 改革产品结构，促进产品更新换代，提高新产品质量。

(2) 减少生产过程中能源、原材料等各种物资的消耗和劳动的消耗，降低成本。

(3) 合理利用资源，提高各种资源的综合利用水平。

(4) 加强生产薄弱环节，补缺配套或填平补齐，增加社会短缺、急需产品的生产能力。

(5) 促进安全生产，加强环境保护。

第 4 条　企业技术改造的内容。

企业可从如下 6 个方面进行技术改造。

(1) 产品的更新换代。

(2) 设备的更新改造。

(3) 工艺的改革。

(4) 厂房建筑和公用工程的改造。

(5) 原材料、燃料的综合利用。

(6) "三废"的治理。

第 2 章　改造方针

第 5 条　平衡企业的各种能力。

单厂企业或联合企业的基层生产厂，应以谋取工厂各种能力的平衡为改造方针。这里包括以下 3 个方面。

(1) 产品状况与市场对产品的要求相平衡。

(2) 生产要素状况与产品改造对生产要素的要求相平衡。

(3) 企业其他能力的状况与产品改造和生产要素改造的要求相平衡。

第 6 条　衔接、平衡产品生产全过程。

(1) 衔接是指最终产品各个生产阶段的各种能力在水平上的统一性，也就是指前一个生产阶段要能够满足后一个生产阶段的要求，各个生产阶

段要满足最终产品的要求。

（2）平衡是指最终产品的各个生产阶段的各种能力在规模上的一致性，也就是前后阶段的能力和整个过程的能力都是平衡的。

（3）联合企业应以谋取最终产品生产全过程的衔接、平衡为改造目标。

（4）各相关生产厂则应以谋求相互力量的平衡和衔接为改造目标。

第3章 技术改造工作程序

第7条 技术改造工作应遵循一定的程序，一般包括3个阶段，即准备、实施、考核。

第8条 准备阶段。这一阶段的工作如下。

（1）提出并申报技术改造项目建议书。

（2）编制和申报设计任务书（可行性研究报告、技术改造方案）。

（3）在权力机构批准设计任务书、可行性研究报告或技术改造方案后进行初步设计的编制和申报。批准后列入年度计划。

第9条 项目实施阶段。

（1）按照年度计划组织施工。

（2）技术改造项目施工完成后，进行试生产运行，运行合格办理验收手续，正式交付使用。

第10条 评估阶段。

（1）竣工投产项目的效益跟踪。

（2）竣工投产项目的后评估，不断总结开展技术改造的经验教训，提高技术改造操作和管理水平。

第4章 可行性研究

第11条 技术改造项目，特别是重大项目，只有通过可行性研究确认在条件上是可能的、在技术上是先进适用的、在经济上是合算的，才可以采纳。

第12条 技术改造的可行性研究，是指对准备进行改造的项目，通过调查研究和预测，以及技术经济分析和方案比较，提出是否值得改造、改造条件是否具备、应该如何改造的具体意见，以此作为进行技术改造的项目决策和向银行申请贷款的依据。

第13条 技术改造项目的可行性研究，一般分4个步骤进行。

（1）投资机会论证。通过对与项目有关的各方面调查资料的分析，对改造项目的设想进行粗略研究，确定是否有继续下一步可行性研究的价值。

（2）初步可行性研究。一是明确项目的概貌，包括大致的产品规模、原材料的可能来源、可供选择的技术、大致的建设时间等；二是对项目总的经济指标进行评价。

（3）详细可行性研究。即为一个改造项目的投资决策提供技术、经济等方面比较精细的数据。

（4）结果评估。对可行性研究的成果，从企业经济效益和社会效益两方面进行定性和定量的评价。以便完成可行性研究报告。

第14条 对技术改造项目进行可行性研究的成果是研究报告，它概括了可行性研究的全部内容，主要有以下4个方面。

（1）项目改造的必要性与可能性。

（2）项目的具体实施计划。

（3）项目的财务分析和经济评价，包括投资、生产成本、资金筹集计划、可获得的经济效益等。

（4）对整个可行性研究进行总结，列出项目的主要优缺点，做出项目是否上马的结论。

第15条 以上步骤是可行性研究由粗到细、由浅入深、逐步深化的过程。

第16条 对于小型技术改造项目，不一定要严格按照此步骤进行，但调查研究、搜集材料、弄清情况、提出方案、比较方案等环节，对每个改造项目的认定是必不可少的。

（二）技术改进合理化建议管理制度

下面是某企业技术改进合理化建议管理制度，供读者参考。

第1章 总则

第1条 为推进公司革新挖潜、降低成本、提高产品质量、提高劳动生产率、增加经济效益，适应日益激烈的国际竞争，特制定本制度。

第2章 建议的内容

第2条 采用新技术、新工艺、新材料、新结构、新配方，提高产品质量、改善产品性能及开发新产品，节约原材料等方面的建议。

第 3 条　设备、工艺过程、操作技术、测量工具、试验方法、计算技术、安全技术、环境保护、劳动保护、运输及储藏等方面的改进建议。

第 4 条　应用科技成果、引进技术、进口设备的消化吸收和革新以及长期未解决的技术关键点等方面的建议。

第 5 条　公司现代化管理方法、手段的创新和应用，促进企业素质全面提高等方面的建议。

第 3 章　组织领导

第 6 条　公司成立技术改进合理化建议评定小组，负责对合理化建议进行评议。

第 7 条　技术改进合理化建议评定小组成员由总经理、各分公司经理、各部门经理和其他有关人员组成。

第 8 条　技术改进合理化建议评定小组在公司技术副总的领导下开展工作，由总经办归总统一管理，技术建议管理员具体负责。在基层部门设技术建议联络员。

第 9 条　技术建议管理员的职责。

（1）汇编各部门技术改进措施计划，掌握并督促其实施，收集资料，在适当的时候提请评定小组进行评定，总结上报重大技术成果。

（2）负责各部门技术改进建议资料的处理，收集并推广应用国内外新技术、新工艺、新材料、新配方、新结构。

（3）负责接待其他公司有关技术改进方面的参观学习人员，并与之建立咨询业务关系。

（4）协助决策层组织对各产品重要的非标准设备设计方案的论证及会审，并下达设计任务书。

（5）负责技术攻关或招标的具体组织工作。

（6）定期召开基层技术建议联络员工作会议，安排与检查该方面的工作。

第 10 条　基层技术建议联络员的职责。

（1）编制上报本部门年度、季度技术建议计划项目，经批准后协助实施。

（2）对本部门实施的技术建议项目进行验证、考核、分析和预鉴定，

组织整理有关资料，上报分公司技术管理科。

（3）总结推广技术建议成果，协助实施人员解决有关问题。

第 11 条　全面质量管理的 TQC 成果，由全面质量管理委员会归总管理，并报技术改进合理化建议评定小组备案。

<h3 style="text-align:center">第 4 章　审查和处理</h3>

第 12 条　技术建议项目必须满足以下 3 个条件。

（1）经过试验和应用，并有完整的原始记录、图纸资料和技术总结。

（2）按照技术建议成果报表逐项填写，并经部门主管和受益部门证明。

（3）凡属于提高工效、提高产品质量、节约原材料、改进设备（备件）、新的非标准设计等必须要有相应的工时定额员、质量管理部门、材料定额员、设备动力部门和使用部门等签署的效果证明。

第 13 条　技术改进项目上报程序。

（1）一般项目经所在部门考察后签署意见报总公司。

（2）较大项目须经 3 个月的生产试用验证，连同有关资料上报分公司技术管理科。

（3）重大项目须经 6 个月的生产验证，整理全套资料上报，由××组织，××主持经总公司技术管理科评定后，报上级主管机关。

第 14 条　凡经鉴定的技术建议优秀成果，其鉴定材料应包括以下内容。

（1）指出能否纳入正式技术文件用于生产工作。

（2）指出能否进行推广应用与交流。

（3）详细分析与核算经济效果，对无法计算出经济效果的应提出结论性意见，并由有关领导签字。

第 15 条　凡纳入正式工艺规范的技术建议项目，由有关部门进行工时或材料定额的修改，并考核实施情况。对改变产品结构、提高产品性能的项目，根据产品图纸审批程序办法更改手续，并考核其批量生产情况。

<h3 style="text-align:center">第 5 章　审批与奖励</h3>

第 16 条　凡申请技术建议成果或现代化管理优秀成果奖励的集体（个人），首先应由实施者提出申请，填写项目成果申报表，并附第 14 条所规定的材料（管理优秀成果须附论文或文字总结）报归总单位立案，然后交财务部审核并签署意见，最后由公司技术改进合理化建议评定小组进行评

定审查，总经理签字。

第 17 条　凡成功且投产（或用于管理）的项目，以修改技术文件的日期作为该项目的投产日期，以连续 12 个月为计算经济效益的有效期。实际年节约价值计算公式如下。

年节约价值：（改进前成本-改进后成本）×年产量-（一次性投资费用+报废损失费用+时间费用）

第 18 条　凡被采用的技术建议和现代化管理优秀成果，根据其贡献大小，授予荣誉称号和给予适当的物质奖励。

第 19 条　技术改进建议项目原则上每年××月和××月各评定一次。

第 20 条　奖金的分配应按参与实施的工作人员贡献的大小合理分配，落实到人，各单位不得留存、克扣。

第 21 条　技术改进项目不得重复得奖，如果项目在以下名目下获奖，则以获其中金额最高的一种奖励为准。

（1）技术建议成果奖。

（2）现代化管理优秀成果奖。

（3）TQM（全面质量管理）成果奖。

（4）节约奖。

第 22 条　获奖项目如果经再次评审提高了奖励等级时，可补发差额部分的奖金。

第 23 条　对弄虚作假骗取荣誉与奖金者，一经查出，应撤销其荣誉称号，收回全部奖金，并视情节轻重给予行政处分。

第 6 章　附则

第 24 条　本制度自颁布之日起正式施行。

第 25 条　本制度解释权在公司技术改进合理化建议评定小组。

生产技术管理表格

一、技术管理计划表

序号	工作项目	执行单位	工作量	工作进度（月别）														
				1			2			3			……			12		
				上	中	下	上	中	下	上	中	下	上	中	下	上	中	下
1	产品设计																	
2																		
3																		
4																		
5	样品试制	工艺管理																
6																		
7																		
8																		
9		生产装备																
10																		
11																		
12																		
13	小批试制	工艺管理																
14																		
15																		
16																		
17		生产装备																
18																		
19																		
20																		
备注																		

二、技术图纸管理表

分类：　　　　　　　　　　　　　　页次：

序号	图纸编号	发行日期	发行部门								修订记录			
			技术科	生产科	物料科	A车间	B车间	C车间	品管科	工业工程科	①	②	③	④
1														
2														
3														

三、技术蓝图管理表

产品名称			蓝图张数		总图___张，组件图___张，零件图___张，安装图___张				
类别	图号	图名	绘制人	核对	完成日期	保管人	计算书表	清点记录	

四、样品制作管理表

日期：　　年　月　日　　　　　　　　　　　制作编号：

样品名称		数量		需要时间	
客户		目的	□确认	□开发	□试作
制作方法		参考资料			
		审核		填单	

序号	接单日期	品名	客户	材料			预定制作日期		制作人员	实际完工	质检确认	寄发测验	样品制作成本
				自备已足	已订购	库存	起	止					
1													
2													
3													
4													
5													
6													

五、技术设计变更单

提出日期		申请部门		申请人		承诺	
项目	材料编号	名称	规格	材质	机种	个/台	
新设							
追加							
变更							
废止							
数量变更							
变更要点					（附图）		
研发部门意见							

编号：＿＿＿＿＿＿＿　　　　　　　　　　　　　　　　日期：＿＿＿年＿＿月＿＿日

机种			变更原因		□降低成本　□便利作业　□材料更换　□工程问题改善		
变更前			变更后		变更后材料处理		
料号	品名规格		料号	品名规格	呆料	报废	移用
图示	规格		图示	规格			
生效时间	□立即变更，半成品、成品一并修改			会签意见			
	□立即变更，半成品、成品不修改						
	□库存材料用毕变更						
	□其他变更						
随文附件	□变更零件明细表__张__份			变更简图			
	□变更工程图面__张__份						
	□变更线路图__张__份						
主管	品管	生产	技术	行政	研发部	承办	项次
							总计

六、技术改进规划表

填写日期：＿＿年＿月＿日

项目名称	主要内容	所需资金	需要的主要设备	需要增加的动力、材料	技改后的经济效益	起止年月	进度				负责单位、个人	备注
							1	2	3	……		

七、技改项目实施表

	项目编号					
	技术改进项目内容					
准备工作	项目设计	负责人				
		完成日期				
	工艺编制	负责人				
		完成日期				
	工装设计	负责人				
		完成日期				
	工装制造	负责人				
		完成日期				
	物料准备	负责人				
		完成日期				
	劳力调配	负责人				
		完成日期				
	资金筹集	负责人				
		完成日期				
	外协	负责人				
		完成日期				
	其他	负责人				
		完成日期				
施工		负责人				
		完成日期				
验收		负责人				
		完成日期				
安装调试		负责人				
		完成日期				
实施费用预计						
预期效果						

八、技改经济效益表

主要经济指标				单个产品节能费			改造后社会效益			备注
项目	单位	改造前	改造后	项目	单位	数量	项目	单位	数量	
生产能力										
总产值										
利润										
税额										
劳动生产率										

生产技术管理流程

一、生产技术设计管理流程

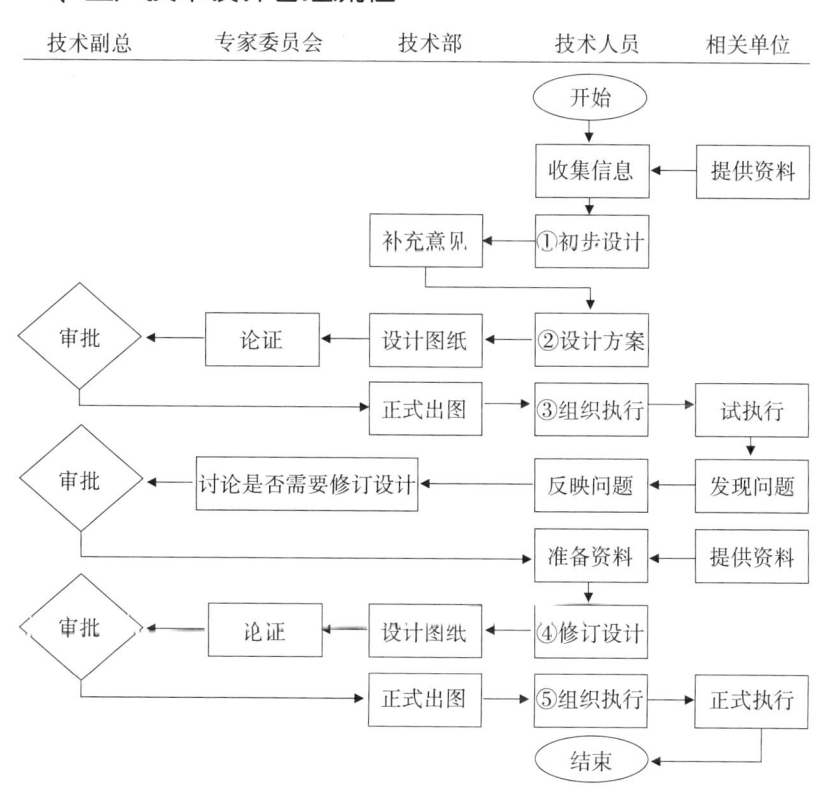

技术副总　　专家委员会　　技术部　　技术人员　　相关单位

开始 → 收集信息 ← 提供资料
补充意见 ← ①初步设计
审批 ← 论证 ← 设计图纸 ← ②设计方案
→ 正式出图 → ③组织执行 → 试执行
审批 ← 讨论是否需要修订设计 ← 反映问题 ← 发现问题
准备资料 ← 提供资料
审批 ← 论证 ← 设计图纸 ← ④修订设计
→ 正式出图 → ⑤组织执行 → 正式执行
结束

生产技术设计管理流程说明

任务概要	生产技术设计管理
①	☆ 技术部每个技术员按各自分管的领域,广泛收集国内外本行业的技术信息 ☆ 有关职能部门和下属生产单位协助技术员收集信息,提供资料 ☆ 技术人员进行初步设计,同时,技术副总给予技术员相应的指导
②	☆ 技术员编制具体设计方案,各有关职能部门和生产单位进行协助 ☆ 设计方案经技术主管审核后,形成设计图纸 ☆ 专家委员会对设计方案和图纸进行论证
③	☆ 技术管理科正式出图,由相关技术员组织执行;有关生产单位试执行技术设计 ☆ 生产单位在执行设计过程中发现问题,技术人员及时汇总问题 ☆ 专家委员会与技术管理科共同讨论是否需要修订
④	☆ 相关技术人员根据前述意见和问题,开展技术设计修订工作 ☆ 技术设计修订经技术主管审核后,提交专家委员会进行论证
⑤	☆ 修订后的技术设计方案经技术副总审批后,技术部出台正式图纸 ☆ 相关技术人员组织执行新技术设计方案,有关生产单位执行新的技术设计方案

二、生产技术引进管理流程

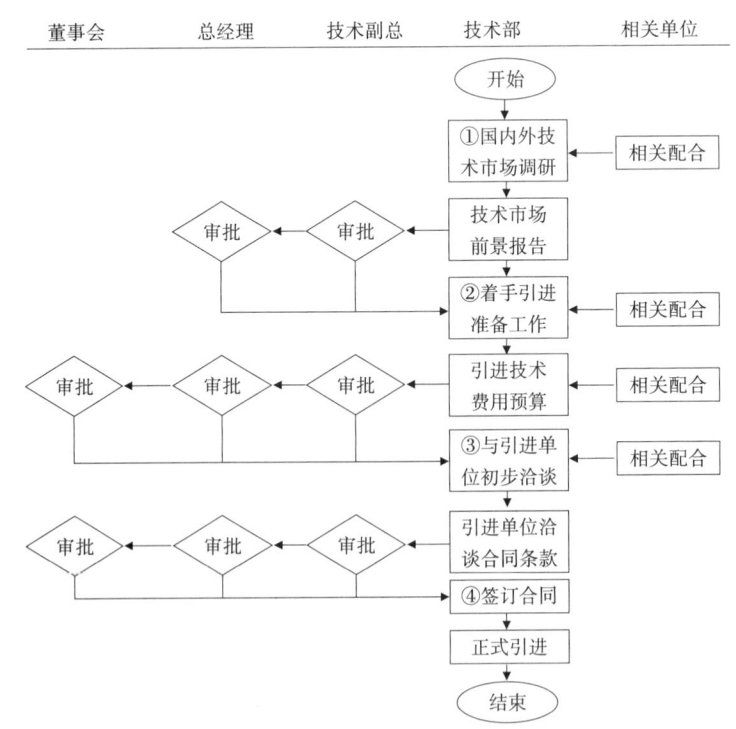

生产技术引进管理流程说明

任务概要	生产技术引进管理
节点控制	相关说明
①	☆技术部对国内外技术市场开展广泛调研活动 ☆技术部定期编写引进技术市场前景报告
②	☆技术部着手进行技术引进的准备工作 ☆技术部编制引进技术费用预算 ☆各相关职能部门和生产单位配合技术部进行各项准备工作 ☆技术引进费用预算报技术副总审核，并在规定权限范围内报上级审批
③	☆由技术部与有关技术引进单位初步洽谈引进意向 ☆各相关职能部门和单位给予必要的配合
④	☆技术部与有关技术引进单位洽谈具体的合同条款 ☆技术副总对合同条款进行审核，并在规定权限范围内，报上级审批 ☆合同条款得到审批后，由技术部代表公司与有关技术引进单位签订正式合同 ☆技术部按照所签订的合同，进行技术引进工作

三、生产技术方案评价流程

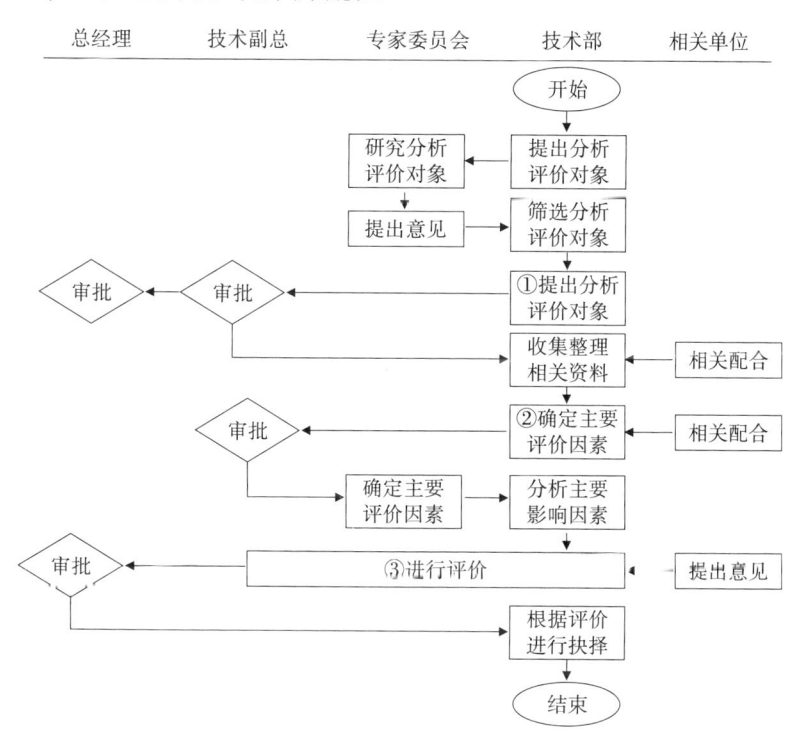

总经理	技术副总	专家委员会	技术部	相关单位
			开始	
		研究分析评价对象 ←	提出分析评价对象	
		↓		
		提出意见	筛选分析评价对象	
审批 ←	审批 ←		①提出分析评价对象	
			收集整理相关资料	← 相关配合
	审批 ←		②确定主要评价因素	← 相关配合
		确定主要评价因素	分析主要影响因素	
审批 ←			③进行评价	← 提出意见
			根据评价进行决择	
			结束	

生产技术方案评价流程说明

任务概要	生产技术方案评价
节点控制	相关说明
①	☆技术管理部向专家委员会提出技术方案评价对象 ☆专家委员会对评价对象进行分析、研究，并提出自己的意见和建议 ☆技术部根据上述意见，筛选技术方案评价对象，正式提出技术方案评价对象 ☆技术方案评价对象由生产总监审核、报总经理审批
②	☆技术部收集整理相关资料，为评价做好准备，相关职能部门和生产单位进行配合 ☆技术部提出技术方案评价的主要因素，相关职能部门和生产单位进行配合 ☆技术主管、技术副总对评价因素进行审批，专家委员会对技术方案评价因素进行确认 ☆技术部分析评价因素中的主要影响因素
③	☆技术部、技术副总、专家委员会进行方案评价 ☆相关职能部门和生产单位对评价提出意见 ☆技术方案评价报总经理审批后，技术部对技术方案进行相应的抉择

四、生产工艺技术管理流程

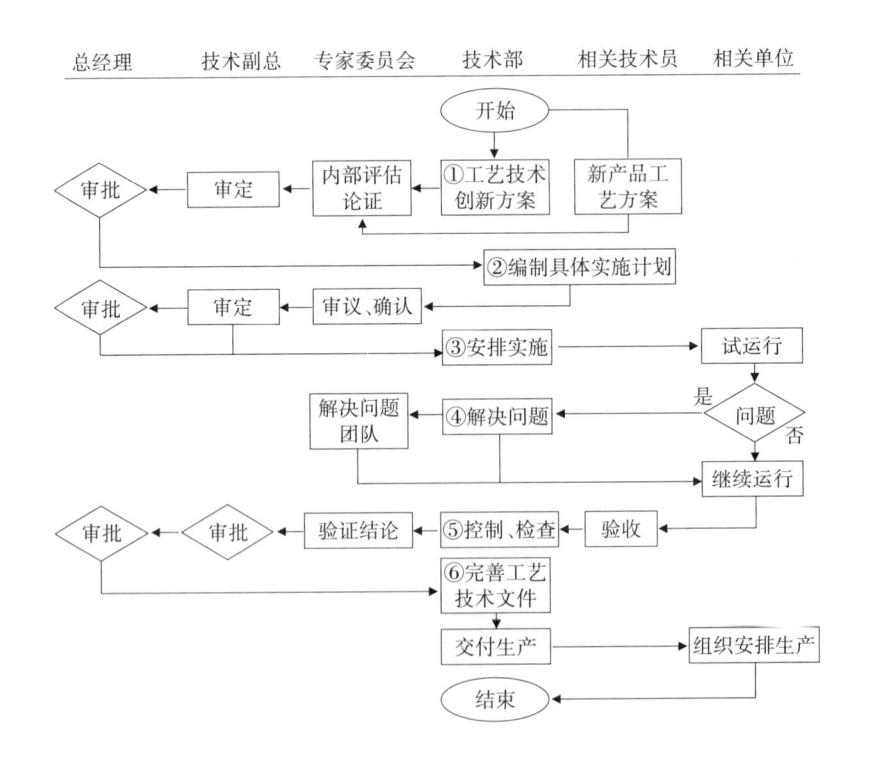

总经理	技术副总	专家委员会	技术部	相关技术员	相关单位

流程图：

开始 → ①工艺技术创新方案 / 新产品工艺方案 → 内部评估论证 → 审定 → 审批

→ ②编制具体实施计划 → 审议、确认 → 审定 → 审批

→ ③安排实施 → 试运行 → 问题？
- 是 → ④解决问题 ← 解决问题团队
- 否 → 继续运行

→ ⑤控制、检查 → 验收 → 验证结论 → 审批 → 审批

→ ⑥完善工艺技术文件 → 交付生产 / 组织安排生产 → 结束

生产工艺技术管理流程说明

任务概要	生产工艺技术管理
节点控制	相关说明
①	根据不同技术项目，由相关技术员编制《新技术创新方案》，技术部汇总《新技术创新方案》，提交专家委员会对方案进行评估论证
②	☆编制放大试运行实施计划，实施计划应得到专家委员会的审议和确认 ☆依据管理权限分别由技术副总或总经理审批
③	☆由技术部牵头，生产部配合，安排试运行
④	☆各相关部门和单位将试运行过程中遇到的问题随时向技术部汇报 ☆技术部依据问题的性质确定处理方案，或者提交专家委员会成立专业团队解决问题
⑤	☆依据试运行资料，产品研发部验证新产品工艺技术的可靠性 ☆技术部、专家委员会验证新工艺的技术经济特性是否符合设计要求，编写试运行结论
⑥	☆依据领导批示完善技术文件☆交付生产管理系统，由生产部组织各生产单位执行生产管理程序

生产技术管理方案

一、生产技术开发方案

下面是某企业生产技术开发方案，供读者参考。

一、技术开发的类型

（一）从内容上分

1. 资源开发，指新的原材料和动力资源的开发与利用。

2. 产品开发，指新材料、新用途、新工艺"三新"产品的发明。以及老产品结构和性能的改变。

3. 工艺开发，指新的工艺流程的创造和生产工具、设备的改造。

4. 管理技术开发，指新的管理技术的发明和运用。

（二）从用途上分

1. 发展生产类，指发展生产方面的新技术。

2. 生活福利类，指改善劳动条件、防止职业病和消除污染、改造环境方面的新技术。

（三）从规模上分

1. 小革新、小发明，指对现有技术的小规模改革。

2. 局部革新，指对某项技术的局部开发，即在技术的原理、结构等基本不变的前提下实现的革新、创造。

3. 创新与发明，指在新的科学原理指导下产生的新技术。

（四）从来源上分

1. 国内技术开发，指国内发展研究的新技术。

2. 国外技术引进，指从国外引进的新技术。

二、技术开发的要求

（一）技术协调性

企业中各类型技术的组合，要适应一定产品生产的需要，符合协调发展的要求，具体体现在以下三个方面。

1. 技术装备与生产工艺相协调。

2. 智能化技术与物质化技术相协调。

3. 特定的主体技术与共有技术、相关技术相协调。

（二）技术进步性

技术进步性即企业中各类技术的组合适应技术进步的要求。不同层次技术之间形成相适应的比例，对于先进技术的采用有一个合理的顺序，技术的层次结构与产品的层次结构相匹配。

（三）经济合理性

经济合理性即企业中各类技术的组合要符合经济合理的原则。先进技术应该同时具有良好的实用性和经济性，产品性能高低、质量好坏、消耗高低、生产效率高低、劳动条件好坏、环境污染轻重以及品种变换快慢，应成为衡量企业技术结构是否合理的重要标志。

三、编制技术开发计划

（一）技术开发计划

生产技术开发计划是公司科技计划的主体计划之一,是引导和吸收公司内部员工和社会力量(包括人力和资金),增强公司技术创新能力的计划。

技术开发计划包括技术开发、生产性试验、新技术推广应用示范、高技术产业化、技术中心建设和新产品试产等内容。

(二)编制技术开发计划的依据

编制技术开发计划主要的依据有以下四个方面。

1. 国内外市场需求。

2. 国民经济和社会发展中长期规划。

3. 有关产业政策。

4. 公司技术开发纲要。

(三)编制技术开发计划的原则

1. 以市场为导向,以经济效益为中心,以增强公司技术创新能力和市场竞争力为目标,形成商品化、产业化生产。

2. 以产品为龙头,以工艺为基础,配套安排原材料、基础件、元器件以及相关的设备供给,形成系统配套性。

3. 技术开发计划与技术改造、技术引进等计划紧密衔接,发挥整体优势,全面有效地促进公司技术进步。

(四)技术开发计划的选择对象

1. 发展市场变化急需的关键技术、主导产品。

2. 在国内外市场有竞争力,能较大幅度提高附加值,促进结构调整的产品、装备与相关工艺、技术。

3. 新兴技术及产品。

4. 能提高生产效率,降低消耗,提高产品质量的工艺、技术与装备。

四、编制技术开发任务书

技术开发任务书是技术在初步开发阶段内,由技术管理科就任务书向上级提出的体现产品合理设计方案的改进性和推荐性意见的文件。经上级批准后,技术开发任务书作为技术开发的依据。

(一)目的

技术开发任务书编制的目的在于,正确地确定技术最佳设计方案、主

要技术参数、原理、系统和主体结构，并由技术员负责编写（其中标准化综合要求会同标准化人员共同拟订）。

（二）内容

编制技术开发任务书主要包括以下内容（视具体情况可以包括一个或数个内容）。

1. 部、省安排的重点任务：说明安排的内容和文件号。

2. 国内外技术情报：在产品的性能和使用性方面赶超国内外先进水平，或在产品品种方面填补国内的技术空白。

3. 市场情报：在产品的形态、形式（新颖性）等方面满足用户的要求，适应市场需要，具有竞争力。

4. 企业技术开发长远规划和年度技术组织措施计划，详述规划的有关内容，并说明现在进行设计的必要性。

5. 指出技术用途及使用范围。

4. 相关领导对技术任务书提出修改或改进意见。

5. 基本参数及主要技术指标。

6. 技术原理说明。

7. 与国内外同种技术的分析比较。

8. 标准化综合要求。

（1）应符合现行的技术标准情况，列出应贯彻标准的目标与范围，提出贯彻标准的技术组织措施。

（2）新技术预期达到的标准化系数，列出推荐采用的标准清单。

（3）对材料、元器件的标准化要求：列出推荐选用的标准材料及外购元器件的清单，提出一定范围内的材料及元器件标准化系数标准。

（4）与国内外同类技术标准化水平比较，提出新技术的标准化要求。

（5）预测新技术标准化的经济效果。

9. 关键技术解决办法及关键元器件、特殊材料资源分析。

10. 对新技术设计方案进行分析、比较，运用价值工程，着重研究确定技术的合理性；通过不同技术的比较分析，从中选出最佳方案。

11. 组织相关方面对新技术方案进行评价，共同商定设计的方案能否满足用户的要求及市场需要。

12. 新技术试验、试用周期及经费的估算。

五、组织管理

（一）主持部门

技术开发项目的主持部门是技术部，主要履行下列职责。

1. 按照技术开发计划的立项原则和程序，向公司技术部申报项目，并附项目建议书。

2. 对申报项目编写可行性研究报告和论证，向公司提交可行性研究报告及相关材料。

3. 与项目承担部门签订《技术开发计划项目合同书》，并将合同书备案。按计划与合同的要求，监督、检查合同的执行。

4. 定期检查项目进度，及时协调解决存在的问题，并促使其达到目标。每年一月将上一年度项目实施情况的总结（包括项目的执行情况、取得的阶段成果、经费落实和使用情况、存在的问题）报公司技术管理科。

5. 经公司相关部门同意后，组织项目的鉴定验收。

（二）承担部门

项目承担部门应当具有相应的技术开发机构、手段、人才、资金投入强度和其他相应的技术实力，主要履行下列职责。

1. 根据技术开发计划的申报与立项程序，按隶属关系向公司技术部提出项目建议书。

2. 与项目协作单位共同完成项目的可行性研究，并提供相关文字材料。

3. 与公司技术部、项目协作单位签订合同书，按合同要求完成项目。

4. 落实自筹资金及银行贷款，合理分配项目协作单位所需经费，并对经费的使用进行监督，根据有关规定做好本年度经费使用情况的结算并报技术部。

5. 及时向技术部汇报项目实施情况。

六、组织试验研究

完成设计过程中必须的试验研究（新原理结构、材料元件工艺的功能或模具试验），并编写试验研究大纲和试验研究报告。

项目承担部门完成项目合同书规定的任务后，应及时做出总结，并将项目完成情况的总结报告及有关资料逐级上报，申请项目鉴定验收。

项目鉴定验收由项目主持单位报由公司总经理批准,由项目主持单位组织项目鉴定验收。鉴定验收报告由公司技术部备案。

七、开发成果管理

项目执行过程中的所有实验记录、数据、报告等,按照技术档案管理办法整理归档,不得遗失,不得由个人占有。

技术开发计划取得的技术成果的归属按照项目合同书的规定执行。合同书未作规定的,按照有关法律法规的规定执行。

技术成果可以获得公司的物质奖励和证明书并可申请国家、地方政府、部门的有关表彰奖励。

二、生产技术引进方案

下面是某企业生产技术引进方案,供读者参考。

一、技术引进目的

技术引进的目的是有计划、有重点、有选择地输入国外的先进科学技术成果,减少重复科研,节省时间、费用,加速技术进步,提高生产水平。

二、术语规定

(一) 技术引进

技术引进是指通过贸易或经济技术合作的途径,从境外的企业、团体或个人(简称供方)获得技术。

1. 内容

技术引进的内容包括以下5个方面。

(1) 专利权或其他工业产权的转让或许可。

(2) 以图纸、技术资料、技术规范等形式提出的工艺流程、配方、产品设计、质量控制以及管理等方面的专有技术。

(3) 技术服务。

(4) 为了实现上述技术所匹配的手段,如提供的生产线、成套设备或其他产品、测试仪器、专用设备等。

(5) 利用外国政府贷款、国际金融组织贷款、中外合资经营等时,有引进外国技术内容的项目。

2. 形态

(1) 软件,即科技成果、信息情报、技巧经验等知识形态的技术和技

术劳务。

（2）硬件，即作为技术转让的机器、设备、中间货物、原材料等实物形态的技术。

3. 方式

（1）产品贸易

产品贸易是指通过买进机器设备引进技术。按其内容可分为成套设备引进；进口主机、自造辅机；单机引进。

（2）交钥匙工程

交钥匙工程是由技术输出方按照许可证合同、设计合同、公共工程或土木工程合同以及机构工程合同等承包建造一个工程整体。

（3）许可证贸易

许可证贸易是将制造技术和工业产权作为商品，实行作价交易的技术转让。

（4）灵活贸易

灵活贸易是指通过来料加工、相互贸易、合资经营等国际间通行的灵活贸易方式，扩大与国外的技术经济合作，引进先进技术。

（5）合作科研和合作生产

合作科研和合作生产是指与国外企业或科研单位分工合作，共同生产一套设备或研究一个课题。它带有对等交换技术、取长补短、互惠互利的性质，有利于节约科研经费，提高工作效率，缩短研制周期。

（二）技术引进项目

经上级批准立项的以技术引进为核心内容的技术改造或基本建设项目（简称项目）。

（三）技术引进工程

按照项目设计开展的土建、设备安装以及各种配套工程、辅助设施等施工内容的总称。

（四）技术引进合同

以技术引进为内容签订的涉外经济合同（简称合同）。

三、技术引进主管机构及领导

（一）主管机构

技术引进的主管机构是生产部门的技术管理科。

（二）领导

主管机构在公司总经理或生产总监的领导下，履行技术引进的相关职责。

四、各部门职责

（一）专职部门

根据引进项目的规模，可组织相应的职能机构，作为技术引进工作的专职管理部门（简称专职部门）。其主要职责是负责合同签约前的各项工作和签约后的对外联系。

（二）各职能部门

公司各职能部门主要负责与技术引进工程有关的国内工作。

（三）财务部

财务部门负责整个引进项目的财务工作，具体如下。

1. 按进度筹集资金，合理使用、严格管理。

2. 按上级有关规定办理引进项目的预算稽核、付款、结算等日常工作。

3. 引进工程竣工验收时应做出决算。

4. 进口物资的账物管理应按公司有关规定办理。

5. 对引进项目进行监督并提出参考意见。

五、技术引进工作

（一）技术引进前工作

1. 根据公司的发展规划，确定需要引进的新技术。

2. 通过深入的调查研究，充分掌握需要引进新技术的国内外发展状况。

3. 确定项目投资规模，落实外汇的资金来源。

4. 按程序向国家有关主管部门提出立项申请。

5. 在与供方技术交流和初步询价的基础上，选择2~3个供方作为对象，进行深入了解，必要时可以组织相关人员有针对性地出国考察。

6. 认真编制可行性研究报告，组织公司内外相关的项目专家，对可行性研究报告进行评审，出具评审报告。评审通过后，报送相应的主管部门审批。

7. 根据国家的有关规定，选择相应的进口代理公司。

8. 根据已批准的可行性研究报告和相关主管部门颁发的项目设计任务书，进行初步设计（包括土建、工艺设计等），并按规定报批。

（二）签约合同

1. 通过技术交流和价格、供给条件等方面的充分讨论，筛选出一个对公司最为有利的供方作为签约对象。

2. 与进口代理公司共同提出合同及其附件的草稿，作为谈判的基础。

3. 对外谈判在统一组织下进行，每次谈判前应认真做好预案，指定主谈人员。谈判后应及时研究，并为下一轮谈判做好准备。

4. 合同内容必须符合商务部颁发的《中华人民共和国技术合同管理条例》和《实施细则》中的有关规定。

5. 与技术引进相配套进口的设备、仪表、工具等，也要在充分了解性能、价格的情况下择优签约。

6. 各项合同签字后应按规定程序上报审批。

（三）实施合同

1. 合同管理。

（1）技术引进合同应由引进工作的专职部门统一管理。

（2）按照进度表掌握合同执行情况，并随时处理在执行中遇到的问题。

2. 合同交货。

引进工作专职部门负责按合同规定的交货期组织技术引进工作。

（四）技术培训

1. 按合同进行的技术培训是全面掌握引进技术的关键，应选派政治思想好、技术过硬的对口专业人员出国培训。参加出国培训的人员与公司签订"技术培训协议"与"技术保密协议"。

2. 出国前，拟派国外参加技术培训的人员应在国内接受必要的预培训，培训内容如下。

（1）外语。

（2）针对出国培训内容，对有关资料进行预习和相关知识的预培训。

（3）操作技能的训练。

（4）出国前进行有关政治形势、保密和礼仪方面的教育。

3. 出国培训期间，应严格按照规定的日程和内容进行。

4. 受训人员应对所学内容作详细记录，回国后要进行认真总结，并向公司提交书面的培训报告。

5. 派出的培训人员，应有严密的组织、严格的纪律。在国外的一切活动应遵守外事纪律。

（五）技术指导

1. 供方派专家来公司技术指导前应安排好逐日的工作计划。

2. 对接受技术指导的人员要有明确的分工，事先熟悉加工图纸，做好准备。

3. 通过技术指导要掌握供方的工艺技术标准，以求达到能独立地生产出与供方质量相同的产品。

4. 对提高产品质量有明显效果的工艺技术标准，应由技术工艺部逐步推广到各个生产环节，全面提高工艺技术水平和新老产品的质量。

（六）技术资料管理

供方按合同提供的与引进技术有关的图纸资料，是技术引进的主要内容之一，是产品制造和消化吸收的原始依据，同时也是我公司的重要技术资料。为了保证引进技术不流失，保持公司的相对优势，必须按照"技术引进图纸资料管理办法"中的各项规定严格管理。

六、对引进技术消化吸收和内化

（一）消化吸收

对引进技术的消化吸引包括以下内容。

1. 对引进的产品设计、制造技术、管理方法等，在掌握其系统设计理论与方法、制造技术、原料配方、工艺流程、技术标准、检测方法以及优质、低耗、高产、安全生产控制方法等技术诀窍的基础上，提高企业的基础管理水平，生产出质量、性能、成本均符合预期要求的设备或产品。

2. 对进口的关键设备、产品和元器件、基础件、原材料样品进行分析。

3. 对引进的技术或进口的设备，在学习掌握的基础上，提高公司科技攻关与技术开发的起点，结合国情发展、创新，开发出具有自己特色、达到国际先进水平的新产品、新设备、新工艺和新材料。

（二）内化

1. 内化是指在对引进技术消化吸收的基础上，使用国内的零部件和材

料，制造出合格的产品。

2. 引进技术的内化进度应符合可行性研究报告中的要求。

（三）其他规定

1，对引进技术的消化吸收和内化工作必须在公司及上级机关的统一规划、统一领导下进行。

2. 公司及上级主管部门在安排引进工作时，必须同时安排消化吸收及内化工作。

3. 按照国家规定，编制引进技术消化吸收及内化计划，报上级批准后实行。

4. 公司应组织专门的机构负责引进技术的消化吸收及内化工作。

第七章
项目管理

项目是一种一次性的工作,必须在明确规定的时间内,由为此专门组织起来的人员完成。因此,可以把项目看作是一种特殊的生产类型,为此也需要用到特殊的管理方法——项目管理方法。

项目管理概述

项目管理主要是从生产大型、高费用、进度要求严的复杂系统的需要中发展起来的。美国在20世纪60年代只有航空、航天、国防和建筑业才愿意采用项目管理。70年代项目管理在新产品开发领域中扩展到了复杂性略低、变化迅速、环境比较稳定的中型企业中。到70年代后期和80年代，越来越多的中小企业也开始注意项目管理，将其灵活地运用于企业活动的管理中，项目管理技术及其方法本身也在此过程中逐步发展和完善，到了80年代，项目管理已经被公认为是一种有生命力并能实现复杂的企业目标的良好方法。

项目的基本概念及其特点

什么叫项目？项目是这样一种一次性的工作：它应当在规定的时间内，由为此专门组织起来的人员来完成；它应有一个明确的预期目标；有明确的可利用资源范围；它需要运用多种学科的知识来解决问题；没有或很少有以往的经验可以借鉴。项目可以是建造一栋大楼、一所学校或一座水电站，也可以是解决某个研究课题，这些都是一次性的，都要求在一定的期限内完成，不得超过一定的费用，并有一定的性能要求等。所以，有人说项目是新企业、新产品、新工程、新系统和新技术的总称。

由此可见，在各种不同的项目中，项目内容可以说是千差万别的。但项目本身有其共同的特点，这些特点可以概括如下：

（1）项目是一个单一的、可辨认的任务。

（2）项目由多个部分组成，跨越多个组织，因此需要多方合作才能完成。

（3）可利用资源预先要有明确的预算，且一经约定，不再接受其他支援。

（4）有严格的时间期限，并公之于众。

（5）项目任务的完成需要多个职能部门的人员的同时协作配合。

(6) 项目产物的保全或扩展通常由项目参加者以外的人员来进行。

项目管理及其特点

与项目的概念相对应，项目管理可以说是一个确定的时间范围内，为了完成一个既定的目标，并通过特殊形式的临时性组织运行机制，通过有效的计划、组织、领导与控制，充分利用既定有限资源的一种系统管理方法。在这个定义中的确定的时间范围应该是相对短期的，但在不同项目中，所谓相对短期的概念并不完全相同。例如一种新产品的研制开发可以是半年至二三年。工业建设项目可能是三至五年，而一座核电厂的建设周期可能更长。

项目管理具有以下特点：

1. 项目管理是一项复杂的工作

项目管理一般由多个部分组成，工作跨越多个组织，需要运用多种学科的知识来解决问题；项目工作通常没有或很少有以往的经验可以借鉴，执行中有许多未知因素，每个因素又常常带有不确定性；还需要将具有不同经历、来自不同组织的人员有机地组织在一个临时性的组织内，在技术性能、成本、进度等较为严格的约束条件下实现项目目标等等，这些因素都决定了项目管理是一项很复杂的工作，而且复杂性与一般的生产管理有很大不同。

2. 项目管理具有创造性

由于项目具有一次性的特点，因而既要承担风险又必须发挥创造性。这也是与一般重复性管理的主要区别。项目的创造性依赖于科学技术的发展和支持，在项目管理的前期构思中，要十分重视科学技术情报工作和信息的组织管理，这是产生新构思和解决问题的重要途径。创造总是带有探索性的，会有较高的失败概率。有时为了加快进度和提高成功的概率，需要有多个试验方案并进。例如在新产品、新技术开发项目中，为了提高新产品、新技术的质量和水平，希望新构思越多越好，然后再严格地审查、筛选和淘汰，以确保最终产品和技术的优良性能或质量。而筛选淘汰下来的方案也并不完全是没用的，它们可以成为企业内部的技术储备，这种储备越多，企业则越能应付外界条件的变化和具有应变能力。

3. 项目有其寿命周期

项目管理的本质是计划和控制一次性的工作，在规定期限内达到预定目标。一旦目标满足，项目就失去其存在的意义而解体。因此项目具有一种可预知的寿命周期。项目在其寿命周期中，通常有一个较明确的阶段顺序。这些阶段可通过任务的类型来加以区分，或通过关键的决策点来加以区分。根据项目内容的不同，阶段的划分和定义也有所区别。但一般认为项目的每个阶段应涉及管理上的不同特点并提出需完成的不同任务。表7—1提出了一种项目阶段的划分方法并说明每个阶段应采取的行动。无论如何划分，对每个阶段开始和完成的条件与时间要有明确的定义，以便于审查其完成程度。

4. 项目管理需要集权领导和建立专门的项目组织

项目的复杂性随其范围不同变化很大。项目愈大愈复杂，其所包括或涉及的学科、技术种类也愈多。项目进行过程中可能出现的各种问题多半是贯穿于各组织部门的，它们要求这些不同的部门作出迅速而且相互关联、相互依存的反应。但传统的职能组织不能尽快横向协调，因此需要建立围绕专一任务进行决策的机制和相应的专门组织。因此，复杂而包含多种学科的项目，大都以矩阵方式来组织。

表7-1 项目阶段的划分

阶段Ⅰ——概念	阶段Ⅱ——计划	阶段Ⅲ——执行	阶段Ⅳ——完成
1. 确定项目需要 2. 建立目标 3. 估计所需投入的资源和组织 4. 按需要构成项目组织 5. 指定关键人员	1. 确认项目组织方法 2. 制定基本预算和进度 3. 为执行阶段作准备 4. 进行研究与分析	项目的实施（设计、建设、生产、建立场地、试验、交货等）	1. 帮助项目产品转移 2. 转移人力和非人力资源到其他组织 3. 培训职能人员 4. 转移或完成承诺 5. 项目终止

5. 项目负责人（或称项目经理）在项目管理中起着非常重要的作用

项目管理的主要原理之一是把一个时间有限和预算有限的事业委托给一个人，即项目负责人，他有权独立进行计划、资源分配、指挥和控制。项目负责人的位置是由特殊需要形成的，因为他行使着大部分传统职能组织以外的职能。项目负责人必须能够了解、利用和管理项目的技术逻辑方

面的复杂性，能够综合各种不同专业观点来考虑问题。但只有这些技术知识和专业知识仍是不够的，成功的管理还取决于预测和控制人的行为的能力。因此项目负责人还必须通过人的因素来熟练地运用技术因素，以达到其项目目标。也就是说项目负责人必须使他的组织成员成为一支真正的队伍，一个工作配合默契、具有积极性和责任心的高效率群体。

项目管理的适用性

如前所述，项目管理的概念已被广为接受，应用于军事、工业、建筑等各个不同领域中去。但是项目管理也并非万能管理，不是在任何场合都可以使用的。项目管理只有在适当的条件下应用才有效，是否需要采用项目管理的方式以及项目管理是否能发挥积极的作用，取决于有关技术的复杂性，组织的相互关系，公共团体或用户的需求，以及其他一些因素。关于这个问题，并没有一个简单划一的评判标准可遵循，但一般来说，应考虑以下几方面的因素：

（1）必须是一个单一的、可辨认的完整任务。

（2）任务是复杂的，且具有风险，有赖于交叉组织与技术的相互依存。

（3）任务的完成需要多个职能部门之间的同时配合协作，而传统的职能组织对管理这样的任务显得不充分。

（4）任务具有一个明确的寿命周期与终止日期。

在现代工业企业中，项目管理的方法也得到广泛的应用。例如在以下几个方面：新产品开发，项目管理本身不能开发出新产品，但它能为开发新产品工作创造更好的条件，使它更容易、更快地取得成功；软件系统开发；设备大修工程；单件生产等。

项目管理的优、缺点

根据到目前为止应用过项目管理的公司的经验，应用项目管理除了有其必要性和适用性以外，还有如下一些优点：

（1）有更好的工作能见度和更注重结果。

（2）对不同的工作任务可改进协调和控制。

（3）项目成员有较高的工作热情和较明确的任务方向。

（4）广泛的项目职责能够加速管理人员的成长。

（5）能够缩短产品开发时间。

（6）能够减少总计划费用，提高利润率。

（7）项目的安全控制较好。

但与此相反，应用项目管理也容易产生如下一些问题：

（1）容易形成一种各项目与各职能部门之间职能技能重复，从而职能组织忽视他们的工作，而让项目组织替他们工作的倾向。

（2）由于相对优先权的改变，项目间人员流动频繁。

（3）内部作业较复杂，从而使管理也变得复杂。

（4）有可能导致企业政策的应用不一致。

项目管理的计划与控制

项目是一项独特的或具有风险的一次性工作，这个任务应该按照一定的期限、一定数量的费用，在预期的实施范围内来完成。为实现项目的目标，项目需要适当的"投入"，即完成项目所需的各种资源，包括人、钱、材料、设备以及信息等。而把这些投入变成"产出"，即项目的结果的过程，则构成项目管理的全过程。

项目管理的目标是将完成项目所需的资源在适当的时候按适当的量进行合理分配，并且力求这些资源的最优利用。

项目管理方法大致可分为传统管理方法与系统管理方法。系统管理方法是在传统管理方法的基础上产生和发展起来的，但二者是有很大区别的，其主要表现可归纳为：

（1）强调系统的高效率。传统管理方法强调管理工作的专业化，把任务、职责、权限分得很清楚。这当然是项目管理所必不可少的，但系统管理方法则更强调各类人员和各个部门之间的沟通、协调和综合。前者较注重各个部门的高效率，而后者则以达到整个系统的高效率为主要目标。

（2）信息传递的方式不同。传统管理方法强调指挥、命令、控制和汇报，要有文件的传递形式予以保证；而系统管理方法则用信息流把各管理层次和不同的职能部门沟通起来，使物质流与信息流同步，保证信息的准

确性和及时性。

（3）力求达到量化。与传统管理方法不同，随着系统工程理论和方法的发展，项目工程中的系统管理方法也越来越多地强调运用系统模型，力求达到量化，能精确地表达多因素的实际行为状况和各要素之间的相互关系。

（4）在科学化的基础上，把个人经验与科学方法紧密地结合起来。传统管理方法以个人经验为基础，而系统管理方法则强调系统地、合乎逻辑地分析，按程序有条不紊地进行工作，在科学化的基础上，把个人经验与科学方法紧密地结合起来。

由此可见，系统管理方法比传统管理方法更合理，更具科学性。但并不是所有的项目都应该用类似于CPM、PERT这样的系统管理方法。在项目确定后采用什么方法来进行项目管理，必须考虑其具体情况。在以下的叙述中，将同时说明传统管理方法和系统管理方法，并就其应用条件加以分析。

项目计划

项目管理的首要目标是制订一个构思良好的项目计划，以确定项目的范围、进度和费用。在整个项目寿命周期中，最基本、也可以说最重要的功能之一就是项目计划，特别是在作出影响项目整个过程的主要决策的初始阶段。但从另一方面来说，如前所述，由于项目管理是一个带有创造性的过程，项目早期的不确定性很大，所以项目计划又不可能在项目一开始就全部一次完成，而必须逐步展开和不断修正。这又取决于能适当地对计划的执行情况作出反馈和控制以及不间断地交流信息。从这里也可看出项目进行过程中控制的重要性。

（一）项目计划的特点及其主要内容

计划之所以成为项目管理的最重要的功能，是因为它指出了项目组织未来努力的方向和奋斗目标，是经过仔细分析后综合成的对未来的构思，又是当前行动的准则。一个完善的计划可以使失败的概率降至最低，以充分保证在预期的期限内取得预期的效果。

1. 项目计划的特征

项目计划尽管带有很大的不确定性，但是它仍然是指引项目成员自始

至终完成并实现项目目标所必需的。它应具有以下四个方面的特征：

（1）弹性和可调性。能够根据预测到的变化和实际存在的差异，及时作出调整。

（2）创造性。充分发挥和利用想象力和抽象思维的能力，满足项目发展的需要。

（3）分析性。就是要探索研究项目中内部和外部的各种因素，确定各种变量和分析不确定的原因。

（4）响应性。即能及时地确定存在的问题，提供计划的多种可行方案。

2. 制订项目计划的前提条件

在制订一个综合的项目计划之前，需要具备以下一些前提条件：

（1）整个项目要能够按照工作内容详细地分解，分成独立的可衡量的活动。

（2）根据工作组合关系，产品结构、拥有的资源（设备与人员等）以及管理目标等，能够确定组成项目的各项活动的先后顺序，并应有充分的理由。

（3）每项任务或活动的时间、成本和性能要能估计出来，并尽可能地详细。在进行上述第一条前提条件的工作时，可采用20世纪60年代末期发展起来的"工作分解结构"（Work Breakdown Structure，简称WBS）方法。这一方法不仅可用在项目管理中，还可用在一些大型复杂产品上，如汽车制造和飞机制造等。

WBS的结构形式如图7-1所示。

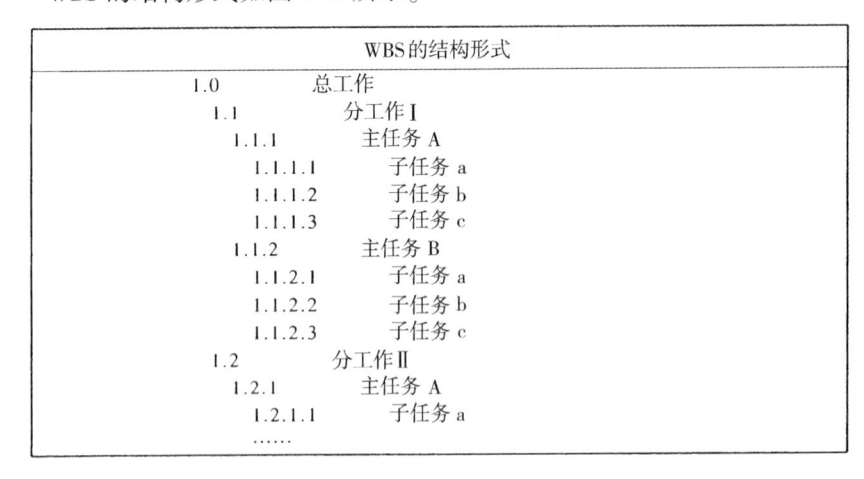

```
        WBS的结构形式
1.0         总工作
 1.1         分工作Ⅰ
  1.1.1        主任务A
   1.1.1.1       子任务a
   1.1.1.2       子任务b
   1.1.1.3       子任务c
  1.1.2        主任务B
   1.1.2.1       子任务a
   1.1.2.2       子任务b
   1.1.2.3       子任务c
 1.2         分工作Ⅱ
  1.2.1        主任务A
   1.2.1.1       子任务a
   ……
```

图7-1　WBS的结构形式

例如，如果是制造汽车，1.0 总工作就是汽车，1.1 分工作可能是车身，1.2 分工作可能是发动机，1.3 分工作是底盘，等等，这样依次往下排列，各个分工作又分为主任务Ⅰ、主任务Ⅱ等，各个主任务又可细分为子任务。这样把工作分得越细，制订计划时就越容易。在以下将要谈到的成本估算中，WBS 也是很有用的。还可以利用 WBS 作为项目所有有关信息沟通的共同基础，用 WBS 对项目的所有信息进行统一的定义，在此基础上层开全面的项目控制。这一方法将在下面专门加以叙述。

项目计划以及控制的基本要素是项目进度计划和成本估算，以下就这两方面进行讨论。

（二）项目进度计划方法

安排进度计划的目的是为了控制时间和节约时间，而项目的主要特点之一即是有严格的时间期限要求，由此决定了进度计划在项目管理中的重要性。

基本进度计划要说明哪些工作必须于何时完成和完成每一任务所需要的时间，但最好同时也能表示出每项活动所需要的人数。常用的制定进度计划的方法有以下几种：

（1）关键日期表。这是最简单的一种进度计划表，它只列出一些关键活动和进行的日期。

（2）甘特图。甘特图的优点是简单、明了、直观，易于编制，因此到目前为止仍然是小型项目中常用的工具。即使在大型工程项目中，它也是高级管理层了解全局、基层安排进度时有用的工具。但对于复杂的项目来说，甘特图就显得不足以适应。

（3）关键路线法（Critical Path Method，简称 CPM）。

（4）计划评审技术（Program Evaluationand Review Technique，简称 PERT）。CPM 和 PERT 是 20 世纪 50 年代后期几乎同时出现的两种计划方法。这两种计划方法是分别独立发展起来的，但其基本原理是一致的，即用网络图来表达项目中各项活动的进度和它们之间的相互关系，并在此基础上，进行网络分析，计算网络中各项时间参数，确定关键活动与关键路线，利用时差不断地调整与优化网络，以求得最短周期。然后，还可将成本与资源问题考虑进去，以求得综合优化的项目计划方案。因这两种方法

都是通过网络图和相应的计算来反映整个项目的全貌,所以又叫作网络计划技术。

此外,后来还陆续提出了一些新的网络技术,如GERT(图示评审技术)、VERT(风险评审技术)等,这里就不再介绍。

很显然,采用以上几种不同的进度计划方法本身所需的时间和费用是不同的。关键日期表编制时间最短,费用最低。甘特图所需时间要长一些,费用也高一些。CPM要把每个活动都加以分析,如活动数目较多,还需用计算机求出总工期和关键路线,因此花费的时间和费用将更多。PERT法可以说是制订项目进度计划方法中最复杂的一种,所以花费时间和费用也最多。

应该采用哪一种进度计划方法,主要应考虑下列因素:

(1)项目的规模大小。很显然,小项目应采用简单的进度计划方法,大项目为了保证按期按质达到项目目标,就需考虑用较复杂的进度计划方法。

(2)项目的复杂程度。这里应该注意到,项目的规模并不一定总是与项目的复杂程度成正比。例如修一条公路,规模虽然不小,但并不太复杂,可以用较简单的进度计划方法。而研制一个小型的电子仪器,需要很复杂的步骤和很多专业知识,可能就需要较复杂的进度计划方法。

(3)项目的紧急性。在项目急需进行,特别是在开始阶段,需要对各项工作发布指示,以便尽早开始工作,此时,如果用很长时间去编制进度计划,就会延误时间。

(4)对项目细节掌握的程度。如果在开始阶段项目的细节无法解明,CPM和PERT法就无法应用。

(5)总进度是否由一、两项关键事项所决定。如果项目进行过程中有一、两项活动需要花费很长时间,而这期间可把其他准备工作都安排好,那么对其他工作就不必编制详细复杂的进度计划了。

(6)有无相应的技术力量和设备。例如,没有计算机,CPM和PERT进度计划方法有时就难以应用。而如果没有受过良好训练的合格的技术人员,也无法胜任用复杂的方法编制进度计划。

此外,根据情况不同,还需考虑客户的要求,能够用在进度计划上的

预算等因素。到底采用哪一种方法来编制进度计划，要全面考虑以上各个因素。

（三）项目成本估算

进度计划是从时间的角度对项目进行规划，而成本估算则是从费用的角度对项目进行规划。这里的费用应理解为一个抽象概念，它可以是工时、材料或人员等。

1. 成本估算法

成本估算是对完成项目所需费用的估计和计划，是项目计划中的一个重要组成部分。要实行成本控制，首先要进行成本估算。理想的是，完成某项任务所需费用可根据历史标准估算。但对许多工业来说，由于项目和计划变化多端，把以前的活动与现实对比几乎是不可能的。有关费用的信息，不管是否根据历史标准，都只能将其作为一种估算。而且，在费时较长的大型项目中，还应考虑到今后几年的职工工资结构是否会发生变化，今后几年原材料费用的上涨如何，经营基础以及管理费用在整个项目寿命周期内会不会变化等问题。所以，成本估算显然是在一个无法以高度可靠性预计的环境下进行。在项目管理过程中，为了使时拿出一个大概数字的项目是可以的，但对要求详细的估算显然是不能满足要求的。

2. 因素估算法

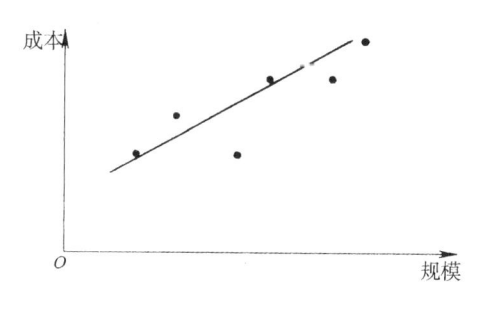

图 7-2　规模—成本图

这是比较科学的一种传统估算方法。它以过去为根据来预测未来，并利用数学知识。它的基本方法是利用规模—成本图。如图 7-2 所示，图上的线表示规模和成本的关系，图上的点是根据过去类似项目的资料而描绘，根据这些点描绘出的线体现了规模和成本之间的基本关系。这里画的是直

线,但也有可能是曲线。成本包括不同的组成部分,如材料、人工和运费等。这些都可以有不同的曲线。知道项目规模以后,就可以利用这些线找出成本各个不同组成部分的近似数字。

这里要注意的是,找这些点要有一个"基准年度",目的是消除通货膨胀的影响。画在图上的点应该是经过调整的数字。例如以 1990 年为基准年,其他年份的数字都以 1990 年为基准进行调整,然后才能描点划线。项目规模确定之后,从线上找出相应的点,但这个点是以 1990 年为基准的数字,还需要再调整到当年,才是估算出的成本数字。此外,如果项目周期较长,还应考虑到今后几年可能发生的通货膨胀、材料涨价等因素。做这种成本估算,前提是有过去类似项目的资料,而且这些资料应在同一基础上,具有可比性。

3. WBS 基础上的全面详细估算

即利用 WBS 方法,先把项目任务进行合理的细分,分到可以确认的程度,如某种材料,某种设备,某一活动单元等。然后估算每个 WBS 要素的费用。采用这一方法的前提条件或先决步骤是:

1) 对项目需求作出一个完整的限定。

2) 制定完成任务所必需的逻辑步骤。

3) 编制 WBS 表。

项目需求的完整限定应包括工作报告书、规格书以及总进度表。工作报告书是指实施项目所需的各项工作的叙述性说明,它应确认必须达到的目标。如果有资金等限制,该信息也应包括在内。规格书是对工时、设备以及材料标价的根据。它应该能使项目人员和用户了解工时、设备以及材料估价的依据。总进度表应明确项目实施的主要阶段和分界点,其中应包括长期订货、原型试验、设计评审会议以及其他任何关键的决策点。如果可能,用来指导成本估算的总进度表应含有项目开始和结束的日历时间。

一旦项目需求被勾画出来,就应制定完成任务所必需的逻辑步骤。在现代大型复杂项目中,通常是用箭头图来表明项目任务的逻辑程序,并以此作为下一步绘制 CPM 或 PERT 图以及 WBS 表的根据。编制 WBS 表的最简单方法是依据箭头图,把箭头图上的每一项活动当作一项工作任务,在此基础上再描绘分工作任务。

进度表和 WBS 表完成之后，就可以进行成本估算了。在大型项目中，成本估算的结果最后应以下述的报告形式表述出来。

（1）对每个 WBS 要素的详细费用估算。还应有一个各项分工作、分任务的费用汇总表，以及项目和整个计划的累积报表。

（2）每个部门的计划工时曲线。如果部门工时曲线含有"峰"和"谷"，应考虑对进度表作若干改变，以得到工时的均衡性。

（3）逐月的工时费用总结。以便项目费用必须削减时，项目负责人能够利用此表和工时曲线作权衡性研究。

（4）费用分配表。此表以 WBS 要素来划分，表明每年（或每季度）所需费用。此表实质上是每项活动的项目现金流量的总结。

（5）原料及支出预测。它表明供货商的供货时间、支付方式、承担义务以及支付原料的现金流量等。

采用这种方法估算成本需要进行大量的计算，工作量较大，所以只计算本身也需要花费一定的时间和费用。但这种方法的准确度较高，用这种方法作出的这些报表不仅仅是成本估算的表述，还可以用它作为项目控制的依据。最高管理层则可以用这些报表来选择和批准项目，评定项目的优先性。

以上介绍了三种成本估算的方法。除此之外，在实践中还可将几种方法结合起来使用。例如，对项目的主要部分进行详细估算，其他部分则按过去的经验或用因素估算法进行估算。

项目控制

前面已经提到，在项目寿命周期中，最重要的功能之一是项目计划。但由于项目所具有的早期不确定性，在初始阶段确定了项目的范围和计划之后，在实施过程中有效的项目控制就成为项目成功的基本要素。特别是在现代大型复杂项目中，项目管理要支配多种组织、复杂的工作和昂贵的资源，要达到在预定的期限内、用有限的资源完成任务的目的，这一切都取决于有一个对项目信息和活动能进行有效控制的系统以及方法。

传统的项目控制是以各种文件、报表、图表为主要工具，以定期或不定期地召开各类有关人员参加的会议为主要方法，再加上沟通各方面信息的通讯联系制度。而在资源昂贵、复杂并有较大风险的现代大型项目中，

就需要开发一个有效的项目管理信息和控制系统。以下将首先介绍项目控制的一般方法,然后介绍一种适用于大型复杂项目的以计算机为基础的项目管理信息和控制系统的开发与实施方法,最后论及 WBS 在项目控制中的应用。

(一) 项目控制的一般方法

1. 项目控制的主要文件

项目的任务要求、工作范围、全部进度和项目规模等一旦明确以后,就应准备项目控制所需的主要文件。这些文件应包括:

(1) 工作范围细则:确定项目实施中每一任务的具体业务内容,制定工作变动的基准。

(2) 职责划分细则:说明项目实施过程中各个部门或个人所应负责的工作,包括工艺、工程设计、采购供应、施工、会计、保险、成本控制等各个方面。

(3) 项目程序细则——规定涉及项目组、用户以及主要供货厂商之间关于设计、采购、施工、作业前准备、质量保证与控制以及信息沟通等方面协调活动的程序。

(4) 技术范围文件:列出项目的设备清单,制定项目设计依据以及所需的技术依据,以及将要使用的标准、规范、编码及手续步骤等。

(5) 成本控制文件:包括项目总成本预算以及分解到各部门和各项工作的分预算,把不同的账户分类编号,列成表格。

(6) 信息控制文件:规定各种文件、报表、图表的发放对象和方式、通讯联系制度以及会议记录和工作记录的方法。

此外,根据不同项目的具体内容,还可增减项目控制文件。项目负责人在对项目进行管理和控制时首要的任务就是在这些文件中明确规定各种有关事项。还应注意的是,项目中的某项工作一旦发生变动,相应的各有关文件均必须修正,然后再执行。在项目管理中缺少信息是很糟糕的,但得到错误的信息更糟糕。在工作中,如果一个部门执行的是原始文件,而另一部门执行的是修改后的文件,可以想象,这两部分的工作协调和结果会变得如何。

2. 项目控制的重要会议

项目开始进行以后，要有效地控制项目，一般需要在各个关键时刻召开关键会议。这是项目管理与通常的直线职能管理的主要不同点之一。例如，以一个企业新建一条空调生产线为例，这个项目进行中的不同阶段以及各个阶段开始时的关键会议如图7—3所示。

关键会议的主要内容是总结上一阶段的工作，分析问题，提出新的建议，并介绍下一阶段的主要任务和目标，使各有关人员都能做到心中有数，明确努力方向。关键会议也是协调各不同学科、不同职能部门之间的人员以及工作任务的重要手段。

除关键会议外，在项目进行的全过程中，应定期召开例会，如每月一次。会上主要介绍项目进展情况，检查有无拖期、是否存在问题等，以便及时发现和解决问题。

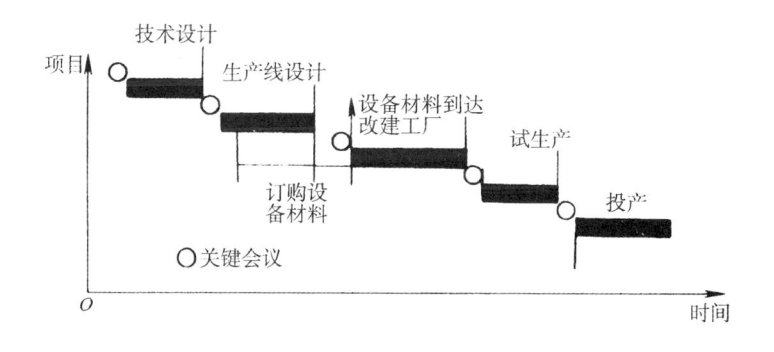

图7-3 项目进行中的关键会议

还有些非定期的特别会议，在有必要时随时召开。比如要订购大型设备、有重要的分承包要进行、某一活动出现了意外重大变化等，都需要召开会议。

由此可见，项目管理中的会议是很多的。项目负责人若不很好地控制会议，就有可能陷入会海。所以项目负责人的职责之一是控制会议的召开，为召开会议做准备，使会议开得有效。

3. 信息控制制度

加强通讯联系、沟通各方面信息是搞好项目控制的关键性一环。为了控制好一个项目，需要进行大量的通讯联系。联系的方式很多，如信件、

电话、谈话、电传、图样等。这里应遵循以下几条原则。

（1）所有重要问题均应有书面材料。任何问题都不能靠记忆，因为任何人都不可能做到永远记忆并准确无误。记忆的错误会造成损失与扯皮，因此必须用书面材料。

（2）所有会议都应有正式记录。

（3）分发的文件、备忘录、会议记录等必须说明要由谁来处理文件中的事项。

（4）所有来往信件和电函都应编号存档。如果不编号，函件积累多了就会无从查找。还应记录信件或电函抄送哪些有关的人。

（5）应保持完整的档案，有的文件应分别存入不同的档案。如工程的变动，应同时存入变动档案和技术档案。

（二）以计算机为基础的项目管理信息和控制系统

现代大型项目的基本特征是所需资源昂贵，技术条件复杂，涉及的人数、机构和职能相互依存的程度高，风险大。在这种项目中，有一个能对项目信息和活动进行系统性管理的充分开发的系统是项目成功的关键所在。

1. 开发项目管理信息和控制系统的必要性

在当今的企业环境中，大部分管理信息系统被设计来支持传统组织机构中的决策和职能。例如，用计算机处理的会计系统、工资报表系统等为企业的财务管理职能提供了系统化的方法；销售和预测的计算机辅助系统帮助和改进了这些职能的效率；人事管理系统支持了企业的人力资源开发；在产品设计和生产系统，也有很多计算机辅助设计、辅助制造系统用来为企业最终生产的产品提供服务。但这些传统的企业管理信息系统不能直接被有效地和实际地应用于项目管理中。因为就项目管理的本质而言，项目负责人必须超越职能机构的界限才能完成其目标，即综合和指挥各个机构的特有资源走向一个特定的目标。而传统的企业管理信息系统是为使职能机构有效地实施其职责而设计的，它不能产生使项目经理和其他项目参加人员需要的具体信息，也没有综合和协调不同职能的功能。因此，适合于项目管理需要的、以计算机为基础的独特的项目信息和控制系统的开发是非常必要的。

2. 项目管理信息和控制系统的特点

一个项目要达到某些特定的目标或产出,为实现这些目标或产出,项目需要适当地投入资源。而在此过程中进行控制的是管理部门。管理部门的职责是有效地分配和利用各种资源以达到项目的预定目标,并在项目进行过程中控制和检查这些资源是否根据项目目标正在被有效地利用。而为了做到这一切,需要通过信息系统。所以,信息系统的主要功能是使管理部门能够评价项目如何逼近目标,从而为有效地利用宝贵资源及时作出决策。

根据上述观念,在设计任何项目管理系统时必须仔细考虑两个重要因素:信息系统与控制系统。这是两个既有区别又相互关联的要素。系统的信息要素本身主要涉及到与项目费用、进度及实施方向有关的准确的、结构性的信息的产生和数据加工工作,而系统的控制要素主要涉及到利用所提供的信息形成决策和给出与资源的利用或问题的解决有关的指令,控制要素和信息要素必须设计为彼此兼容和相互依存的,否则它们将起不到综合系统的作用。

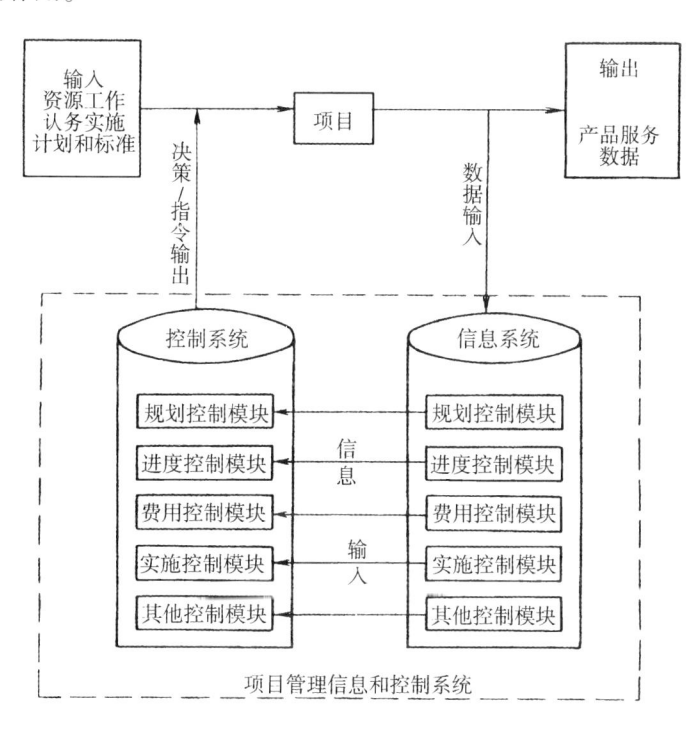

图 7-4 项目管理信息和控制系统的概念

图 7-4 给出了项目管理信息和控制系统的概念，它应用了综合信息和管理控制的一对一标准组件的概念，即在建立各种特殊模块（以计算机为基础或手工操作）以处理数据和产生有关信息的同时，还应建立进行项目控制的模块。在该图所示的系统中，信息系统接受项目数据，对照已经确定的计划目标，评价项目的计划、进度、费用以及其他实施状况，产生有关项目计划与实际完成之间的偏差信息，将此信息提供给控制系统。控制系统按照已建立的标准评价各个项目参数的偏差，以便确定到此为止的进程是否可以接受。该控制系统的输出是更改项目资源、工作任务、实施与计划、标准等等的决策或指令。

3. 项目管理信息和控制系统的设计与开发

对于一个项目管理信息和控制系统来说，不管其应用范围广泛与否，都应该有支持表 7-2 所给出的基本要求的能力。

表 7-2　项目管理系统的基本要求

项目管理职能	项目管理职能的基本内涵
1. 项目目标	规定项目的费用、进度和实施目的
2. 工作定义	规定要完成的工作任务和组织职责
3. 进度表	规定进行工作的顺序和时间限制
4. 预算	规定资源
5. 基准	规定衡量费用、进度、实施成果的参数
6. 监控/报告	规定如何跟踪进程和如何报告跟踪情况
7. 分析	规定如何和由谁对照计划评价进程
8. 修正	规定谁负责修正，如何实现和何时实现

该表中规定的要求对以计算机为基础的系统和简单的人工系统应该都是成立的。项目管理信息和控制系统除去产生信息的程序和系统以外，还必须包括保证产生作为信息输出结果的决策的程序和系统。在建立各种特殊模块（以计算机为基础或手工操作）以处理数据和产生与具体课题有关的信息的同时，还应建立进行项目控制的模块。信息系统接受项目的数据，对照已经确定的计划和目标，评价项目的计划、进度、费用以及其他实施状况，产生有关项目计划与实际完成之间的偏差信息，将此信息提供给控

制系统。

控制系统按照已建立的标准评价各个项目参数的偏差，以便确定到此为止的进程是否可以接受。该控制系统的输出是更改项目资源、工作任务、实施与计划、标准等等的决策或指令。

（1）信息系统的设计。管理信息系统通常包括两个主要部分：第一个是数据库管理系统（DBMS），它是该系统的中心，并且包括一系列与数据库有关的成套软件，它在综合的和逻辑的基础上"管理"（储存和检索）该项目的数据。系统的第二部分包括一系列计算机成套软件或专为该项目特定功能产生信息提供手段的模块。信息系统模块的主要目的是组织、收集、储存和迅速而有效地处理数据，产生有意义的信息。这些信息将向管理部门提出关于项目情况、趋势和潜在问题范围的建议。这些模块可以进行规划、进度表、估算、费用管理、项目会计等编制，附加的模块可以用来产生管理部门希望控制项目的几乎任何方面的信息。例如人力资源、材料库存及控制、文件索引与检索、安全及环境记录等。总之，能用明确的数据限定的任一需要都可以用搭积木式的方法设计和综合到总系统中。

在信息系统的实际开发和设计工作中，包括研究、评价、选择和购买可利用的商业软件包，以及对定制的专用模块或应用软件包进行设计和编程。为了选择一个最适合项目管理的 DBMS，应根据项目的需求事先制定一些评价准则，例如 DBMS 的技术性能和要求，DBMS 的灵活性，标准化，设计特征，资源支持要求等。在计划和进度模块的开发与设计中也同样，关键还是要首先确定项目的具体需要，制定一个合适的标准并进行调查研究，以选择一个在性能、特征等各方面最适合于项目需求的软件包。

总之，决定购买和修改软件包去满足一个项目的特定要求，还是从零开始去开发一个系统，要看系统要求的独特性，系统设计和程序支持的可用性。

（2）控制系统的设计。控制的目的是保证项目活动符合计划。控制关心的是现在，它包括查找和鉴定对计划的偏离，并采取适当行动以确保希望达到的结果。与控制有关的主要因素是：设置目标→报告→评价→纠正行动。

我们已经知道，对一个项目来说，目标通常以进度、费用、技术以及

质量指标来表示。项目管理的职能是去调整活动、资源与事件,去完成在项目计划中所规定的进度、费用以及技术的目标。这一职能只有在对项目状态的透彻了解的基础上才能完成。这就需要一个能够报告项目所有重要方面的信息系统,该系统把我们带到控制的第二个要素方面来,即报告。

由于控制行为涉及的是现在,所以需要一个对时间敏感的报告系统。即报告系统必须做到能够使项目负责人及时作决策和发指令,从而引导项目作积极的变更。如果报告系统仅能在事实发生了相当一段时间、已经成为历史问题之后提供反馈。则无法达到控制的目的。因此,控制的核心是一个能够及时反馈重要的项目事件的信息系统,这也正是项目管理过程中有一个信息系统是十分重要的原因。

控制的第三个主要因素是评价由信息系统产生的信息。这一因素是采取纠正行动的基础。如前所述,在项目的早期阶段,不确定性很大,因而在项目进行过程中不断对项目费用、进度、技术参数的指标或趋势进行分析和评价是十分重要的。一个综合的项目信息系统应该能够提供一个强有力的工具,使早期问题的范围和要求突出、醒目。问题一经查明,则必须及时采取纠正行动,这是项目控制的最后一个要素。

控制模块的基本功能是从与项目活动及其完成状况有关的信息系统接受输入,然后对照已建立的项目目标来衡量是否在此期间存在变化或偏差。偏差偏离标准的多少将自动指出管理层次采取纠正行动的责任以及开始此行动可以利用的时间。由于程序建立在控制模块中,因此如果不采取行动或行动不符合下一个报告期的要求,模块就自动把问题引到下一个管理层次,整个过程不断重复,直到问题被解决。这样,控制系统的最终输出是项目管理部门(所有层次)的决策。

(三)WBS 在项目控制中的应用

通过将细分化的所有项目要素同意编码,使其代码化,WBS 可以充当一个共同的信息交换语言,为项目的所有信息建立一个共同的定义。这样,将所有的要素在一个共同的基础上相关联,在此基础上建立信息系统之间的所有信息沟通。应用 WBS 作为信息的共同基础的最大优点是为监控及预测费用、进度、实施等不同的项目信息,WBS 的应用给所有的项目管理人员提供了一个可以与之作对比的一致基准。并且,在大型项目中,由于参

加者众多及人员可能发生变化，使所用的全部名词对所有的参加者都具有相同意义是很重要的，而WBS通过代码可使这一点得到保证。

1. WBS——信息沟通的共同基础

在现代大型复杂项目中，一般要涉及大量的资源，涉及许多公司、供货商、承包人等等，有时还会有政府部门的高技术设施或资金投入，因而要求的综合信息和信息沟通的数量相当大。这些大项目涉及巨资并历时若干年，因此项目开始进行时设想的项目环境随着项目的进展有时会发生很大的变化，即我们已多次提到的项目早期阶段的不确定性。这就要求所有的有关集团要有一个共同的信息基础，一种各有关集团或用户从项目一开始到最后完成都能用来沟通信息的工具。这些集团包括：业主、供货商、承包人、项目管理人员、设计人员以及政府有关部门等。而一个设计恰当的WBS将能够使这些集团或用户有一个较精确的信息沟通连接器，成为一种相互交流的共同基础，因为WBS具有编码结构及代码字典，利用WBS作为基础来编制预算、进度和描述项目的其他方面能够使所有与项目有关的人员或集团都明了为完成项目所需做的工作以及项目的进程。

2. WBS——系统综合与控制的手段

我们已经知道，典型的项目控制系统包括进度、费用、会计等不同的子系统。这些子系统在某种程度上都是相互独立的，但是各个系统之间的系统信息转移是不可缺少的，必须将这些子系统很好地综合起来，才能真正达到项目管理的目的。WBS的应用可以提供一个这样的手段。

在WBS的应用中，各个子系统都利用它收集数据，这些系统都是在与WBS有直接联系的代码字典和编码结构的共同基础上来接受信息的。由于WBS代码的应用使所有进入系统的信息都是通过一个统一的定义方法作出来的，这样就能确保所有收集到的数据能与同一基准相比较，并使项目工程师、会计师以及其他项目管理人员都参照有同样意义的同种信息，这对于项目控制的意义是显而易见的。此外，各个子系统之间在WBS基础上的共同联系越多，对项目控制就越有益，因为这样可以减少或消除分析中的系统差异。

3. WBS的设计

WBS的基本要素有三个：结构、代码和报告。

(1) WBS 的结构。WBS 结构的总体设计对于一个有效的工作系统来说是个关键。结构应以等级状或树状来构成，使底层代表详细的信息，而且其范围很大，逐层向上。即 WBS 结构底层是管理项目所需的最低层次的信息，在这一层次上，能够满足用户对交流或监控的需要，这是项目经理、工程和建设人员管理项目所要求的最低水平；结构上的第二个层次将比第一层次要窄，而且提供信息于另一层次的用户，以后依此类推。

结构设计的原则是必须有效和分等级，但不必在结构内建太多的层次，因为层次太多了不易有效管理。对一个大项目来说，4~6 个层次就足够了。在某些情况下，可以用两组，例如，每组 5 个层次，一组详细搜集直到一个合同层次或一个主要设施层次的数据，而另外一组作为与设施较大的组成部分或较大的合同结合在一起的上层部分或综合部分。

这种双层次结构的 WBS 只要设计得当也可以工作得很好，而且不限制 WBS 的发展。在设计结构的每一层中，必须考虑信息如何向上流入第二层次。原则是从一个层次到另一个层次的转移应当以自然状态发生。此外，还应考虑到使结构具有能够增加的灵活性，并从一开始就注意使结构被译成代码时对于用户来说是易于理解的。

(2) 代码设计。代码设计对作为项目控制系统应用手段的 WBS 来说是个关键。在设计代码时，对收集的信息以及收集信息所用的方法必须仔细考虑，使信息能自然地通过 WBS 代码进入应用记录系统。代码设计与结构设计是有对应关系的。结构的每一层次代表代码的某一位数，有一个分配给它的特定代码数字。在最高层次，项目不需要代码；在第二层次，要管理的关键活动用代码的第一位数来编。如果要管理的关键活动数目小于 9，假设只用数字编码，则代码是一个典型的一位数代码，如果用字母加数字，此层可能有 35 个；下一个层次代表上述每一关键活动所包含的主要任务，这个层次将是一个典型的两位数代码，其灵活性范围为 99 以内，或者，如果再加上字母，则大于 99；以下依此类推。如果结构有 20 个层次，需要的代码至少有 20 位，那就未免太长了，这也是结构层次不宜过多的原因之一。

在一个既定的层次上，应尽量使同一代码适用于类似的信息，这样可以使代码更容易理解。此外，设计代码时还应考虑到用户的使用方便，使代码以用户易于理解的方式出现。例如，在有的 WBS 设计中，用代码的第

一个字母简单地给出其所代表的意义，例如用 M 代表人力，用 E 代表设备等。

（3）报告设计。设计报告的基本要求是以项目活动为基础产生所需的实用管理信息，而不是为职能部门产生其所需的职能管理信息或组织的职能报告。即报告的目的是要反映项目到目前为止的进展情况，通过这个报告，管理部门将能够去判断和评价项目各个方面是否偏离目标，偏离多少。

项目管理组织

项目管理组织是指为了完成某个特定的项目任务而由不同部门、不同专业的人员所组成的一个特别工作组织，它不受既存的职能组织构造的束缚，但也不能代替各种职能组织的职能活动。根据项目活动的集中程度，它的机构可以是少量的人。也可以是很庞大。

项目管理组织有多种形式，例如项目组或特别工作组，矩阵结构组织，计划结构组织与产品结构组织。项目管理组织的形式应当随项目的需要而变化。例如。在复杂与多变化的项目中，需要采用矩阵结构的组织，而在不太复杂多变的中小型项目中，特别工作组就能解决问题。

鉴于矩阵组织是最广泛应用的项目管理组织方式，以下着重介绍矩阵组织。

矩阵组织

矩阵组织是一种项目——职能混合结构。一个矩阵组织相当于一个水平的、对角线的与垂直的关系的网，而不是传统的垂直职能关系。其典型结构如图 7-5 所示。

当很多项目对有限资源的竞争引起对职能部门的资源的广泛需求时，矩阵管理就是一个有效的组织形式。在矩阵组织中，项目经理在项目活动的"什么"和"何时"方面，即内容和时间方面对职能部门行使权力，而各职能部门负责人决定"如何"支持。每个项目经理要直接向最高管理层负责，并由最高管理层授权。而职能部门则从另一方面来控制，对各种资

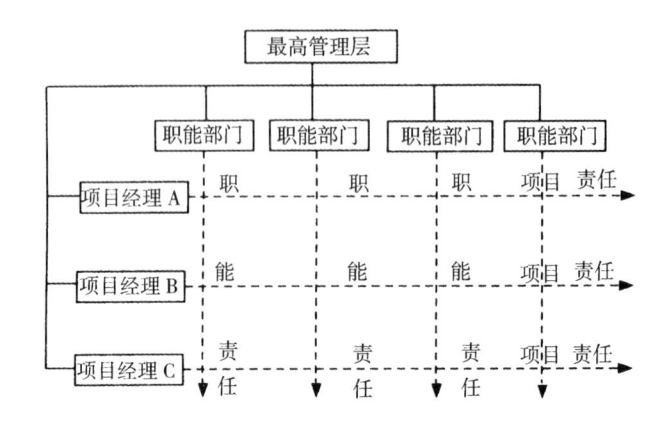

图 7-5　矩阵组织

源作出合理的分配和有效的控制调度。职能部门负责人既要对他们的直线上司负责，也要对项目经理负责。

矩阵组织的基本原则

矩阵组织的基本原则是：

（1）必须有一个人花费全部的时间和精力用于项目，有明确的责任制，这个人通常即为项目经理。

（2）必须同时存在纵向和横向两条通信渠道。

（3）要从组织上保证有迅速有效的办法来解决矛盾。

（4）无论项目经理之间，还是项目经理与职能部门负责人之间，要有确切的通信渠道和自由交流的机会。

（5）各个经理都必须服从统一的计划。

（6）无论是纵向或横向的经理（或负责人）都要为合理利用资源而进行谈判和磋商。

（7）必须允许项目作为一个独立的实体来运行。

矩阵组织中的职权以纵向、横向和斜向在一个公司里流动，因此在任何一个项目的管理中，都需要有项目经理与职能部门负责人的共同协作，将二者很好地结合起来。要使矩阵组织能有效地运转，必须考虑和处理好以下几个问题。

（1）应该如何创造一种能将各种职能综合协调起来的环境。由于具有

每个职能部门从其职能出发只考虑项目的某一方面的倾向,考虑和处理好这个问题就是很必要的。

(2) 一个项目中哪个要素比其他要素更为重要?是由谁来决定的?考虑这个问题可以使主要矛盾迎刃而解。

(3) 纵向的职能系统应该怎样运转才能保证实现项目的目标,而又不与其他项目发生矛盾。

要处理好这些问题,项目经理与职能部门负责人要相互理解对方的立场、权力以及职责,并经常进行磋商。

矩阵组织的优劣分析

1. 矩阵组织的优点

(1) 强调了项目组织是所有有关项目活动的焦点。

(2) 项目经理拥有对拨给的人力、资金等资源的最大控制权,每个项目都可以独立地制订自己的策略和方法。

(3) 职能组织中专家的储备提供了人力利用的灵活性,对所有计划可按需要的相对重要性使用专门人才。

(4) 由于交流渠道的建立和决策点的集中,对环境的变化以及项目的需要能迅速地作出反应。

(5) 当指定的项目不再需要时,项目人员有其职能归宿,大都返回原来的职能部门,他们对于项目完成后的奖励与鉴定有较高的敏感,为个人指出了职业的努力方向。

(6) 由于关键技术人员能够为各个项目所共用,充分利用了人才资源,使项目费用降低,又有利于项目人员的成长和提高。

(7) 矛盾最少,并能通过组织体系容易地解决。

(8) 通过内部的检查和平衡,以及项目组织与职能组织间的经常性的协商,可以得到时间、费用以及运行的较好平衡。

2. 矩阵组织的缺点

(1) 职能组织与项目组织间的平衡需要持续地进行监视,以防止双方互相削弱对方。

(2) 在开始制定政策和方法时,需要花费较多的时间和劳动量。

(3) 每个项目是独立进行的,容易产生重复性劳动。

（4）对时间、费用以及运行参数的平衡必须加以监控，以保证不因时间和费用而忽视技术运行。

由上述可见，任何一种组织形式都有它的优点和缺点，没有一种形式是能适用于一切场合的，甚至是在同一个项目的寿命周期内。所以，项目管理组织在项目寿命周期内为适应不同发展阶段的不同要求而加以改变也是很自然的。项目应环绕工作来组织，工作变了，项目组织的范围也应跟着改变。在实际工作中，必须注意这一点。

网络计划技术

网络计划技术概述

前面已经提到网络计划技术的产生背景及其基本原理，并已提到，网络计划技术中的 CPM 和 PERT 是两种分别独立发展起来的技术。其中 CPM 是美国杜邦公司和兰德公司于 1957 年联合研究提出的，而 PERT 则是在 1958 年由美国海军特种计划局和洛克希德航空公司在规划和研究在核潜艇上发射"北极星"导弹的计划中首先提出的。这两种方法在初期发展阶段的主要区别是：

（1）CPM 假设每项活动的作业时间是确定值，而 PERT 中作业时间是不确定的，是用概率方法进行估计的估算值。

（2）CPM 不仅考虑时间，还考虑费用，重点在于费用和成本的控制，而 PERT 主要用于含有大量不确定因素的大规模开发研究项目，重点在于时间控制。

（3）到后来两者有发展一致的趋势，常常被结合使用，统称为网络计划技术，以求得时间和费用的最佳控制。

网络计划技术最初是作为大规模开发研究项目的计划、管理方法而被开发出来的，但现在已应用到世界军用、民用等各方面大大小小的项目中。美国规定承包与军用有关的项目时，必须以 PERT 为基础提出预算和进度计划并取得批准。我国对网络计划技术的推广与应用也较早，1965 年，数学

家华罗庚教授首先在我国推广和应用了这些新的计划管理方法,他把这种网络计划技术称为"统筹法"。

应用网络计划技术于项目进度计划,主要包括以下三个阶段:

(1) 计划阶段。将整个项目分解成若干个活动,确定各项活动所需的时间、人力、物力,明确各项活动之间的先后逻辑关系,列出活动表或作业表,建立整个项目的网络图以表示各项活动之间的相互关系。网络图可分为总图(粗略图)、分图、局部图(详细图)等几种,视需要而定。

(2) 进度安排阶段。这一阶段的目的是编制一张表明每项活动开始和完成时间的时间进度表,进度表上应重点明确为了保证整个项目按时完成必须重点管理的关键活动。

对于非关键活动应提出其时差(多余时间),以便在资源限定的条件下进行资源的处理分配和平衡。为有效利用资源,可适当调整一些活动的开始和完成日期。

(2) 控制阶段。应用网络图和时间进度表,定期对实际进展情况作出报告和分析,必要时可修改和更新网络图,决定新的措施和行动方案。

网络图

网络计划技术的一个显著特点,就是借助网络图对项目的进行过程及其内在逻辑关系进行综合描述。这是进行计划和计算的基础,因此,研究和应用网络计划技术首先要从网络图入手。

(一) 网络图的组成

新产品开发的生产技术准备工作内容包括:产品设计、工艺准备、零件制造、外购标准件、产品装配、产品鉴定等项工作。如果将其绘制成网络图,则如图7-6所示。

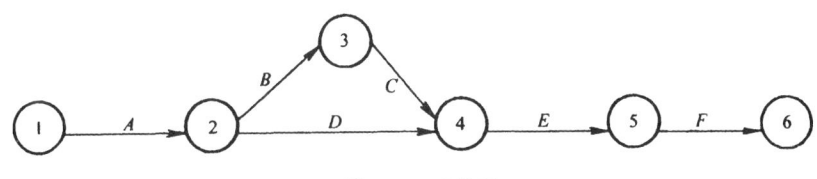

图7-6 网络图

从图7-6可以看出网络图由圆圈(结点)、箭线以及由圆圈和箭线连成的线路组成。圆圈是两条或两条以上箭线的交结点,也称为结点。网络图

分为结点式（以结点表示活动）和箭线式（以箭线表示活动）两大类。这里仅介绍后者。

网络图的箭线和圆圈分别代表项目的活动和事项。所以，也可以说网络图是由活动、事项以及路线三个部分组成的。

1. 活动

"活动"是指一项需要消耗一定的资源（人力、物力、财力）、经过一定时间才能完成的具体工作。活动用箭线表示，如箭线的箭尾结点编号和箭头结点编号分别为i、j，则该项活动可用（i、j）表示，i、j分别表示活动的开始和完成。箭线上的数字表示该活动所需的时间。在不附设有时间坐标的网络图中，箭线的长短与活动所需时间无关。

虚箭线表示一种虚活动，它是一种作业时间为零的活动。它不消耗资源，也不占用时间，其作用是表示前后活动之间的逻辑关系，便于人或计算机进行识别计算。

2. 事项

"事项"是指活动开始或完成的时刻，它由结点表示。它不消耗资源，也不占用时间和空间。每个网络图中必定有一个始结点和终结点，分别表示项目的开始和结束。介于始点和终点之间的事项叫中间事项，所有中间事项都既表示前一项活动的结束，又表示后一项活动的开始。

3. 路线

"路线"是指从网络始点事项开始，顺着箭线方向连续不断地到终点事项为止的一个序列。在一个网络图中，可能有很多条路线，如图7-6所示，①—②—③—④—⑤—⑥是一条路线。①—②—④—⑤—⑥也是一条路线。路线中各项活动的作业时间之和就是该路线的作业时间，其中作业时间最长的路线叫作"关键路线"，它决定着完成网络图上所有工作必需的时间，即该项目的完工周期。

（二）网络图绘制的规则

网络图的绘制应遵守下列原则：

（1）网络图是有向图，图中不能出现回路。

（2）活动与箭线一一对应，每项活动在网络图上必须有、也只能有联结两结点的一根箭线表示。

（3）两个相邻结点间只允许有一条箭线直接相连，平行活动可引入虚线活动，以保证这一原则不被破坏，如图 7-7 所示。

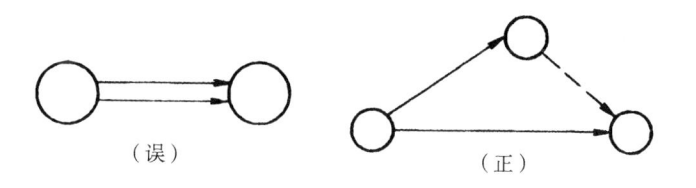

（误）　　　　　（正）

图 7-7　平行活动的表示法

（4）箭线必须从一个结点开始，到另一个结点结束，不能从一条箭线中间引出其他箭线。

（5）每个网络图必须也只能有一个始点事项（源）和一个终点事项（汇）。不允许出现没有先行事项或没有后续事项的中间事项。如果在实际工作中发生这种情况，应将没有先行事项的结点用虚箭头线同网络始点事项连接起来，将没有后续事项的结点用虚箭头线同终点事项连接起来，如图 7-8 所示。

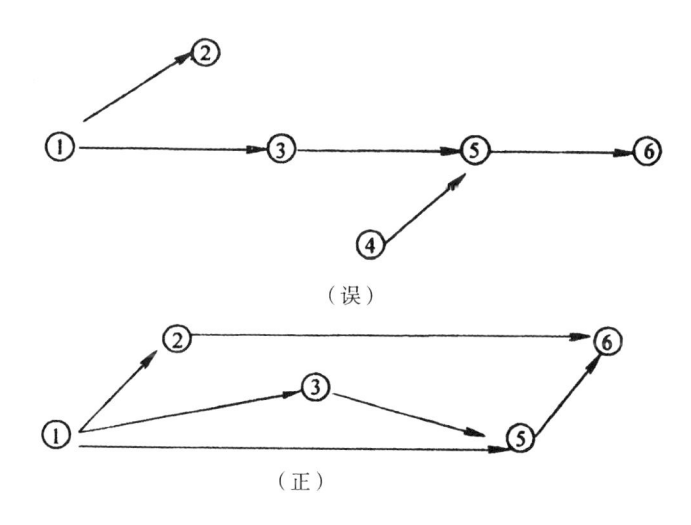

（误）

（正）

图 7-8　网络图中保证只有一个源一个汇的绘图方法

（6）网络图中所有的箭线都应当尽量指向右方或向右方倾斜，不允许出现向左方倾斜。

（7）网络图应尽量避免箭线转折与交叉。只要布局合理，有些转折和

交叉是可以避免的，当箭线交叉不可避免时宜采用暗桥表示。

（8）网络图中的任何活动，只能用一条箭线，不能用两条或两条以上箭线代表同一活动。

（三）网络图的绘制方法

遵循上述各项规则，根据作业明细表中的各项活动的先后顺序关系，就可以绘制网络图了。通常可以采用如下方法绘制网络图。

（1）顺推法。从源点活动开始，根据每项活动的后续活动，顺序逐一绘出各项活动的箭线，直到汇点活动为止。

（2）逆推法。从汇点活动开始，根据每项活动的先行活动，逆箭头前进方向逐一绘出各项活动的箭线，直到源点活动为止。

究竟采用哪种方法为好，应视具体条件而定。当活动明细表中给出各项活动的后续活动时，采用顺推法绘制网络图；反之，当给出的是各项活动的先行活动，则应当采用逆推法绘制网络图。

网络图的绘制需要一定的经验和技巧，这需要通过实践的锻炼，特别是虚作业的灵活应用，更是绘制网络图的关键所在。当网络图画好后，应当进行检查和调整，按照网络图上的活动关系推出活动明细表，看其结果是否正确。此外，还要对网络图进行调整，改善网络图的布局，尽量减少虚活动和箭线交叉，使整个网络图正确、清晰、明了、整齐、匀称。最后在画好的网络图的箭线上标出它所代表的活动时间。

（四）网络图的结点编号

网络图绘制好后，应按照下述原则对结点进行统一编号：

（1）结点的编号必须是正整数。

（2）从源结点开始，一个结点一个编号，每个结点的编号不能重复。

（3）每项活动的箭头结点编号必须大于箭尾结点编号。

（4）编号可以不连续。

按照上述原则可以从左到右，顺着结点在网络图上的位置对结点进行编号。结点编号以后，则每项活动可以用它的箭尾结点号 i 和箭头结点号 j 来表示，写成（i，j）的形式。

（五）网络图的时间计算

当工程项目的网络图绘制好之后，我们所关心的问题是：总工期预计

是多少？如何形成的？到达各个结点的活动什么时候结束？从各结点开始的活动什么时候开始？各项活动何时开始（最早最晚）？何时完成（最早最晚）？哪些活动的提前或延误对整个工期的影响最大？所有这些问题都要通过对网络图的时间值的计算来完成。

1. 作业时间

作业时间指完成一项活动所需的时间，也就是一项活动的延续时间。作业时间具体采用什么单位，应随任务的性质而定。一般来说，作业时间就是这些活动所需的工时定额。估计确定作业时间一般有以下两种方法。

（1）单一时间估计法（又称单点估计法）。对各项活动的作业时间，仅确定一个时间值。估计时，应以完成各项活动可能性最大的作业时间为准。这种方法适用于在有类似的工时资料或经验数据可借鉴、且完成活动的各有关因素比较确定的情况下使用。

（2）三种时间估计法（又称三点估计法）。对于不确定性较大的问题，可预先估计三个时间值，然后应用概率的方法计算各项活动作业时间的平均值和方差。这三个时间值为：

①最乐观时间，以 a 表示。指在顺利情况下的最快可能完成时间；

②最保守时间，以 b 表示。指在不利情况下的最慢可能完成时间；

③最可能时间，以 m 表示。指在一般正常情况下的最大可能完成时间。

在 PERT 中，通常假设作业时间服从 β 分布。作业时间的平均值和方差计算如下：

平均时间 $t_m = \frac{a+4m+b}{6}$

方差 $\sigma^2 = \left(\frac{b-a}{6}\right)^2$

σ 数值越大，表明作业 $\sigma = \frac{b-a}{6}$ 时间概率分布的离散度越大，t_m 值的代表性越小；反之，σ 数值越小，t_m 值的代表性越大。

2. 网络时间参数的计算

（1）最早开始时间。最早开始时间指一项活动在紧前工作和有关时限约束下，工作有可能开始的最早时间。一般用 ES(i, j) 来表示。在网络图上标识示例如图 7-9 所示。

（2）最早完成时间。最早完成时间指一项活动在紧前工作和有关时限约束下，工作有可能完成的最早时间。一般用 EF(i, j) 来表示。如图 7-

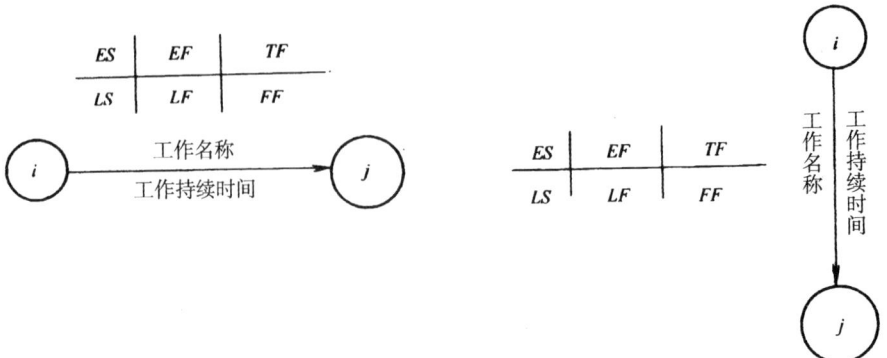

图 7-9 网络图标识示例

10 所示。显然，存在下列关系：EF (i, j) = ES (i, j) +T (i, j) 式中 T (i, j)——该项活动的作业时间。

（3）最迟完成时间。最迟完成时间是指在不影响任务完成和有关时限约束的条件下，工作最迟必须完成的时间，一般用 LF (i, j) 来表示。如图 7-10 所示。

（4）最迟开始时间。最迟开始时间是指在不影响任务按期完成和有关时限约束的条件下，工作最迟必须开始的时间，一般用 LS (i, j) 来表示。如图 7-10 所示。

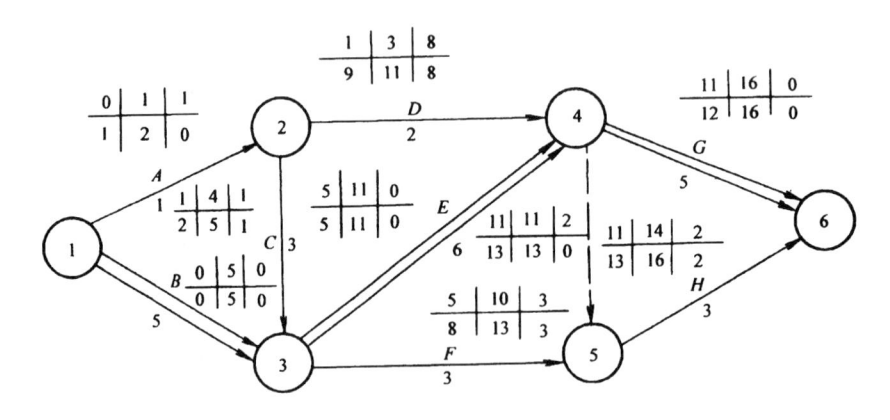

图 7-10 网络图及时间参数计算

显然，存在下列关系：LS (i, j) = LF (i, j) -T (i, j)

（5）总时差。也称富裕时间或机动时间，是指在不影响工期和有关时

限的前提下，一项工作可以利用的机动时间，即一项工作从其最早开始时间到最迟开始时间，或从最早完成时间到最迟完成时间，中间可以推迟的最大延迟时间，一般用 TF（i，j）来表示。时差的计算公式为：

TF（i，j）= LS（i，j）- ES（i，j）或 TF（i，j）= LF（i，j）- EF（i，j）时差越大，说明挖掘时间的潜力也越大；反之则相反。若时差为零，就说明该项工作无任何宽裕时间。时差为零的工作称为关键工作。由关键工作组成的线路就是关键线路，在图中常双线标注。

（6）自由时差。自由时差是指在不影响其紧后工作最早开始和有关时限的前提下，一项工作可以利用的机动时间；或紧后工作最早开始时间减该工作的最早开始时间，再减工作时间后的机动时间。一般用矾表示，其计算公式为：

FFij = ESjm - ESij - Tfij （7-7）网络图上标识如图 7-10 所示。

例，某项工程由 8 项工作组成，各项工作的工作时间及紧后工作如表 7-3 所示。

表 7-3　工作时间及工作相互关系

序号	工作代号	工作时间/天	紧后工作
1	A	1	C、D
2	B	5	E、F
1	C	3	E、F
4	D	2	GG、H
5	E	6	G、H
6	F	5	H
7	G	5	I
8	H	3	I

该例的网络图及时间参数如图 7-10 所示。需要提示的是，计算最早开始时间及最早完成时间时，假设整个计划从零开始，并要从网络图上由左至右进行；而计算最迟完成时间及最迟开始时间时，由右至左进行，且要先确定最迟完成时间。

根据图 7-10，将时差为零的工作连接起来便是关键线路：

①③④⑥即 BEG

其工期为：T =（5+6+5）天 = 16 天

网络计划的调整与优化

通过绘制网络图、计算时间参数和确定关键路线，可以得到一个初始的计划方案。但一般不可能在最初的方案中就得到最经济合理的指标。为此，在初始计划方案制定以后，通常都需要进行调整与改善，使方案不断优化。而最优化方案的标准，应根据编制计划的要求，综合考虑进度、费用和资源等目标，寻求一个工期短、质量好、资源消耗少、成本低的计划方案。

下面从两个方面谈网络计划的优化，即时间—资源优化和时间—成本优化。

（一）时间—资源优化

这里所说的资源包括人力、物力以及财力。资源常常是影响项目进度的主要因素。在一定条件下，增加投入的资源，可以加快项目进度，缩短工期；减少资源，则会延缓项目进度，拉长工期。资源有保证，网络计划才能落实。资源利用得好，分配合理，就能带来好的经济效益。所以制订网络计划时必须把时间进度与资源情况很好地结合起来。要达到时间——资源优化，应考虑以下两种情况：

1. 在资源一定的条件下，寻求最短工期

其主要途径有：

（1）抓住关键路线，缩短关键活动的作业时间。例如，采取改进作业方法或改进工艺方案、合理划分工作任务、改进工艺装备等技术措施。

（2）采取组织措施，在作业方法或工艺流程允许的条件下，对关键路线上的各项关键活动组织平行或交叉作业。合理调配工程技术人员或生产工人，尽量缩短各项活动的作业时间。

（3）利用时差，从非关键活动上抽调部分人力、物力，集中用于关键活动，缩短关键活动的时间。

2. 在工期一定的条件下，通过平衡资源，求得工期与资源的最佳结合

制定网络计划时，对资源平衡的要求是：

（1）根据规定的工期和工作量，计算每一项活动所需资源数量，并按

计划规定的时间单位作出日程上的进度安排。

（2）在不超过有限资源和保证总工期的条件下，合理地调配资源，将资源优先分配给关键活动和时差较小的活动，并尽量使资源能够均衡地、连续地投入，避免骤增骤减。

（3）必要时适当调整总工期，以保证资源的合理利用。

在编制网络计划时，合理安排有限资源，通常是按照每天的需要量，根据资源对完成项目计划的重要性，对不同资源分别进行安排与调配。要考虑到总人数的限制，并要在保证项目完工时间不变的条件下，调整各项活动的时间安排，使使用人数尽量均匀。

调整的原则是：

（1）首先要保证各项关键活动的需要量。

（2）利用非关键路线上各项活动的总时差，调整各项非关键活动的开工时间与完工时间。

以上简要说明了在总人数受到限制时，如何在保证项目完工时间不变的条件下，合理安排各项活动的进度，使人力分配均匀并不超过允许数量的方法。这种方法同样适用于有限的能源、材料、设备能力等资源的安排与调配问题。

在大型复杂项目中，时间—资源优化问题中的变量和约束条件的量会变得很大，就需要有更专门的数学手法以及借助计算机来求解。

（二）时间—费用优化

这是综合考虑工期与费用两者之间的关系，寻求以最低的项目总费用获得最佳工期的一种方法。

项目费用可分为直接费用和间接费用。直接费用是指人工、材料、能源等与各项活动直接有关的费用。间接费用是指管理费用、销售费用等其他费用。这两种费用与工期的关系，一般来说，缩短工期会引起直接费用的增加和间接费用的减少，而延长工期会引起直接费用的减少和间接费用的增加。图7-11表示费用与工期之间的一般关系。这种关系在实际中也可能呈曲线形式。

在编制网络计划中，需要计算项目的不同完工时间所对应的项目费用。使得项目费用最低的完工时间，称为最低费用日程。编制网络计划时，如

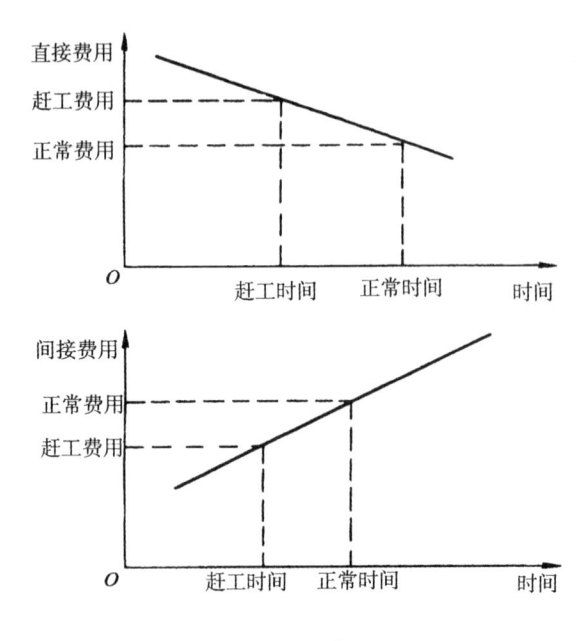

图 7-11 工期与费用的关系

何设法找出一个缩短项目周期的方案，使得为完成项目任务所需的总费用最低，这就是寻求最低费用日程的思路。为了找到这样一个使总费用最低的项目计划方案，通常是从网络计划的关键路线着手，所以也把这一方法称为 CPM 方法。

为了解决时间——费用优化问题已经提出了多种方法，如手算法、线性规划法等等。手算法的基本思路是通过压缩关键活动的作业时间来取得不同方案的总费用、总工期，从中进行比较，选出最优方案。其基本步骤是：

（1）找出关键路线。

（2）如果沿此路线不能找出由于缩短作业时间而费用增加比较少的作业，则得到解；否则进行下一步骤。

（3）缩短作业所需时间，计算费用增加量。

第八章

物流管理与库存控制

物流管理是指对企业所需的各种物资进行有计划的组织采购、供应、保管、合理使用、节约代用和综合利用等一系列管理工作的总称。在整个生产过程的各个阶段和环节，都贯穿着物资的流动。有资料显示，在产品整个生产销售过程中，仅有5%的时间用于加工和制造，其余95%的时间都用于储存、装卸、等待加工和运输。

因此，加强和搞好物流管理和库存控制，对于最佳利用物资资源，保证生产进行，提高企业的经济效益和社会效益具有重要意义。

物流管理

物资及其分类

物资的定义有广义和狭义之分。广义的物资概念是指为维持整个生产活动所需要的用料。狭义的物资概念是指产品上所需的原料、零件、包装材料等。

企业所需物资量大面广、品种规格杂、变化大,各种物资有不同特点,在供应渠道、计划管理、定额、使用保管上有不同的要求。为了便于管理,可按不同的标志对物资进行科学的分类。常用分类按以下标志进行。

1. 按物资在生产中的作用分类

按物资在生产中的作用可分为:主要原材料、辅助材料、燃料、动力、工具、包装物。

(1) 主要原材料。这是指经过加工后构成产品实体的原材料,例如,织布用的棉纱、制造汽车用的钢材。

(2) 辅助材料。这是指用于生产过程、有助于产品形成、但不构成产品实体的材料,例如润滑油、照明设备等。

(3) 燃料。这是指用于工艺制造、动力生产、运输和取暖等方面的煤炭、汽油、柴油等。

(4) 动力。这是指用于生产和管理等方面的电力、蒸气、压缩空气等。

(5) 工具。这是指生产中消耗的各种刀具、量具、卡具等。

(6) 包装物。这是指生产中用于产品包装的木材、纸等。

这种分类方法便于制定各种消耗定额和计算各种物资需求量,同时为计算产品成本、核算储备资金定额提供依据。

2. 按物资的自然属性分类

按物资的自然属性可分为:金属材料、非金属材料、机电产品。

(1) 金属材料。包括黑色金属和有色金属两种,黑色金属有生铁、钢材等,有色金属有铜、铝、锡等。

（2）非金属材料。如化工原料、石油产品、纺织原料等。

（3）机电产品。如电动机、仪表、机床等。

这种分类方法便于企业内部分工管理和编制供应目录，进行物资申请、采购、供应、保管等。

3. 按物资使用范围分类

按物资使用范围可分为：生产产品用料、基本建设用料、经营维修用料、科研试制用料、技术措施用料、工艺设备用料和非标准设备用料。这种分类方法便于进行物资的核算和平衡及资金的预算和控制。

4. 按物资的成本区分

根据一般制造成本分析，将材料成本分为直接材料与间接材料两种成本：

（1）直接材料。是产品成本的主要构成部分，如原料、零件、组合件、包装材料。

（2）间接材料。在产品上看不到，而是间接地对产品的制造有帮助所消耗的物资，如冷却液等。

物资管理

1. 物资管理的重要性

我们知道，生产计划、物资控制与进度管制可以说是息息相关、环环相扣，再好的生产计划，假如没有密切的物资控制来配合，进度管制也只能是"空中楼阁"，可望而不可即。因此，物资管理必须做到"三不"：

不断料——不使制造现场领不到要用的材料或零件。

不呆料——要用、可用的材料进来，不让不要用、不可用的材料、零件进入仓库或待在仓库不用。

不囤积——适量、适时地进料，不做过量、过时的囤积。

上面的"三不"点出了物资管理的精髓。

2. 物资管理的范围

以前许多中小型企业对物资管理视为单纯的仓储管理，随着企业规模的加大，企业主管人员对物资管理在企业中的重要性给予更大的重视，因此物资管理在组织上的业务范围也更为加大及系统化。其业务范围大致包括：物资计划及物资控制、采购、仓储。

物资管理的职能具体可归纳为5R：

（1）适时（RIGHTTIME）。在要用的时候，很及时地供应物资，不会断料。

（2）适质（RIGHTQUALITY）。进来的物资或发出去使用的物资，品质是符合标准的。

（3）适量（RIGHTQUANTITY）。供应商进来的数量能控制适当，这也是防止呆料的很重要的工作。

（4）适价（RIGHTPRICE）。用合理的成本取得所需的物资。

（5）适地（RIGHTPLACE）。距离最短、能最快速地发料。

物流

物流是指从物资（产品）供应到销售的流通过程，包括物资（产品）购进、验收、储存、装卸、运输、仓储等环节。

1. 社会物流

社会物流是指有计划地对原材料、半成品及成品由其生产地点到消费地点的高效流通活动。这种流通活动包括包装、装卸、运输、保管及通信等诸项活动。社会物流的过程如图8-1所示。

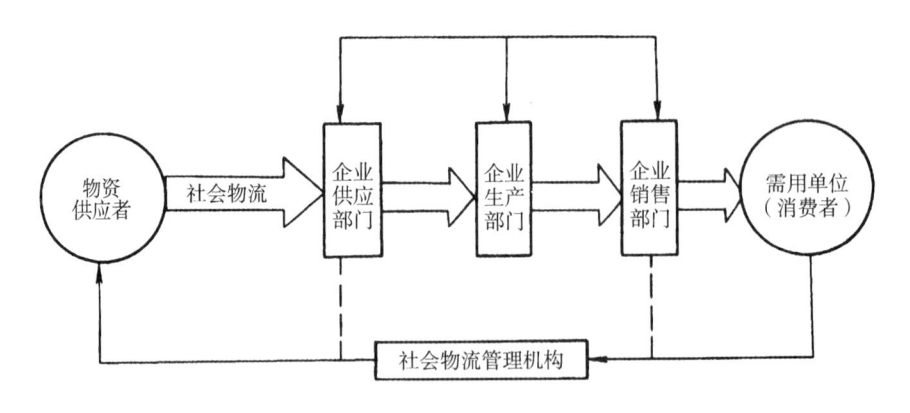

图8-1 社会物流示意图

社会物流过程是物资从生产企业离开生产领域开始，转入流通流域，又从流通流域转入需用单位，进入消费领域之间的流动过程。物资由生产企业通过流通转入需用单位的过程，对生产企业来说，是产品的销售过程，对需用单位来说，是物资的供应过程。这是一个过程的两个方面。社会物

流过程是产品销售过程和物资供应过程的统一。

2. 企业物流

企业物流是指由原材料等资源的输入变为成品而输出的过程，进行形态的（物理的）、性质的（生物、化学）变化运动的过程。企业物流包括企业内部的物流和企业组织的外部物流活动。企业物流按其运动过程，可分为供应物流、生产搬运物流和销售物流。供应物流是企业为组织物资供应而进行的物流活动，包括组织物资从生产者送达本企业的外部物流，以及从本企业的仓库送达生产线的内部物流；生产搬运物流是企业按生产流程的要求，组织和安排物资在生产环节之间进行的内部物流；销售物流是企业为实现产品销售，组织产品送达用户和市场的外部物流。其运动过程如图8-2所示。

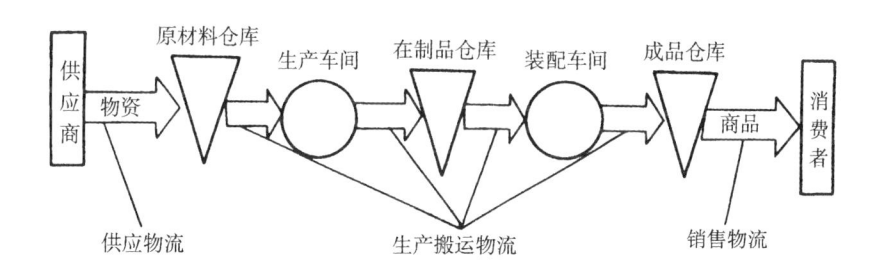

图8-2　企业物流示意图

物流管理

1. 物流管理的意义

企业的物流管理，是对企业所需（原料、材料、燃料、设备工具和包装物等）各种生产资料进行计划、采购、验收、保管、发放、节约使用和综合利用等一系列组织管理工作的总称。物流管理是生产管理的重要内容。搞好物流管理，对于促进企业不断地增加产品产量，保证产品质量，提高劳动生产率，加速资金周转，节约物资消耗，降低产品成本，增加企业利润等有重大的意义。

2. 物流管理的任务

物流管理的基本任务，总的来讲，就是认真贯彻党和国家的政策法规，根据生产要求全面提供企业所需的各种物资，通过有效的组织形式和科学

的管理方法，做到物资的供应好、周转快、消耗低、费用省、效益高，为确保生产发展，全面完成计划任务服务。具体有以下几方面的任务。

（1）快速反应，减少偏差，保证有计划按品种规格、按质按量、及时地、成套齐备地供应生产所需的各种物资，以保证生产经营活动顺利进行。

（2）合理组织物资的流通，严格控制物资的耗用，不断降低物资成本。

（3）积极采用新材料、新工艺，推广应用现代科学技术，提高物资采、运、供、储存各项业务水平。

（4）严格遵守国家有关物资工作的方针、政策、法律和法令，健全物资管理的制度和手续。

物资消耗定额和储备定额

物资消耗定额

（一）物资消耗定额的作用

物资消耗定额，是指在一定的生产技术组织条件下，制造单位产品或完成单位生产任务所必需消耗的物资数量标准。物资消耗定额可分为单项定额和综合定额两种。单项定额指制造单位零件的物资消耗定额，是加工前下料及核算各生产环节用料数量的依据，同时也可作为车间发放物资的标准。综合定额是指制造单位产品所消耗的全部物资定额，它是用来核算企业物资需用量，计算产品成本和考核企业物资消耗水平的依据。

先进合理的物资消耗定额，具有以下重要作用。

(1) 是确定企业物资需用量，编制物资供应计划的基础。

(2) 是科学地组织物资发放，对物资消耗实行有效控制的依据。

(3) 是监督和促进企业内部合理使用和节约物资的有力工具。

(4) 是促进企业提高生产技术水平、改善经营管理和提高工人操作水平的重要手段。

（二）物资消耗定额的制定

物资消耗定额的制定，有技术测定法、统计分析法和经验估计法三种。

技术测定法是根据产品图样和工艺文件来计算物资的有效消耗和工艺性消耗，从而确定合理的消耗定额。这种方法科学、准确，但工作量大，费时长。统计分析法是用以往的物资消耗统计资料，结合当前和未来生产技术组织条件的变化来制定物资消耗定额的方法。这种方法虽简单易行，但必须有可靠和齐全的统计资料为依据。经验估计法是凭技术人员、管理人员和工人的经验，并根据产品实物与技术文件来制定定额的方法。这种方法简便，但科学性差。上述三种方法各有优缺点，在实际工作中应结合起来灵活运用。

1. 主要原材料消耗定额的制定

（1）主要原材料消耗定额的构成。要正确制定主要原材料消耗定额，首先要分析物资消耗定额的构成，即从原材料投入生产至制成成品的整个过程中，原材料被消耗在那些方面。以机械产品为例，物资消耗定额包括以下三个部分。

1）构成产品（零件）净重的消耗。这是原材料的有效消耗部分。

2）工艺性消耗。指物资在加工过程中，由于工艺技术上的要求所产生的消耗。如加工过程中的切屑、铸造中的烧损、下料过程中的料头等。这部分消耗是由工艺技术水平决定的，应不断提高技术、改善工艺，力求把工艺性消耗降到最低限度。

3）非工艺性消耗。指由于生产中产生的废品、运输保管不善、材料供应不合要求，以及其他非工艺技术原因产生的消耗。这部分消耗是由于管理不善造成的，并非产品制造必须，应力求避免和减少。

主要原材料的消耗定额又分为工艺消耗定额和物资供应定额两种形式。计算公式如下：

单位产品（零件）工艺消耗定额=单位产品（零件）净重+各种工艺性消耗重量单位产品（零件）物资供应定额=工艺消耗定额×（1+材料供应系数）材料供应系数=单位产品非工艺性消耗/工艺消耗定额

两者是相互联系又有所区别的。物资供应定额是以工艺消耗定额为基础的，是在其基础上按一定比例加上非工艺性消耗。两者的区别表现在：

1）构成不同。

2）作用不同。工艺消耗定额是用于企业内部限额领料、发料和考核的

依据；物资供应定额是企业计算物资申请量、采购量及编制物资供应计划的依据。

3）管理不同。前者由企业工艺技术部门制定和管理，后者由企业物资部门负责制定和管理。

（2）主要原材料消耗定额的制定。机械工业企业这主要原材料消耗定额的制定，通常是根据设计图纸和有关技术文件规定的产品尺寸、规格、重量等进行计算的。但在具体计算时，按照工艺过程的不同要求，对型材、板材、锻件等的计算方法也不相同。

1）型材、棒材零件消耗定额的制定。以棒材为例，它的构成可用下面公式计算：

零件棒材消耗定额＝锻件毛坯重量＋锻造切割耗损重量＋烧损重量＋锯口重量＋夹头重量＋残料重量

当一根棒材用来制造同种零件时，它的消耗定额可以用下列公式计算：

零件棒材消耗定额＝一根棒材重量－一根棒材可锯出的毛坯数

一根棒材可锯出的毛坯数＝棒材长度－料头长度－夹头长度单位毛坯长度＋锯口宽度

当一根棒材用来制造几种不同零件时，可按下料部门材料利用率来计算，公式如下：

零件棒材消耗定额＝零件毛坯重量下料部门材料利用率

下料部门材料利用率＝零件毛坯总重量制造零件所用棒材总重量×100％

2）板材零件消耗定额的制定。它是按工艺规定下料方法，首先在板材上裁出所需零件名称和毛坯草图，据此计算这块板材上裁出的零件毛坯的总重量，除以板材重量，求出板材下料利用率，然后再根据零件毛坯重量和板材下料利用率，计算零件板材消耗定额。公式如下：

板材下料利用率＝零件毛坯总重量板材重量×100％

零件板材消耗定额＝每个零件毛坯重量板材下料利用率

3）锻件材料消耗定额的制定。锻件材料消耗定额由锻件毛坯重量、锻件工艺消耗和下料损耗三部分组成。一般分两步计算：首先是按毛坯重量加上锻造工艺损耗（包括锻造切割损失和烧损重量），求出锻造前重量，称为下料重量；其次是在锻造前重量基础上，加上下料损耗（包括锯口、夹

头、残料等）重量，可求出锻件消耗定额。计算公式如下：

锻件材料消耗定额＝锻造切割损耗重量+毛坯重量+烧损重量+锯口重量+夹头重量+残料重量

2. 辅助材料消耗定额的制定

企业所需的辅助材料品种繁多，使用情况复杂，其消耗定额的制定应根据不同情况采用不同方法。与主要原材料消耗定额成正比例的辅助材料，可按主要原材料消耗量的一定比例计算，与设备开动时间或工作日有关的辅助材料，其消耗定额可根据设备开工时间或工作日来计算，如润滑油等；与使用期限有关的辅助材料，一般按规定的使用期限来确定，如劳保用品和清扫工具等；对于难以计算的辅助材料，可以按统计资料、经验估计或实际耗用来确定。

3. 燃料消耗定额的制定

燃料在生产中使用广、需要量大，其定额应根据不同用途和不同标准分别制定。如动力用燃料消耗定额，是以发一度电、生产一吨蒸汽所需燃料为标准来制定；工艺用燃料消耗定额，可以用生产一吨合格铸件所需燃料为标准；取暖用燃料消耗定额，通常是按每个锅炉或单位受热面积来的。但是，由于燃料品种不同，其物理形态和发热量也不一样，在制定定额时应以标准燃料为基础（1kg 标准煤发热量为 7000 大卡）。然后根据燃料消耗定额换算成实际使用燃料消耗定额。

4. 动力消耗定额的制定

动力消耗定额通常按不同用途分别制定。如电力消耗定额，可先按实际开动功率计算电力消耗量，再按每种产品消耗的机械小时数，最后计算出单位产品的电力消耗定额；而电炉炼钢的耗电定额，可直接按单位产品来计算确定。

5. 工具消耗定额的制定

工具消耗定额，可用生产某种产品所需用某种工具的总工时与该工具的耐用期限的比值来确定，也可根据统计资料来确定。

（三）物资消耗定额的管理

物资消耗定额的管理要求做好物资消耗定额的一系列具体工作，包括定额的制定、审批、执行、考核与修订，使定额在物资管理中发挥应有的

作用。定额的制定，前面已作论述，定额的管理工作还有：编制定额文件；定额经过制定、审批、下达后，重要的问题是要采用各种技术组织措施贯彻执行；建立健全物资消耗的原始记录和做好统计工作；对物资消耗的分析、考核；及时修订或定期修订，使定额经常保持在先进合理的水平上。

（四）降低物资消耗定额的途径

（1）首先要在产品设计中贯彻节约原则，改革产品设计，减少构成产品或零件净重的物资消耗。

（2）采用先进工艺，尽可能地减少工艺性消耗。

（3）在保证产品质量的前提下，采用新材料和代用品，以减少物资的消耗，降低产品成本。

（4）加强运输保管工作，建立健全管理制度，尽量减小物资在流通过程中的损耗。

（5）着眼于全局需要，实行集中下料，推广套裁下料方法，可充分提高物资利用率。

（6）对生产过程中不可避免地产生的废旧物资及时进行回收利用，也是节约物资消耗的有效途径。

物资储备定额

物资储备定额是指在一定条件下，为保证生产顺利进行所必需的、经济合理的物资储备数量标准。物资储备是生产经营活动不可缺少的重要条件，是企业流动资金占用的重要部分。为保证生产的正常进行，并取得良好的经济效果，必须确定合理的物资储备量。

（一）物资储备的种类

企业的物资储备，包括经常储备与保险储备两部分。在生产和物资供应受季节影响的企业中还有季节储备。

（1）经常储备。经常储备是指企业用于经常性周转的物资储备，企业典型的储备如图8-3所示。在企业前后两批物资进厂并投入使用这一间隔期内，为满足生产日常需要的物资储备。这种储备是动态的，在每批物资进厂时达到最大值，随着生产耗用，在下批物资进厂前降到最小值，到下批物资进厂又上升到最大值，这种周而复始的变化，形成经常储备。

（2）保险储备。保险储量是一种保险性质的储备，从图8-3中可看出，

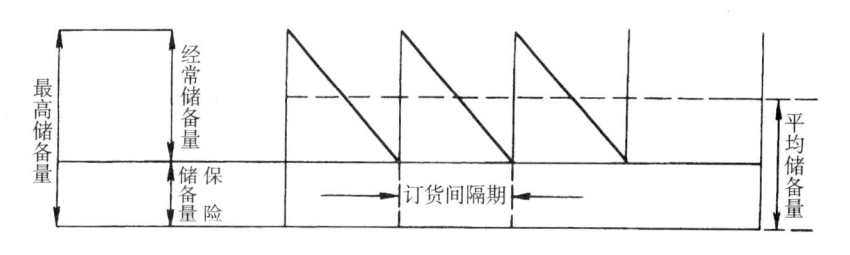

图 8-3 企业典型的经常储备示意图

当经常储备达到最低点时，下一批物资如不能进厂，供应就会中断，造成停产的损失。保险储备定额是指为了预防物资在供应过程中因运输误期、拖延、质量、品种、规格不合标准，以及计划超产等不正常情况，能保证生产连续进行所必需储备的物资数量。这种储备在正常情况下不予动用，是一种固定不变的储备。只有在特殊情况下才动用，动用之后应尽快补上。因此它实际上形成经常物资积压，占用一定的资金。就近就地组织供应、供应中断可能性很小的物资，保险储备可以减少到零或接近于零。

（3）季节储备。某些企业里，某种物资的供应经常受到季节性影响，为保证生产的正常进行，需要一定数量的季节性储备，例如某些农产品受生产季节性影响，或者河道冬季冰冻时间必须由这条河道运输的物资等，这类物资根据季节性要求确定季节性储备量，以便在供应中断时，继续保证生产的需要。

（二）物资储备定额的作用

（1）物资储备定额是编制物资供应计划和采购订货的主要依据。

（2）物资储备定额是掌握和监督库存动态，使库存经常保持在合理水平上的重要工具。

（3）物资储备定额也是企业核定流动资金的重要依据。

（4）物资储备定额是确定企业现代化仓库容积和储运设备数量的依据。

（三）物资储备定额的制定

1. 经常储备定额的确定

主要有供应间隔期法和经济订购批量法两种。

（1）供应间隔期法，是一种先确定物资的供货间隔天数，然后再确定物资经常储备量的方法。其计算公式如下：

经常储备定额=（供货间隔天数+验收入库天数+使用前准备天数）×平均每日需用量

验收入库天数和使用前准备天数是根据企业库存管理统计资料来确定的。

供货间隔天数是指前后两批到货的间隔时间。其确定方法有加权平均法和订货限额法：

1）加权平均法。根据历史统计资料，考虑到每次交货期有一定的差异，而采用的一种平均计算方法，其计算公式如下：

平均供货间隔天数=∑（每次入库数量×每次进货间隔天数）∑每次入库数量

2）订货限额法。这种方法适用于供需双方根据互利原则签订长期合同，明确规定每次订货（发货）限额条件时采用。其计算公式如下：

供货间隔天数=订货限额平均每天需要量

（2）经济订购批量法。经济订购批量是指采购费用和保管费用两者之和即总费用最小的批量。是企业本着节约费用支出来确定的物资经常储备。计算公式如下：

经济订购批量=2×每次订购费用×物资年需要量单位物资年保管费用

经济订购批量法将在第四节中详细介绍。

用经济订购批量法确定企业物资的经常储备定额，是比较经济有效的方法。但采用这种方法需要具备一个前提条件，就是企业能自行决定采购的量和采购时间，不受物资供应方和运输条件的制约。

2. 保险储备定额的制定

保险储备量，主要由保险储备天数和每日平均需用量决定，其计算方式是：

保险储备定额=平均每日需用量×保险储备天数

确定保险储备天数，一般根据以往统计资料中平均误期天数或按实际情况来决定。

平均误期天数=保险储备天数=∑（每次误期时入库数量×每次误期天数）∑每次误期时的入库数量

例1 某企业2021年1~3季度某物资实际入库的原始统计资料经分析

整理，制成物资供应间隔天数表，见表 8-1。

2021 年的日平均需用量为 2.5kg，验收天数和使用前准备天数为 2 天和 1 天。试求该种物资的平均供应间隔天数、平均误期天数（即保险储备天数）、经常储备量、保险储备量、最高和最低储备量、平均储备量分别是多少？

表 8-1 物资供应间隔天数表　＊表示是预计的

材料入库日期	1月2日	2月4日	3月18日	4月25日	5月23日	7月15日	8月18日	9月20日	合计
材料入库数量，kg	82	88	86	84	82	83	82	85	672
供应间隔天数/天	33	42	38	28	52	34	33	37＊	

解：平均供应间隔天数 =（82×33+88×42+86×38+84×28+82×52+83×34+82×33+85×37）kg·天÷（82+88+86+84+82+83+82+85）kg

= 24959kg·天÷672kg

≈38 天

平均供应间隔天数是 38 天，表 8-1 中有两次到货是误期的（2 月 4 日是 42 天，5 月 23 日是 52 天），所以：

平均误期天数=保险储备天数=〔88×（42-38）+82×（52-38）〕kg·天：（88+82）kg≈9 天

经常储备定额 =（供货间隔天数+验收入库天数+使用前准备天数）×平均每日需用量

=（38+2+1）天×2.5k/天 = 102.5kg

保险储备量=9 天×2.5kg/天 = 22.5kg

最低储备量=保险储备量=22.5kg

最高储备量=经常储备量+保险储备量=（102.5+22.5）kg=125.0kg

平均储备量=经常储备量÷2+保险储备量=102.5kg÷2+22.5kg=73.75kg

3. 季节储备定额的制定

季节储备定额是由季节性储备天数确定的。其计算公式如下：

季节储备定额=季节性储备天数×平均日需用量

季节性储备天数，一般是根据生产需要和供应中断天数决定的。凡已

建立季节性储备的物资，不再考虑经常储备和保险储备。

物资供应计划

物资供应计划是企业年度综合计划的有机组成部分，是组织订货和采购的依据。企业的物资供应计划工作包括计划的编制、执行和控制。

物资供应计划的意义

一个科学合理的物资供应计划，对提高物资管理的工作效率具有以下几点意义。

（1）是订货和采购的依据。企业生产经营所需的物资种类繁多、数量不一、规格复杂，只有事先做好计划，才能尽可能少地避免错订、错购、漏订、漏购等错误的发生。并且，可以对物资市场的价格波动进行合理的预测，以作出适时的反应。对价格预期上扬较大的物资可有计划地提前作好准备，避免提价损失；反之，则应控制进货，防止造成资金浪费。

（2）可作为监督物资合理使用的标准。物资供应计划设置了一些考核指标以衡量供应部门、生产车间、仓库管理、运输等部门的工作质量和效率。对照检查这些指标可考核企业物资使用的有效性，从而使企业能充分利用资源，发挥物资最大效能，有效地降低成本。

（3）有助于存货控制和物资配送。

准备工作

必须了解物资的市场供求状况、物资的需求量、储备量以及物资分销要求等情况，然后运用系统分析和综合平衡的方法制订出科学合理的物资供应计划。

（1）做好市场预测，掌握物资市场动态。

（2）收集企业内部的相关数据资料，包括：物资消耗定额、生产计划、在制品数量、产品设计更改单、物资供应与物资消耗规律分析、上期物资计划在执行中的问题、在途及库存物资资源、委托加工物资资源、预计计划期初资源等。

(3) 制定有关物资消耗定额。

编制和执行

(一) 编制

物资供应计划按计划期的长短可分为年度计划、季度计划和月份计划。三者之中年度计划是企业全年物资供应工作的依据和基础，季度计划是在年度计划基础上编制的，由企业物资部门在季度到来之前 10 天左右编制，月份计划是季度计划的具体化其任务是将年度计划、季度计划中规定的指标，按月、旬具体地安排，层层落实，保证生产计划的完成。这里重点介绍年度计划的编制，其他计划可参照年度计划进行。

1. 物资供应计划的内容

(1) 确定企业计划期的物资需用量。

(2) 确定物资的消耗定额。

(3) 清查企业的库存资源，经过综合平衡编制出物资需求计划和物资采购计划等，并组织实现。

2. 确定物资需用量

物资需用量是指计划期内为保证生产进行必需消耗的经济合理的物资数量。物资需用量是按照每类物资的具体品种、规格、用途分别计算的。其计算方法有以下几种：

(1) 原料及主要材料需用量的计算。其计算公式如下：

某种物资需用量＝计划期产量×（1+不可避免的废品率）×单位产品消耗定额−计划回用废品数量

式中，计划期产量包括商品产量和期末期初在制品差额；不可避免废品率，一般根据统计资料并考虑其他因素确定。

(2) 辅助材料需用量的计算。辅助材料的种类多、用途广，计算时常采用间接计算法又称比例计算法。是按一定比例、系数来估算物资需用量的。例如：某种物资消耗占主要材料消耗的百分比；或者平均每千元产值的消耗量等。其计算公式如下：

某种材料需用量＝上年实际消耗量上年产值（千元）×计划年度产值（千元）×（1−可能降低的百分比）

计算时要特别注意统计资料的准确性、统计资料与计划的可比性及辅

助材料是否随任务增减等因素。在实际中,若企业的生产任务尚未最后确定,而物资需提前准备,在组织订货采购时,也可先采用此方法初步匡算物资需用量,待任务确定后再作调整。

(3) 燃料、动力需用量的计算。由于燃料的消耗定额是按标准燃料(1kg 标准燃料发热量为 7000 大卡)来确定的,而实际使用的燃料发热量往往不同于标准燃料,因此,计算出的标准燃料需用量还要经过换算才能成为实物燃料的需用量。计算公式如下:

折算系数=1kg 实物燃料发热量 7000

实物燃料需用量=计划产量×消耗定额×1 折算系数

电力需用量=计划产量×消耗定额

燃料需用量的计算单位为 kg,电力需用量的计算单位为 kWh。

其他各种材料的需用量可参考上述几种方法进行确定。

3. 期初期末库存量的确定

在计划期内,期初库存量与期末库存量常常是不相等的,它随着生产技术水平和供应条件的变化以及供应组织工作的改进而发生变化。这就是说,即使在物资需用量不变的情况下,物资的采购或供应数量也会发生相应增减。

(1) 期初库存量。期初库存量,一般是根据编制计划时的实际盘点数,以及预计到货量和耗用量计算出来的。公式如下:

期初库存量=编制计划时的实际库存量+计划期初前到货量-计划期初前耗用量

(2) 期末库存量。它一般指物资储备定额(即经常储备量加上保险储备量)。

在实际工作中,通常采用 50%~70%的经常储备量加保险储备量作为期末库存量。对于品种繁多的小宗物资,按物资小类或组计算其平均经常储备量加保险储备量来进行储备管理。

4. 编制物资平衡表和物资采购计划

企业在确定了各种物资需用量和物资期初期末储备量之后,就可以编制物资平衡表(也叫物资采购计划表),按物资的具体品种、规格对所需物资进行综合平衡。

物资平衡表格式如表8-2所示。

表8-2　20××年物资平衡表

材料名称	计量单位	上年实际消耗量	年初已有资源			需用量	年末储备		企业内部可利用资源	采购量	备注
			合计	年初库存	合同结转	在途与待验		天数	数量			
		①	②	③	④	⑤	⑥	⑦	⑧	⑨	⑩=⑥+⑧-②-⑨	
乙 ． ． ．												
合计												

物资平衡表除按实物量表示外，还应按货币量来表示，以便同成本计划和财务计划相衔接。物资平衡表编好后，即可按物资类别加以汇总，编出物资采购计划。物资采购计划经领导审批后，可作为采购物资的依据。物资采购量可用下列公式表示：

某种物资采购量=该种物资需用量+计划期末库存量-计划期初库存量-企业内部可利用资源

式中，企业内部可利用资源，是指企业改制、代用或调剂使用的物资。

物资采购计划，包括各种物资的采购供应量和文字说明两部分。文字说明主要是在编制计划过程中，有必要向上级部门汇报和需要说明的情况，例如，上期计划执行的经验教训；降低物资消耗定额和储备定额所采取的措施等。文字说明要做到突出重点、简明扼要。

(二) 执行与检查

(1) 执行。执行的重点在于资源供应，要积极组织力量通过订货、采购、委托加工、协作等形式保证物资供应。物资进厂后，一方面要及时发放，重要产品生产所需物资应优先保证，紧张短缺物资择优供应，超储积压物资组织利用；另一方面要加强物资管理，定额发放，防止浪费。执行的方法有两种：内部经济合同；定额承包。

(2) 物资供应计划的检查。在计划执行过程中，要不时对计划的执行情况进行检查。主要检查内容有：计划需用量与实际耗用量的对比、物资

到货衔接情况、供货合同执行进度和情况、物资消耗定额执行情况及物资节约使用等情况。在检查时应做到"有法可依，有章可循"。这里的章是指在编制物资供应计划时事先制定好的一些重要考核指标，如计划准确率、订货合同完成率、物资节约率、库存物资周转率、库存物资损失率、仓库机械化作业率、包装容器回收率、资金占用量及周转率等。

（3）计划的修订。计划在执行过程中，要根据执行的情况和外部条件的变化而进行相应的调整。通常，计划的调整原因有：生产计划变动、设计变动、工艺变动或由于物资计划本身的不准确而需进行修订等。修订可采用的方法有：定期修订，多在订货前进行；经常修订，是对随时可能发生的变化进行的局部的、较小的修订；专项修订，指当实际进程与原计划任务相差较大时进行的修订。

采购管理

采购管理在物流管理中是一个十分重要的问题，通过采购管理降低物资成本是企业增加利润的一个极有潜力的途径，同时采购管理不当，会造成大量多余的库存，而库存会导致占用企业的大量资金和发生管理成本，此外，采购管理本身的好坏还会影响到供货的及时性、供货价格和供货质量，而这些都与企业最终产品的价格、质量和及时性直接相关。

1. 采购管理的一般程序

（1）接受采购指示或采购要求。采购要求的内容包括采购品种、数量、质量要求以及到货期限。

（2）选择供应商。一个好的供应商是确保供应物资的质量、价格、与交货期的关键。

（3）订货。现在信息技术使得企业可以和供应商用计算机连接，不需要任何纸的媒介，就可以简洁、迅速地完成订货手续。

（4）订货跟踪。主要是指订单发出后的进度检查、监控、联络等日常工作，目的是防止到货延误或出现数量、质量上的差错。

（5）货到验收。

2. 供应商的选择基准

很多企业建立了详细的供应商评价标准，用来帮助进行供应商的选择或定期评价已有的供应商，评价标准、评价重点随企业而不同，同企业的

竞争重点也紧密相关。但一般来说,价格、质量、交货期总是最关键的要素。

库存控制与仓库管理

库存控制是生产管理中一个核心的问题,也一直是探索的前沿。持有库存的理由在不同情况下、不同企业内可能各有不同、各有侧重。但一般来说,主要是为了三个目的:预防不确定性的、随机的需求变动;为了保持生产的连续性、稳定性;为了以经济批量订货。几乎在任何一个组织,不论其是否是经营性的,都在生产、使用、储存和分配库存。而库存往往会占用大量的资金,所以有人将其描述为"一个必要的恶魔"。因此,如何在保证均衡生产和满足客户需求的前提下尽可能降低库存,就成为企业管理的重点。

库存的分类及条件

(一) 库存的分类

从不同的角度对库存进行多种不同的分类:

1. 按其在生产过程和配送过程中所处的状态分

库存可分为原料库存、在制品库存和成品库存。三种库存可以存放在一条供应链上的不同位置。图 8-2 所示的物流系统只是一个示意,现实中的系统可能比其简单或更复杂。例如,对一个大型制造企业而言,生产工序较多,各种不同水准的在制品会大量存在,使库存包括各种不同程度的中间产品,也可能还拥有企业的配送中心,从而使成品的库存也大量存在,这样整个物流和库存系统会相当复杂。

2. 按库存的作用分

库存分为周转库存、安全库存、调节库存和在途库存。

由批量周期性地形成的库存就称为周转库存。这里有两个概念:一个是订货周期,一个是订货批量。由于周转库存的大小与订货的频率成反比,因此如何在订货成本和库存成本之间进行权衡选择是决策时主要考虑的因

素。在实践中可采用降低订货费用、缩短作业交替时间和利用相似性扩大生产批量等措施来降低周转库存。

安全库存，又称缓冲库存，是生产者为了应付需求、生产周期或供应周期的不测变化，防止缺货造成损失而设置的一定数量的库存。安全库存的数量除受需求和供应的不确定性影响外，还与企业希望达到的顾客服务水平有关，这些是安全库存决策时主要考虑的因素。在实践中可通过缩短生产周期与订货周期、减少供应的不稳定性、改善需求预测工作和加强设备与人员的柔性来降低安全库存。

调节库存是为了调节需求或供应的不均衡性、生产速度与供应速度的不均衡、各个生产阶段的产出不均衡而设置的一定数量的库存，例如空调、电扇等季节性需求产品。有些季节性较强的原材料或供应商供应能力不均衡时，也需要设置调节库存。

在途库存指正处于运输的，以及停放在两个工作地之间或相邻组织之间的库存。在途库存的大小取决于运输时间以及该时间内的平均需求。降低在途库存，可采取缩短生产——配送周期的基本策略。

3. 按用户对库存的需求特性分

库存可分为独立需求库存和相关需求库存。

独立需求指用户对各种物品的需求之间没有关系，可以分别确定。独立需求是随机的，企业自身不能控制，而是由市场决定的，关于这部分内容在下一个问题中阐述。

相关需求量指与其他需求有内在相关性的需求，可以根据对最终产品的独立需求精确地计算出它的需求量和需求时间，是一种确定型的需求。相关需求的库存控制是将已有的最终产品的生产计划作为主要信息来源，通过物资需求计划（MRP）来实施的，详细内容在第五章已有介绍。

（二）库存的条件

库存是必要的。即使企业现代化程度很高，周围环境稳定，条件优越，也不能不要库存。所以，下面提到的库存条件，是指要不要保持相当的库存，这要根据市场条件及企业的管理水平来决定。

（1）供应渠道、货源的保证程度。

（2）有无可靠的运输条件，能否保证及时运输。

（3）总费用，即存储费用和订货费用的总和。存储费用是保持库存而发生的费用。库存量越大，存储费用越高。订货费用，订货、采购物资而发生的费用，如旅差费、电话电报费、装卸费、验收费用，以及填写订货单、采购单等，订货次数越多，订购费用的总和就越高。

前两个条件是库存的基本条件，有一个条件不充分，就必须保持库存。库存保持的时间和数量受到上述保证程度的影响。保证程度越差，保持库存的时间越长，数量越多；反之，短而少。这两个条件基本满足了，还要从费用角度考虑库存的合理性。第三个条件是在前两个条件基本满足的基础上，加以选择的结果才是有效的。若前两个条件得不到满足，那么即使库存费用高一些，为保证生产，还得保持库存。

库存的作用及代价

（一）作用

库存的作用归纳起来主要表现在以下三方面：

（1）改善了服务质量。持有一定量的库存有利于调节供需间的不平衡，保证企业按时、快速交货，能避免或减少由于库存短缺或供货延迟带来的损失，从而改善了客户服务质量。

（2）保持生产的均衡性，提高人员与设备的利用率。一定的库存减少了作业更换时间；防止某个环节原料供应短缺导致生产中断；当需求波动或季节性变动时，使生产均衡化。

（3）节省了订货费用和作业交换费用。如果通过持有一定量的库存增大订货批量，就可以减少订货次数，从而减少订货费用；可以加大生产批量，从而减少作业交换次数，节省作业交换费用。

（二）库存的代价

库存具有重要作用，但企业管理改进的方向是不断降低库存，而非增加库存，因为库存是要付出代价的。

（1）占用大量资金、场地。

（2）掩盖经营、管理中存在的问题。库存可能被用来掩盖产品、零部件的质量问题以及工作中的失误等。

独立需求的库存控制

独立需求不是企业本身所能控制的，只能采用"补充库存"的控制机

制，将不确定的外部需求问题转化为对内部库存水平的动态监视与补充问题，通过保持适当的库存水平来保证对外界随机需求的恰当服务水平。这种"补充库存"的控制模型可以用图8-4来加以描述。

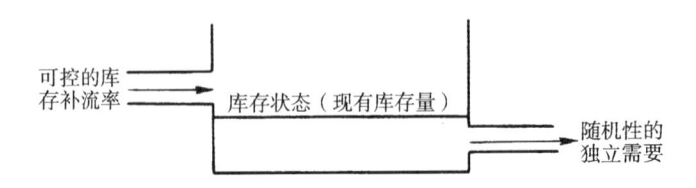

图8-4 独立需求控制模型

从图8-4的模型可以看出，独立需求库存问题的解决取决于两个方面：如何对现有库存量进行监视以及如何使补充库存活动达到优化。其中采用什么方式进行检测是设计库存控制系统首先应该明确的方面，在此基础上才可能对现有库存进行补充并使其达到优化。在库存管理中对独立需求库存的监控可分为两大类，一类是定量控制系统，通过观察库存是否达到重新订货点来实现；另一类是定期控制系统，它通过周期性的观测实现对库存的补充。

1. 定量控制系统

如图8-5所示。其中B点为库存补充的重新订货点，Q是每次的订货量，1T为提前期，库存周期中的平均库存量为Q/2。

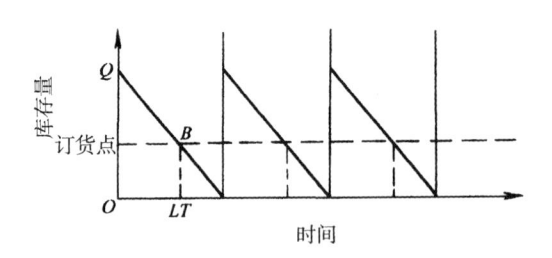

图8-5 定量订货库存控制系统

订货点＝平均日需用量×备用天数（订货提前期）+保险储备量

在库存管理中，连续不断地观察库存量，当其下降到订货点时就发出订货单，每次按批量Q补充库存。这种方法虽工作量大，但库存控制较严

密,有时为减少工作量,可采用一种简单形式,称为双堆法或分存控制法,将物资分成两堆,先用第一堆,当其用完时即发出订货,在第二批物资进厂前,继续使用第二堆。

2. 定期控制系统

定期控制系统的模型如图 8-6 所示。

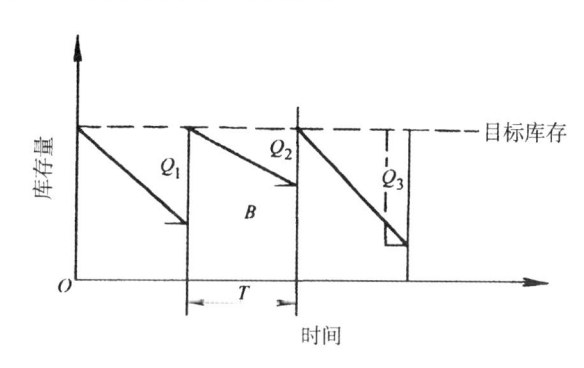

图 8-6 定期订货控制系统

在这个系统中,按照预先确定的固定盘点和订购周期 T,周期性地检查库存并随时提出订购,补充库存到目标水平,物资订购时间是预先固定的,每次订购批量是可变的。其计算公式如下:

订货量=平均日需用量×(订购周期+订购间隔期)+保险储备量

-现有库存量-已订购未交量

对于定量控制和定期控制两种不同的库存控制系统来说,分别有两个量是非常重要的:合理的订货量 Q 和订货周期 T。这里给出确定经济订货批量和经济订货周期的基本模型。

(三)经济批量控制法

经济订购批量(Economic Order Quantity 简称 EOQ)是侧重从企业本身经济效益来综合分析物资订购和库存保管费用的一种科学方法。经济订购批量法假定:每次订货的量相同;订货提前期固定;需求率固定不变,是一个理想的抽象模型,一般分为以下四种。

1. 不允许缺货的经济批量

它是从库存总费用最小的原则出发确定的订货批量。在保证企业生产需要的条件下,只有当订购费用和保管费用之和最小时的订购批量才是经

济合理的，其相应关系如图 8-7 所示。

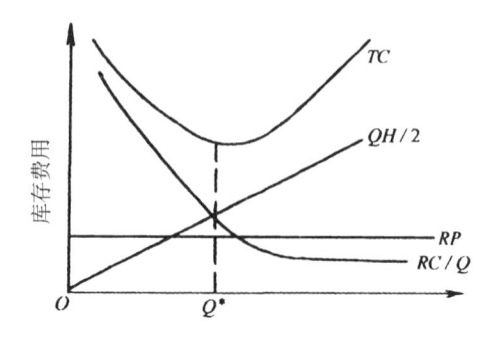

图 8-7 经济订货批量模型

总库存费用=库存保管费用+订货费用+物资价值

即：$TC = Q2H + RQ + RP$ 式中 Q——每次订货批量（件）；

H——单件库存平均年保管费用（元/件·年），$H = PF$；

F——年库存保管费率；

R——某库存物资的年需求量（件/年）；

C——单位订货费用（元/次）；

P——单位产品价格（成本）（元）。

求上式的极小值，即令：$dTCdQ = 0$

则有 $H2 - RCQ2 = 0$

可推出经济订购批量如下：$Q* = 2CRH = 2CRPE$

例 2 某企业某类物资的年需求量为 1000 件，每次订购费用为 5 元，该种物资单价为 12.5 元，单件年平均保管费用为 1.25 元，根据以上数据求经济订购批量与总费用。

解：（1）经济订购批量为：

$Q* = 2CRH = 2 \times 5 \times 10001.25$ 件 ≈ 90 件

（2）全年总库存费用为：

$TC = Q*2 + RQ*C + RP$

= （902×1.25+100090×5+1000×12.5）元

= 12611.81 元

2. 不允许缺货，一次订购分批进货的经济批量

企业在实际生产中，往往存在一些物资是一次订货而分批进货的，从

而形成一边进货入库，一边耗用出库的情况。入库速度小于出库速度，一批订货全部进货库后，库存只出不进，经常储备降为零时，下一次订货又分批入库。计算公式如下：

Q*=2CRPF（1-UA）

式中 U——平均每日耗用量；

A——平均每日进货量。

3. 允许缺货的经济批量

如果生产不均衡，而供货又无绝对保障，就难免发生缺货；但是若加大保险储备的话，代价又大于因缺货造成的损失。为此需建立一种库存总费用和缺货损失费用二者之和最小的库存模型，即为允许缺货的经济订货批量。

允许缺货的经济批量和按期入库量计算公式如下：

Q*=2CRH·H+11

Q*=2CRH·1H+1

式中 L——单位物资单位时间缺货损失费用。

4. 有数量折扣的经济订货批量问题

现实生活中，"量大从优"是商家经常给予的价格优惠，以刺激需求，诱发购买行为。因此，需采用不同的价格计算最优经济批量，然后计算年总费用，最后确定最优订货批量。

库存管理策略

（一）库存管理的衡量指标

衡量库存的方法有许多种，但在管理中具有重要意义的衡量指标有：平均库存值、可供应时间和库存周转率。

平均库存值是指全部库存物品的价值之和，之所以用平均，是因为这一指标是指某一段时间内（而不是某一时刻）库存所占用的资金。这一指标可以告诉管理者，企业资产中的多大部分是与库存相关联的。企业管理人员可根据历史数据或同行业的平均水平来衡量企业的情况。

可供应时间是指现有库存能够满足多长时间的需求。这一指标可用平均库存值除以相应时段内单位时间的需求得到，也可以分别用每种物资的平均库存量除以相应时段内单位时间的需求得到。

库存周转率可用下式表示：

库存周转率＝年销售额／年平均库存值

还可以细分为以下三种：

成品库存周转率＝年销售额／成品平均库存值

在制品库存周转率＝生产产值／在制品平均库存值

原材料库存周转率＝原材料消耗额／原材料平均库存值

需要注意的是，上面每一式的分子分母的数值均应指相同时间段内的数值。库存周转越快表明库存管理的效率越高。库存周转率对企业经营中至关重要的资金周转率指标也有极大的影响作用。

（二）如何降低库存

企业总是不断地寻求降低库存的方法。JIT、MRP、ERP 等生产计划模式，其基本目的也是为了降低库存。这里仅从库存作用的角度出发，讨论降低库存的基本策略和具体措施，见表 8-3。

表 8-3　降低库存策略

库存类型	基本策略	具体措施
周转库存	减小批量 Q	降低订货费用 缩短作业交换时间 利用相识性增大生产批量
安全库存	订货时间尽量接近需求时间 订货量尽量接近需求量	改善需求预测工作 缩短生产周期与订货周期 减少供应的不稳定性 增加设备与人员的柔性
调节库存	使生产速度与需求变化吻合	尽量"拉平"需求波动
在途库存	缩短生产——配送周期	标准品库存前置 慎重选择供应商与运输商 减小批量 Q

（三）ABC 分类法的应用

有些公司中，有 10 万余种以上的存货，如果对每种存货的上述有关因素都彻底检查一遍，那是很费时间的，通常采用 ABC 分类法对其进行分类。ABC 分类法的基本原理是：按照所控制对象价值的不同或重要程度的不同

将其分类，分别采用不同的管理方法。库存物资 ABC 分类标准见表 8-4。

表 8-4　库存物资 ABC 分类标准

类别	物资品种占企业全部物资品种比重	资金占企业资金总额比重
A	5%~10%	70%~80%
B	15%~20%	20%~25%
C	70%~80%	5%~10%

对于 A 类物资，应精确地控制存货，一般宜采用定期库存控制法，尽量缩短订货间隔期，因为对这类物资来说，哪怕多一个月的存货，都会增加不少开支，因而，要投入较大的精力，把库存压到最低水平。

B 类物资，按经济订购批量，采用定量订购方式进行控制。按一般状况调节库存水平，有时可严一些，有时可松一些。

C 类物资重要程度一般，可适当放宽控制，采用定量订购方式、双堆法。但对某些按占用金额属 C 类物资，但却是生产关键用料，资源短缺，企业储备量又不足，则应加强控制。

ABC 分类法的操作非常简单，实践证明，应用这种方法可取得显著效果。这种方法在库存管理中应用十分普遍。但要注意的是，ABC 分类法一般是以库存价值为基础进行分类的，它并不能反映库存品种对利润的贡献度、紧迫性等情况，而在某些情况下，C 类库存缺货所造成的损失也可能是十分严重的。因此，在实际运用 ABC 分类法时，需具体、灵活地根据实际情况来操作。

仓库管理

仓库是储存和管理物资的场所，是各种物品供应的中心，是企业物资供应体系的一个重要组成部分，是企业各种物资周转储备环节，同时担负着物资管理的多项业务职能。仓库管理的主要任务是：保管好库存物资，做到数量准确，质量完好，确保安全，收发迅速，面向生产，降低费用，加速资金周转。

仓库设置要根据企业生产需要和厂房设备条件统筹规划，合理布局；内部要加强经济责任制，进行科学分工，形成物资归口管理的保证体系；业务上要实行工作质量标准化，应用现代化管理技术和 ABC 分类法，不断

提高仓库管理水平。仓库管理工作主要有以下几方面的内容。

(一) 物资的验收入库

搞好验收入库，是对物资进行合理保管、合理使用的前提。搞好验收，才能保证入库物资的质量、数量符合合同规定，才能对库存物资进行合理的保管和使用。

物资验收入库要把好三关：首先要把好物资验收单据关。物资入库，保管员要亲自同交货人办理交接手续，核对清点物资名称、数量是否一致，按物资交接本上的要求签字；其次，要把好物资的检验关。物资入库，应先进入待验区，未经检验合格不准进入货位。一般情况下应全部检验，以实际验收的数量为实收数；最后，物资验收合格，保管员凭发票所开列的名称、规格型号、数量、计量验收到位，入库各栏应填写清楚，并随同托收单交财务科记账。不合格品应隔离堆放，验收中发现的问题，应及时通知主管和经办人处理。托收单到而货未到，或货已到而无发票，均应向经办人反映查询，直至消除悬念挂账。

(二) 物资的储存保管

(1) 物资的储存保管，原则上以物资的属性、特点和用途规划设计仓库，并根据仓库的条件考虑划区分工保管。

(2) 物资堆放的原则是：在堆放合理安全的前提下，根据货物特点，必须做到查点方便，成行成列，摆放整齐。

(3) 保管员对库存、代保管、待验物资以及设备、容器和工具等负有经济和法律责任。因此要坚决做到人各有责、物各有主、事事有人管。

(4) 保管物资要根据其自然属性，考虑储存的场所和保管常识处理，加强保管措施，使国家财产不发生保管责任损失。且同类物资堆放，要考虑先进先出，发货方便，留有回旋余地。

实践证明，先进的物资保管，可以大大提高仓库的保管质量和工作效率。

(三) 物资的发放和盘点

物资的发放实行按计划限额发料制度。按"规定供应，节约用料"的原则，凭定额发料单、拨料单、核对无误后予以发料，并坚持一盘底、二核对、三发料、四减数。

盘点的形式有永续盘点和全面盘点两种形式。库存物资的盘点要坚持永续盘点，即每日对库存有变动的物资复核一次，每月抽查库存物资的一半，并结合季末和年末要逐项进行全面盘点。目的是使库存物资准确，及时发现物资的盈余、短缺、损坏、变质等情况。为计划、进货等工作提供可靠的情报。

第九章

设备管理

设备是企业物质系统的重要组成，是企业进行产品生产的重要物质技术保证。随着科学技术的发展，它在现代化大生产中的作用与影响日益突出。而"设备"一词本身的含义极广，泛指为了组织生产和提供服务，为投入的劳动力和原材料所提供的各种相关劳动手段的总称。我们这里讨论的"设备"，主要是指为企业生产和服务或提供服务时所需的除土地、建筑物以外的有形固定资产，即生产所使用的各种设施的总称。

设备分类管理概述

生产设备分类

企业生产中所用的设备由于企业性质不同及设备自身用途的不同,其在形状、大小、性能等方面是极不相同的,五花八门、种类繁多。为了便于管理,有必要进行分类。

由于分类的目的和角度不同,设备分类的方法也是多种多样的。我们可以从设备在生产和服务中的作用这一角度把企业生产中所用设备分为以下几类。

(1) 生产工艺设备。用来改变劳动对象的尺寸、形状和性能,使劳动对象发生物理和化学变化的那部分设备,如各种金属切削机床、锻压焊接设备等。

(2) 辅助生产设备。为主要生产提供服务的设备,如制造业中的动力、运输设备等。

(3) 科研设备。企业内部进行科研实验用的测试设备、计量设备等。

(4) 管理用设备。企业经营管理中使用的各种计算机、复印机、传真机等办公设备。

(5) 公用福利设施。主要指企业内的医疗卫生设备、通信设备、炊事机械设备等。

设备的分类也可以从其他的角度来进行,例如按工艺性质可将制造业设备分为机械设备和动力设备。对设备进行合理的分类,有助于编制相关的设备台账,有利于设备管理的进行。

现代设备的特点

随着科学技术的进步以及人类使用要求的提高,设备在自身的性能方面得到了很大发展,形成了许多与现代工业相适应的特点。现代设备普遍具有的一些特点是:

(1) 高速化。随着市场竞争的加剧,生产周期的缩短,对设备加工速

度的要求越来越高。

（2）连续化。为了适应生产过程连续性的要求，减少设备加工中的不必要中断，设备的连续加工能力亦成为现代设备的一个重要特点。

（3）多能化。单一功能的设备已不能适应现代生产发展的需要，一机多能，提高设备利用率已成为一个方向，加工中心、FMS、FMC的出现就是十分显著的特点。

（4）自动化。随着设备制造技术的提高，自动控制设备被大量地应用于企业中，以部分代替甚至全部代替手工操作。

（5）精密化。随着对产品性能和质量要求的提高，对某些设备的制造与加工精度的亦提出了更高要求。

（6）两极化。某些设备出现大型复杂化趋势，而另一些设备则朝着小型简易化发展。

正是由于现代设备具有的这些特点，因而对现代企业的设备管理提出了与之相适应的要求。只有进行科学合理的现代化管理，才能使现代设备的优越性充分发挥出来。

设备管理

设备管理就是对设备运动全过程的计划、组织和控制。设备出了生产厂后就开始了它的运动过程，即从选购设备安装投入生产领域，之后在生产领域中使用、磨损、维修、改造，直至技术上、经济上不再适应生产和技术的需要而退出生产领域为止。设备的运动过程表现为两种形态：物质运动形态和价值运动形态。这是同一过程的两个方面，本质上是同时进行的。前者是指设备调研、规划、设计、制造、选购、安装、使用、维修、改造、更新、报废等；后者是指设备的初始投资、维修费用支出、折旧、更新改造资金的筹措、使用和支出等。因此，设备管理的根本目标是使设备的寿命周期费用最少而综合效能最高。

所谓设备寿命周期是指设备从规划、购置、安装、调试、使用、维修直至改造、更新及报废全过程所经历的全部时间。

设备管理的任务

设备管理的基本任务是：

（1）根据企业的经营目标及生产需要制定设备规划。

（2）按照技术上先进、经济上合理、生产上可行、技术服务好的原则，正确地选购设备，必要时组织设计和制造。

（3）设备的设计和制造应以系统论的观点，力求达到使用中准确、安全、可靠，维修中便于点检与修理，使设备有较高的利用率。

（4）安装调试即将投入运行的设备，并运用各种先进的检测手段，灵活采用各种维修方式，精心维护保养设备并及时检查设备运行状态确保生产正常进行。

（5）适时改造和更新设备，提高设备的现代化水平，使企业生产活动建立在最佳的物质技术基础上。

（6）搞好设备的有偿经营和有偿转让工作，盘活存量设备，使其得到优化配置，发挥最佳经济效益。

随着科学技术的发展，生产的现代化水平不断提高，设备日益向高、精、尖方向发展，设备管理的重要性显得更加突出。

设备的选择与评价

随着社会分工的深入，企业自行研制的设备是极其有限的，这就意味着企业在新建、扩建或设备更新时，更多的是要从市场采购。因此企业必须对所购置的设备进行技术经济论证，提出可供选择的方案，并最终确定较理想的方案，从而使企业购置到既符合生产要求又经济合理的设备。

设备的选择

设备的选择是设备管理的首要环节。既要满足当前生产的需要，又要结合企业长远生产经营战略全面考虑。选择设备的根本目的是要综合考虑技术、经济、社会环境等方面的多重因素和问题，将有限的设备投资用在生产必须上，以发挥投资的最大经济效益。设备选择是一项复杂的工作，应组织管理、技术、生产、财务等多个部门的人员对设备进行全面的定性、定量的分析，以作出正确选择。选择设备时从技术方面出发应考虑以下因素。

（1）生产性（生产效率）。设备的生产效率是指单位时间内能生产的产品数量，是衡量机器设备的重要指标之一。购置设备时，既要考虑生产现状的要求，又要以发展的眼光看未来一定时期生产要求，要同企业的长期规划结合起来，生产能力的不充分和过剩都是不足取的。

（2）可靠性。可靠性是指设备性能或精度的保持性、零件耐用性及安全可靠性，是设备在规定条件下和规定时间内，完成所需功能的用概率表示的产品特性。在生产过程中，要保证生产的连续性，保证严格的交货期，就必须拥有安全可靠的设备。

（3）节能性。指设备节约能源消耗的能力。节能好的设备表现为热效率高、能源利用率高、能源消耗少。节能不仅能降低成本，并且也符合人类的可持续发展思想。

（4）维修性。指设备结构及零部件等需要修理的系统易于维修的程度的大小及可否维修的情况。因为，大多数设备难免出故障，所以，当设备的其他因素基本一致时，应考虑选择结构合理、零部件通用、互换性好，易于检查、维护和修理的设备。

（5）成套性。设备成套是形成企业生产能力的前提条件。要使设备尽快形成生产能力，应考虑单机配套、机组配套、工程项目配套。

（6）灵活性。设备的灵活性包含以下几个内容：一是设备能够适应不同的工作环境和条件，操作使用比较方便和灵活；二是要有适应多种加工的性能，通用性要强；三是设备结构简单紧凑，重量轻、体积小，占用作业面积小，移动方便。

（7）安全性。由于设备的安全性对企业的生产安全、人员安全等方面关系重大，因此在选购时需谨慎抉择。

（8）备件供应及售后服务。应考察供货厂家的安装、调试、人员培训及维修服务的条件，确保良好的售后服务。这对于进口设备尤其重要。

（9）法律及环境保护。不能购置与政策、法律及环境不兼容的设备。

（10）交货。需要考虑供货厂家的信誉及交货期。

设备的评价

（一）设备的综合性评价

影响设备选择的技术因素是相互联系、相互制约的。因此，在进行设

备选择时，应对诸因素进行统筹权衡、综合评价，从而确定购置设备的最优方案。通常采用评分法来进行综合评价。其主要步骤是：首先，给每一个设备购置方案的各个技术因素评分；其次，通过一定的方法，计算出各方案的总得分；选择总得分最高的方案为优选方案。总得分的计算可采用直接相加法，也可采用加权平均法。下面举例说明这两种方法：

例1　某企业购置设备A，有两个方案可供选择：甲方案和乙方案。两个方案的各项得分如表9-1所示。

表9-1　设备选择评分结果

序号	项目	权数	满分	实得分		加权平均	
				甲方案	乙方案	甲方案	乙方案
1	生产效率	0.128	10.0	7.0	9.5	0.896	1.216
2	可靠性	0.128	10.0	8.5	9.5	1.088	1.216
3	安全性	0.128	10.0	8.5	9.5	1.088	1.216
4	节能性	0.101	10.0	9.5	8.0	0.9595	0.808
5	成套性	0.101	10.0	10.0	7.0	1.010	0.707
6	维修性	0.101	10.0	9.5	8.0	0.9595	0.808
7	灵活性	0.101	10.0	9.5	8.5	0.9595	0.8585
8	法律及环保	0.128	10.0	9.0	9.0	1.152	1.152
9	备件供应及售后服务	0.084	10.0	9.5	9.0	0.798	0.756
合计		1.000	100.00	81	78	8.9105	8.7275

直接相加法：某方案总得分 = $\sum$ 某方案项目实得分

比较两个方案的总得分，应选择甲方案。

直接相加法把各项因素重要性同等对待，这样做不十分合理。为此，应采用加权平均法。其计算公式为：

某方案总得分 = $\sum$ 某方案项目实得分 × 该项目权数 $\sum$ 某项目权数

其中，某项目权数是根据其重要性来确定的，项目越重要，权数越大。比较两个方案的总得分，应选择甲方案。

（二）设备的经济评价

要拥有技术先进而又经济合理的理想设备，除考虑技术方面的可行性外，还应对设备进行必要的定量分析，看经济方面是否合理。国内外对设

备经济评价的方法很多，主要是测算设备的寿命周期费用，即投资费和使用费。运用经济评价，首先要明确不同设备在购置时支付的售价、运输费、安装调试费用等，然后估算不同设备在投产运行后平均每年必须支付的能源消耗费、维修费、固定资产税、保险费、操作人员工资等，确定设备寿命周期费用较小的方案。

1. 投资回收期法

这是评价设备投资效益的主要方法。投资回收期是指用设备的盈利收入来偿还该设备支出所需要的时间。其计算公式如下：

设备投资回收期（年）= 设备投资额（元）/ 新设备运行带来的净收益或节约额（元/年）

计算出的投资回收期越短，说明设备投资效果越好。

例2 某企业购买新设备的三个投资方案的有关数据如表9-2所示，根据计算确定最佳方案。

表9-2 设备投资回收表

方案	设备（最初）投资费用/元	采用该项设备后年净节约额/元	设备投资回收期计算/年	决策
甲	7200	1200	7200/1200 = 6	×
乙	8000	2000	8000/2000 = 4	√
丙	6000	1200	6000/1200 = 5	×

由上表可知。企业可选择方案乙提出的设备进行购置。

2. 设备小时投资费用分析法

这是进行设备选择的一种简易经济评价法，是以设备每一工作小时的设备投资额作为设备经济评价的标准。其计算公式如下：

设备每一工作小时的投资费用（元）= 设备投资费用（元）/ 设备使用寿命（小时）

计算出的设备小时投资费用越小越好。

3. 费用换算法

这种方法是根据设备最初一次投资费用和设备每年支付的维持费，按设备的寿命周期和利率，换算为设备每年的总费用或设备周期总费用，然后对不同方案进行比较、分析，做出优选。根据对设备费用换算方法的不

同，分为年费法和现值法。

（1）年费法（或称年价法、年值法）。运用这种方法时，首先把购置设备一次性支出的设备费（指投资费）依据设备的寿命周期，按复利计算，换算成相当于每年的费用支出，然后再加上每年的使用费，得出不同设备的总费用，进行比较、分析，最后从中选出总费用最低的方案为最优设备选择方案。

设备的年费用计算公式如下：

$CI = i(1+i)^n(1+i)^{n-1}$

式中 CI——年费用；

G0——设备年使用费；

I——设备最初投资费；

i——年利率；

n——设备寿命周期。

例3 设年利率为6%，A、B两台设备的相关参数如表9-3所示。

表9-3 设备使用表

设备	初始投资/元	年使用费/元	寿命周期/年
A	7000	2500	10
B	10000	2000	10

由上述公式得：

$CIA = 7000 \times 6\% \times (1-6\%)^{10}(1+6\%)^{10-1}$ 元 + 2500 元 = 3451 元

$CIB = 10000 \times 6\% \times (1+6\%)^{10}(1+6\%)^{10-1}$ 元 + 2000 元 = 3359 元

因为 CIA 大于 CIB，所以选择设备 B 较为经济，每年可比 A 设备节约92元。

（2）现值法（或称现价法）。这种方法是将设备寿命周期每年的使用费用按复利率计算，换算成相当于最初一次性投资的总额，再加上设备的最初购置投资额，得到设备的寿命周期费用，选较少寿命周期费作为选择决策标准。

设备寿命周期费用计算公式如下：$C = I + C0 \cdot (1+i)^{n-1} i (I+i)^n$

式中，C 为设备寿命周期费用。

例4 仍以年费法中例3为例，按现值法计算，应选哪台设备？

CA＝7000元＋2500（1＋6%）10－16%（1＋6%）10元＝25400元

CB＝10000元＋2000（1＋6%）10－16%（1＋6%）10）元＝24720元

计算结果CA大于CB，选择B设备同样优于A设备，因为B设备在10年内全部支出的现值比A设备少680元。

用年费法或现值评价设备投资方案时首先应比较各设备的寿命周期。如果各方案寿命周期相同，则两种评价方法均可采用；如果设备的寿命周期不同，考虑投资风险问题，则用年费法评价为好。另外，年费法和现值法的计算公式都是建立在设备是一次性最初投资，每年使用费用相同的假定上，如果上述假设不能成立，即设备投资费是分期支出，或各年使用费不同，或两个假定均不满足，则需要用投资决策的其他方法来选择。

4. 费用效率分析法（或称寿命周期费用法）

这种方法将综合效率与设备寿命周期费用结合在一起，以最佳费用效率作为选择准则。其计算公式如下：

费用效率＝综合效率寿命周期费用

上式中，综合效率包括以下六个方面：

（1）P、产量。要完成产品产量的任务，设备的效率要高。

（2）P、质量。保证生产高质量的产品。

（3）C、成本。成本要低、维修费用要低。

（4）D、交货期。保证合同规定的交货期，不得耽延。

（5）S、安全。保证安全生产。

（6）M0有两方面的意义：一是环境，要求减少污染，保证环境卫生，文明生产；二是使工人保持旺盛的干劲和劳动情绪。

寿命周期费用指设备寿命周期总费用，包括设备的购置费和维持费。

设备的安装与调试

设备购置或自制完成后，即进入安装与调试阶段，需要按照设备工艺平面布置图及有关安装技术要求，将外购或自制设备安装在基础上，进行找平、灌浆稳固，使设备安装精度达到安装规范的要求，并经调整、试运转、验收后移交生产部门。

在组织设备安装时，应考虑下列因素。

(1) 设备的安装应与生产组织的要求相符合。

(2) 方便工件的存放、运输和切削的清理。

(3) 满足空间的要求。

(4) 设备安装、维修及操作安全方面的要求。

(5) 动力供应和劳动保护的要求。

设备的调试工作包括清洗、检查、调整和试运转。当设备安装就位后，应由设备的使用部门组织设备管理部门与工艺技术部门协同进行设备的调试工作。设备的调试工作应予以充分重视，尤其是对高、精、尖设备和引进设备。组织好设备的调试工作不仅能在设备正式使用前发现设备存在的问题和缺陷，加以调整，以便尽早交付使用，而且还由于设备调试多由设备制造商负责，因此，对于设备使用部门来说也是一个熟悉和了解设备操作的极好机会，尤其对于一些引进设备，更应珍惜这种调试所带来的机会，以使设备尽快发挥全部作用。

设备的使用与维修

设备的合理使用

正确合理地使用设备，保持其良好的性能和应有的精度，既保证正常生产，减少设备的磨损，又可延长设备的使用寿命，从而充分发挥设备的效能。为此，必须做好以下几项工作。

(1) 根据企业的生产特点和产品的工艺流程，合理地配备各种类型的机器设备。

(2) 根据各种设备的性能、结构和技术经济特点，恰当地安排加工任务和工作负荷，使各种设备既能充分发挥作用，又不超其负荷极限，避免意外损坏，保证生产安全。

(3) 为设备配备合格的操作人员。

(4) 为设备创造良好的工作环境和工作条件。

(5) 建立健全设备使用方面的规章制度。

设备的维护保养

机械设备在长时间的运行过程中,由于零部件之间相对运动的摩擦,会使零部件发生自然的磨损、锈蚀、老化变质等,所有这些,都会使机械设备的技术状况逐渐劣化,性能逐渐下降,经济性、安全性、可靠性降低,并成为设备隐患,导致发生运转故障。因此,必须根据设备技术状况变化的规律,在零部件的磨损和损伤未达到引发故障的极限之前进行必要的保养。

1. 日常保养(又称例行保养或运行维护保养)

日常保养作业在运行班内或在班前、班后的交接班时间内进行,应对设备进行日常的清洁、检查、紧固、润滑、调整、防腐和更换一些易损件,由操作人员执行,目的是提高设备的完好率和利用率。具体包括:

(1) 机器周围地面的清洁。机器周围随时清理整洁干净,地面不应有油污、水或掉落地上的物料或产品,生产中所造成的废品应集中,并快速处理。

(2) 机器表面擦拭清洁。机器是否保养得好,第一个看到的就是机器表面是否经常保持干净,工具是否按规定摆放,机器表面是否摆放不该摆放的物品。

(3) 加油润滑。润滑油或冷却液的种类很多,需按照规定添加,并经常检查油路是否畅通。

(4) 上紧固件。机器操作过程中,是否有异声或振动,经常性检查上紧紧固件。

(5) 更换或调整皮带。检查皮带是否松动或呈劣化,调整或更换皮带。

(6) 制动开关是否正常。

(7) 机器安全装置是否完整。

(8) 气动机器每日定时排水,下班时放气。

2. 定期分级保养

定期分级保养的级别是按执行保养作业的时间间隔周期与作业的广度和深度划分的。低级保养的间隔周期短、作业广度小、深度浅,高级保养的间隔周期长、作业广度大、深度深。由于不同行业的生产工艺、生产过程不同,对定期分级保养制度在执行上有较大差异。例如,汽车运输行业

实行三级保养制；机械制造行业的三级保养列入了日常保养一级，实行的是日常保养、一级保养、二级保养。

设备的检查

设备检查是对设备的运行情况、工作精度、磨损程度进行检查和校验。这里重点介绍设备点检制度。

设备点检是指为了准确掌握设备所规定的机能，按预先规定的标准，通过人的五官和运用检测手段，对设备规定的部位进行有无异常的检查，使设备的异常和劣化能够早期发现、早期预防、早期"治疗"。这是一种先进的设备维护管理方法，其指导思想是推行全员和全面设备管理，以"预知维修制"取代"预防维修制"。设备点检中的"点"是指设备的关键部位。通过点检，目的就是要能够及时发现设备异常、缺陷和隐患，以防因突发故障而影响生产和使生产质量下降、维修费用和运转费用增加，影响安全，降低设备的使用寿命等，将故障可能造成的损失控制在最小范围。

1. 设备点检的主要内容

（1）日常检查。由操作人员（或专职点检人员）根据规定标准，针对设备的关键部位，了解运行是否正常，并对设备进行必要的清洁、润滑、紧固和调整，并将检查结果记人标准的日常点检卡或表中。

（2）定期检查。由维修人员（或专职点检员）凭五官和专门检测工具，定期对设备的技术状况进行全面检查和测定，测定设备的精度和性能以及设备的劣化程度，查明不能正常工作的原因，并记录下次检修时应消除的缺陷。定期检查内容比较复杂，一般需停机进行，且时间较长，所以，主要对象是重点生产设备。并且要注意，定期点检的计划要与生产计划相互协调。其周期一般可分为周、月、季度、半年、一年等。

（3）专项检查。由专职维修人员（含工程技术人员）针对特定的项目进行的定期或不定期的检查测定。

根据设备管理层次的不同，设备点检又可分为"厂控"点检和一般点检。前者是由厂部直接管理组织，一般适用于关键设备和公用设备；一般点检则是由车间管理组织，是针对局部性设备进行的。

2. 在设备点检工作中应注意的问题

（1）正确确定检查点。要将设备的关键部位和薄弱环节作为检查点，

其数目要符合要求，一经确定不应随意更改。

（2）明确检查点的检查内容或项目，进行规范化的登记。

（3）判定标准明晰并尽可能定量化。

（4）合理地确定点检周期。周期的确定要根据生产工艺特点及检查点在维持生产或安全上的重要性，结合设备维修经验来制定。这是一个需要不断摸索的过程。可先拟订一个周期试行一定时间，再结合试行期间的情况进行全面分析，最后拟订出切合实际的点检周期。在完全无经验可循的情况下，也可用理论方法先推出一个周期，再在试行中调整。如"费用损失系数"法，计算公式如下：

$T = 2ArB$

式中 A——每次定期点检的检查费用（含停产损失）；

B——单位时间内由于发生故障所造成的损失；

r——单位时间故障发生次数。

（5）正确编制点检表。需在表中明确检查点、检查项目、检查周期、检查方法、判断标准，并统一记录符号，编制力求简明易懂，便于使用。

（6）认真做好记录和分析。检查人员记录要准确、全面、简明和规范，设备工程师和设备管理部门要及时检查记录，并进行分析研究，及时处理存在的问题。

（7）做好全面管理工作。要形成一个从厂部到车间的严密的设备点检管理网，制定岗位责任制，明确人员、明确职责范围，并对各单位的点检工作进行定期检查、考核和奖评。

设备的修理

设备修理是更换与修理已磨损的零件、部件及附属设施，恢复已经损坏的设备的工作性能、精度和工作效率，对设备磨损进行的一种技术补偿活动。

（一）零件的磨损与设备的故障规律

1. 设备的磨损

设备磨损是设备在使用或闲置过程中逐渐发生的各种物质损坏、性能劣化和价值贬值的现象。设备的磨损可分为有形磨损和无形磨损。

（1）有形磨损。设备在使用或闲置过程中发生的实体磨损或损坏称为

有形磨损或物质磨损。有形磨损的形式主要有机械磨损、疲劳和断裂、腐蚀、变形、老化等。机械磨损是一个物体由于机械的原因，即与另一物体发生接触和相对运动而造成表面材料不断损失的过程。这种损失通常表现为产生磨屑和表面性能的变化；疲劳是由振动和交变载荷引起的，可使机件产生裂纹，扩展而导致断裂；磨蚀是指由于机件与周围介质发生化学作用或电化学作用所引起的损坏。磨蚀与老化在设备闲置时也会发生，与闲置时间和保管条件有关。以上各种磨损在许多情况下是共同发生作用的，在共同作用下使设备的损坏程度加剧。设备的有形磨损有自己的规律，正常情况下可分为三个阶段，如图9-1所示。

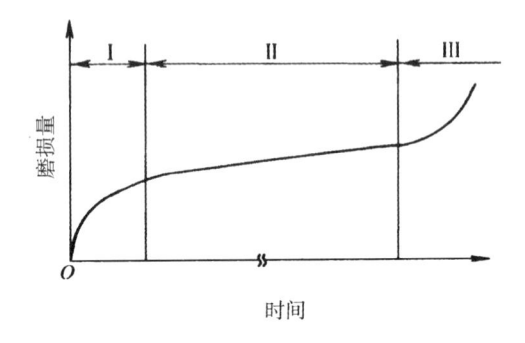

图9-1 设备有形磨损变化曲线

第一阶段称为初期磨损阶段。这一阶段，零件之间表面的粗糙不平部分被迅速磨去，磨损速度较快，但时间较短。如一辆新买回来的自行车不一定轻便好骑，而骑了一段时间后就会感到很轻便了，这是因为自行车上有相对运动的零件经过磨合后达到一种良好的配合状态，进入正常磨损期。

第二阶段是正常磨损期，这一阶段设备处于最佳运动状态，磨损速度缓慢，磨损量小，曲线呈平稳状态。这个阶段生产效率较高，对产品质量最有保证，因此，要合理使用设备，精心维护，充分延长设备的使用寿命，达到最佳的经济效果。

第三阶段称急剧磨损阶段。这一阶段，零件正常磨损关系被破坏，磨损急剧增加，设备的精度、性能和生产效率迅速降低。一般情况下不能允许设备使用到急剧磨损阶段，而应在正常磨损阶段后期就应修复或更换。否则将加大修理工作量，增加修理费用，延长设备停工修理时间有时甚至

造成重大损失。

（2）无形磨损。无形磨损又称经济磨损或经济劣化，是指由于科学技术的进步而不断出现结构更加先进、技术更加完善、生产效率更高、能源和原材料消耗更少的设备，致使原有设备的价值降低（技术性无形磨损）；或者由于工艺改进、操作熟练程度提高、生产规模加大等，使相同结构设备的重置价值不断降低而导致的原有设备贬值（经济性无形磨损）。经济性无形磨损，虽然使机器设备的价值部分贬值，但设备本身的技术特性和功能不受影响，其使用价值并未因此发生变化，所以，不必提前更换现有设备。而技术性无形磨损则不仅使原有设备贬值，而且还造成其使用价值局部或全部丧失。这是因为，新技术的发明和应用，会使原有设备的经济效率低于社会平均水平，因而有必要对原设备进行改造或用新设备代替现有设备。

（3）综合磨损。机器设备在其使用期内，两种磨损同时作用，均引起设备原始价值的贬低，即为综合磨损。若设备已遭严重的有形磨损，但其无形磨损还未到，则无须更换，只要对遭磨损的部件进行修理或更换即可；若设备无形磨损期早于有形磨损期到来，这时面临两种选择：继续使用原设备，还是更换尚未折旧完的原有设备，这取决于其经济性。最好是两种磨损期相互接近，当设备需进行大修时，恰好到了更换期，但这在实际生产中很难达到。

设备的磨损形式不同，补偿方式也不一样。补偿分局部补偿和完全补偿。设备有形磨损的局部补偿是修理；无形磨损的局部补偿是现代化改装和技术改造；有形磨损和无形磨损的完全补偿是更新。

设备的各种磨损形式及其补偿方式的相互关系如图9-2所示。

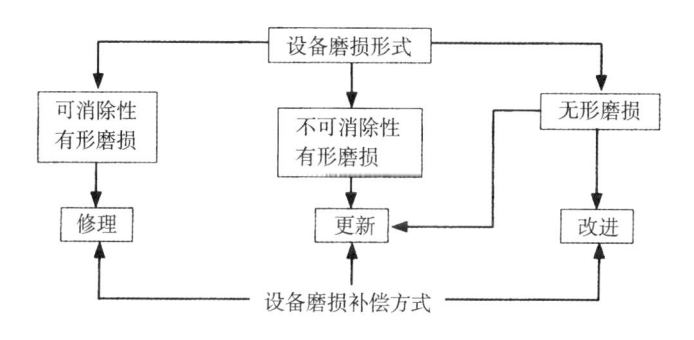

图9-2 设备磨损形式及其补偿方式的相互关系

2. 设备的故障规律

设备的故障是指设备或其零件在运行过程中发生的丧失其规定功能的不正常现象。正确分析和掌握设备故障发生的规律，减少故障的发生，是设备管理中的一个重要问题。

一台设备，从投入运行到大修或报废，故障的发生是有一定规律的。研究表明，设备的故障率（故障率是指工作到某一时间的设备，在未来单位时间内发生故障的比率）在整个设备使用期间是呈一条所谓的"浴盆曲线"分布的，如图9-3所示。

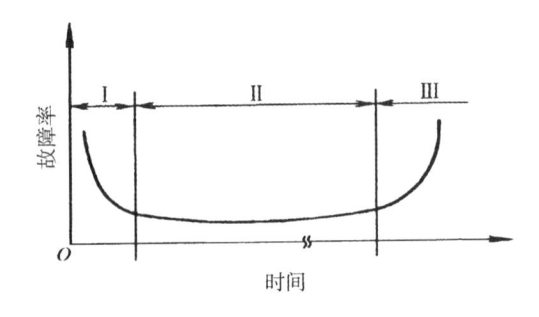

图9-3　设备故障率变化曲线

根据故障率的变化情况，故障的发展过程可分为三个时期：第Ⅰ时期为初期故障期。这个阶段的故障主要是设计上的缺陷、制造质量欠佳造成的，或者是新装配的零件没有跑合、搬运和安装大意以及操作者不适应等原因造成的，开始时故障率较高，然后逐渐降低，再过一段时间故障率就较为稳定了。这一时期减少故障的措施有：细致地研究操作方法，并将设计制造中的缺陷及时反馈给有关部门；谨慎搬运、安装，严格进行试运行并及时消除缺陷；加强岗位培训，提高操作者的技术熟练程度。

第Ⅱ阶段为偶发故障期。这一阶段设备已进入正常运转阶段，故障很少。在一般情况下，大部分是因操作失误、保养不善、设备使用条件不完备而引起的偶然故障。这一阶段持续时间较长，是设备最佳使用期，决定着设备寿命的长短，这一时期的设备管理主要任务是搞好日常维修保养，提高生产工人的操作水平和责任心，从而有效地延长设备寿命。

第Ⅲ阶段称劣化故障期。在这个阶段，由于设备的某些零件已进入剧烈磨损阶段或已经老化，因而，故障率迅速上升。这时设备已经不能进行

正常工作，必须停机检修，更换已损坏的零件，以降低故障率，延长设备的有效寿命。

（二）设备的计划修理

1. 修理方式

根据修理的目的、规模、效益，修理的方式分为以下几种。

（1）预防性修理。指为了防止设备性能、精度的劣化，减少事故，通过日常点检、定期点检等，准确掌握设备实际技术状况，并按事先规定的计划和技术要求对设备所进行的修理活动。通常有两种方式：定期修理和状态监测修理。

（2）改善性修理。是在对设备进行修理的同时，改进设备的局部结构或零件设计，使设备原有性能得到提高。改善性修理可以和设备大修结合起来进行。

（3）项目修理。项目修理是根据设备的技术状态，对精度丧失或不达工艺要求的项目进行的针对性修理，又称局部修理。主要适用于精密、大型、稀有、关键设备及其重点部位；生产线、成套设备、流程设备中关键单项设备及其重点部位；专用设备中对工艺要求有影响的部位；通用设备中影响精度、性能的部位。进行项目修理时要对设备进行局部解体、修复或更换磨损部件，必要时进行局部刮研，校正设备的坐标，以恢复其精度、性能。

（4）同步修理。如果一台设备上的两个或两个以上的零部件在同一时间内损坏，使其故障同步化，则可同时对其进行更换和修理。这样使修理停机时间减少一半，若设备中各零件故障周期接近的越多，修理停机时间就越短，经济效果越好。同步修理一般用于关键、大型、昂贵、复杂的设备及流水线上的设备。

（5）预知修理。预知修理又称预知维修，是近年来在监测技术基础上发展起来的一种维修技术。它通过对设备故障敏感部位的运转状态的连续监测，借助计算机对监测信息的处理，预测出将要发生的故障并发出警报，大大减少了维修工作中的盲目性。

2. 计划预防修理制

在实际操作中有几种设备维修体制，这里重点介绍计划预修制。它是

按照预防为主的原则，根据设备的磨损规律，有计划地对设备进行日常维护保养、检查和修理，以保证设备经常处于良好状态。这种维修体制克服了事后修理的缺陷，及时发现设备隐患，避免了设备的剧烈磨损，延长了设备的使用寿命。同时也利于缩短修理时间，提高维修效率。

计划预修制的主要内容是：日常维护、定期检查、计划修理。计划修理的主要工作有：小修、中修、大修。

小修是对设备的局部维修。通常只更换或修复少量的磨损零件，排除故障或清洗设备，紧固调整零部件。小修是工作量最小的设备修理，但其次数多，一般结合日常检查和保养进行。

中修是对设备主要零部件所进行的修理。要求更换和修复设备磨损机件，校正设备的基准，以恢复设备性能、精度等技术指标，保证其达到工艺要求。

大修是对设备进行全面的修理。即将设备进行全面拆卸，更新或修复全部的磨损部件，校正和调整整台设备，恢复设备原有的精度、性能和生产效率，并对设备外部重新喷漆等。其工作量大，修理费用高，所以，大修之前一定要精心计划，并可结合技术改造进行，从而提高设备的效率和先进性。

一般在设备的说明书中，都规定大、中、小修的期限。但设备运行状况的影响因素较多，其修理期限应根据具体情况来掌握。

计划预修制作为一种比较科学的预防维修制度已充分达到人们的认同，但仍然存在不完善之处。例如，不能很好解决修理计划切合实际的问题，对生产工人参与维修、保养限制较多等，所以应在实践中不断总结经验，使这种维修制度得到全面的提升。

3. 设备修理计划

设备修理计划是企业生产经营计划的重要组成部分，由动力设备部门负责编制，一般包括年度计划、季度计划、月度修理作业计划和单台设备大修计划。

编制设备修理计划的依据主要有：

（1）通过设备检查发现设备技术性能劣化状况。

（2）设备加工精度不良，尺寸和表面形状及位置公差不达技术要求。

(3) 设备机能差，动作不良。

在设备修理计划中要规定企业计划期内修理设备的类别、内容、日期、修理工作量、修理停歇时间、修理所需的材料、备件及费用等。这些项目要依据以下定额确定：

(1) 修理周期定额。包括修理周期、修理间隔期、检查间隔期和修理周期结构。

修理周期是指相邻两次大修之间的间隔时间。

修理间隔期是指相邻两次修理（不论是大修、中修、小修）之间的间隔时间。

设备的检查间隔期是指定期检查与相邻的计划修理之间的时间间隔。

修理周期结构是指一个修理周期内所安排的各种检修保养次数和排列顺序。

(2) 修理工作定额。主要包括修理劳动量定额、修理停歇时间定额、修理费用定额和修理用材料定额等。

修理劳动量定额是各种设备修理工作的劳动时间标准。修理劳动量定额通常是以一个修理复杂系数所需的劳动时间表示的。如表9-4所示。

表9-4　设备修理劳动量定额　　　　　　　　　单位：h/F

设备类别	大修					中修					小修			
	合计	钳工	机工	电工	其他	合计	钳工	机工	电工	其他	合计	钳工	机工	电工
精密机床	119	65	30	20	4	79	45	20	10	4	19.5	13	5	1.5
大型机床	90	50	20	16	4	64	35	15	10	4	16.5	11	4	1.5
一般机床	76	40	20	12	4	57	30	13	10	4	13.5	9	3	1.5
锻压设备	94	44	30	10	10	65	32	20	8	5	14	10	3	1
起重设备	75	40	15	12	8	65	32	20	8	5	8	5	2	1
电器设创	36	2	4	30		18	1	2	15		7.5		0.5	7
动力设备	90	45	25	16	4	64	35	15	10	4	16.5	11	4	1.5

修理停歇时间定额，是指设备从停机修理起到修理工作结束验收合格重新投入生产使用所经过时间的标准。设备修理停歇时间的长短主要取决于修理钳工劳动量，也可按一个修理复杂系数来规定，如表9-5所示。

表 9-5　设备修理停歇时间定额　　　　　　　　单位：天/F

修理类别	停歇时间定额	修理类别	停歇时间定额
修前检查	0.2~0.3	中修（项修）	1~1.5
小修	0.3~0.5	大修	2.5~3.5

修理费用定额是指一个修理复杂系数所需的费用标准。由于企业的管理水平不一，工艺装备及修理工人的平均技术等级不一，故大修理的费用定额也不相同。但应努力逐步达到标准级定额。

修理用材料定额可以用一个修理复杂系数为单位来制定。表 9-6 所示为金属切削车床修理用主要原材料定额。

表 9-6　金属切削机床修理用主要原材料定额　　　　单位：kg/F

修理类别	铸铁	铸钢	耐磨铸铁	碳素钢	合金钢	型钢	有色金属
大修	8	0.25	1	13.5	6.6	0.5	1.6
项修	4	0.2	0.3	8	3	0.3	1
小修	1	0.05	0.1	2	J	0.1	0.5

4. 设备修理计划的编制

在确定了上述修理定额后。就可编制设备修理计划了。在制订年度计划时，除各项定额外，还要注意收集以前设备的维修记录、故障统计分析、全厂设备技术检查鉴定情况及计划期各车间的生产计划等资料，由机械动力部门在上年第三季度提出设备修理计划（草案），交计划部门综合平衡后，作必要的调整和修订。年度计划编好后，为了使年度计划得到充分实施，还需编制季度和月度的修理计划。季度修理计划在计划季度前一个月根据年度计划结合本季具体情况编制。月度修理计划，作为具体的执行计划，在编制时要优先安排和采取措施积极完成跨月的检修项目和上月未完成计划的项目，并尽量做到平衡、合理地利用劳动力，编排出作业进度，搞好劳动组织和派工工作。为了缩短修理停歇时间，更好地组织设备的修理工作，对比较复杂的大型设备还应编制单台设备大修计划。一般采用网络计划技术来编制这种计划。

（三）设备的故障修理

1. 设备故障的种类

突发故障，指通过事先的测试和监控，无明显征兆，并无发展过程的随机故障。此故障的发生概率同使用的时间无关。如冷却液、润滑油突然中断，超负荷引起零件损坏等。

渐发性故障，指通过事先的测试或监控能预测到的故障。故障的发生概率与使用时间有关，即使用时间越长，故障发生概率越高。如零件的磨损、腐蚀、老化等。

2. 设备的故障修理

设备使用部门遇到以下情况时，报故障修理委托书，向设备维修部门提出修理要求：

（1）突然发生故障。

（2）日常点检，发现了必须立即由维修专业人员排除的故障或缺陷。

（3）定期检查发现的，确有必要立即修理的故障。

（4）由于设备的原因，造成了废品。

维修部门接到故障修理委托书，或看到生产工人打开了生产线附近的故障信号灯时，应立即赶到现场进行抢修。特别是重点设备的故障要优先进行抢修，以缩短修复时间，如若情况紧急，来不及办理委托手续，则可先进行修理，后补办手续。维修工人要认真作好维修记录，并在分析故障原因的基础上，采取有效的防范措施，防止故障的再次发生。

设备更新与改造

设备更新主要是用技术上先进、经济上合理的新设备更换已陈旧和不能再继续使用的设备，或在技术上已不能满足产品质量要求，在经济上又很不合理的设备，使企业生产手段经常保持在先进水平上。

设备的寿命

1. 自然寿命

从设备投入生产开始到设备报废为止所经历的时间称为设备的自然寿命。自然寿命主要取决于设备本身的质量，使用、维修、保管的状况。其报废界限是根据最后一次大修费用是否合算的经济界限来确定。

2. 技术寿命

由于科学技术的发展，技术上更先进、经济上更合理的同类设备不断出现，使现有设备在自然寿命尚未结束前就被淘汰，这种寿命被称为技术寿命。设备技术寿命的长短，取决于科学技术发展的速度。技术寿命是设备的有效寿命，企业也越来越重视设备的技术寿命。

3. 经济寿命

经济寿命是设备的费用寿命，是从设备开始投入使用到由于使用费用的原因而停止使用为止所经历的时间。当设备进入剧烈磨损期，由于维修费用的增加会造成经济上的不合算，所以，综合效益低是其报废的年限。

在进行设备更新时，既要考虑设备的自然寿命，又要考虑设备的技术寿命和经济寿命主要考虑设备的经济寿命。

设备补偿形式的确定

设备大修、改造与更新都是对设备磨损的补偿。在人力、资金、技术、资源都可行的条件下，决策的依据就是设备磨损的性质相同情况下方案的经济性。

1. 设备大修与更新的经济界限

设备大修与更新可补偿设备的有形磨损。

当 $R<Ka-L$ 且 $GR<Cn$ 时，应选用设备大修方案；反之，则应选择更新。

式中 R——设备大修费；

Ka——设备重置费；

L——设备残值；

GR——设备大修后产品生产成本；

Gn——设备更新后产品生产成本。

2. 改造与更新的经济界限

改造与更新不仅可以补偿有形磨损，而且可补偿无形磨损。

当 R+K+Se<Kx·α·β+Sm 且 Cm<Cnx 时，改造可行；反之，考虑更新。

式中 R——设备修理费；

Km——设备改造费；

Se——改造时停产损失；

Kx——新设备购置费；

α——生产效率系数；

β——大修间隔系数；

Sa——未折旧完损失；

Gm——改造后生产成本；

Gnx——新设备产品生产成本。

设备更新期的确定

为使设备更新经济合理，应考虑设备的三种寿命来确定其最佳更新周期。从理论上来讲，三种设备寿命终点均可作为设备更新时机，而从经济角度出发，设备的合理使用年限为设备经济寿命。设备经济寿命的计算方法很多，下面介绍两种常用方法：

1. 低劣化数值法

这是一种用设备年平均总费用的高低来确定设备经济寿命的方法。设备的最佳使用年限为：

$T_0 = 2K_0G$

式中 K0——设备的原始价值（购置费）；

G——设备的年劣化值。

随着设备使用年限的增长，按年平均的设备费用不断减少，但设备的维护修理费用及燃料、动力消耗增加，这就叫设备的劣化。

例 5 某设备的购置费用为 800 元，每年低劣化递增值 320 元，则：

$T_0 = 2K_0 = 2K_0G = 2\times 800320 = 7$ 年

即该设备的经济寿命为 7 年。以上计算未考虑利息因素。

2. 面值法

是以同类型设备的统计资料为依据，不考虑利息和大修及经营上的经济效益，通常分析计算其年度使用费用以确定设备经济寿命的一种方法。

此方法适用于军用武器装备，如大炮、坦克等，很难计算其经济效益，用面值法比较合适。计算公式如下：$P_n = M - l_n + \sum Y_{tn}$ （9-5）式中 p_n——第 n 年的年度使用费；

M——设备原值；

L_n——第 n 年的实际残值；

y_t——第 t 年的维持费（t=1，2，3，…，n）；

n——设备使用年限。

设备改造

当更新设备的条件受到限制时，或更新效果不佳时，可考虑进行设备改造。即用现代化技术和先进经验，根据生产发展的需要，改变原有设备的结构，或增添新部件、新装置，改善原有设备的技术性能和使用指标，使它局部达到目前新设备的水平。

1. 现代化改造是个有益的选择

（1）改造是根据具体的生产需要来改装，针对性强、适应性高。

（2）改造可以改善设备的构成比，使设备在拥有量构成上向先进技术转化。

（3）改造可及时满足企业对新设备的需要，因为改装可以在较短时间内完成，这对企业发展新品种生产是非常有利的。

（4）投资少。

工业比较发达、设备制造能力比较强的国家，都很重视设备改造。一些发达国家的机床制造公司，同时承担现代化改造的订货，它们不仅对老设备进行改造，同时对技术先进的设备也进行改装，使其成为性能更好的设备，协助企业的设备水平跟上科学技术的发展和现时生产的需要。企业进行产品改型，扩大产量，也常常是通过增加一部分新设备、保留一部分原有设备，再改造一部分现有设备来实现的，因而时间短，投资少，效果好。

2. 设备改造的内容

设备改造的内容很广泛，主要包括：

（1）提高设备的自动化程度，实现数控化、联动化。

（2）提高设备功率、速度、刚度和扩大、改善设备的工艺性能。

(3) 将设备改装成高效、专用设备。

(4) 提高设备零部件的可靠性和维修性。

(5) 实现加工对象尺寸公差的自动控制。

(6) 改装设备监测监控装置。

(7) 改进润滑、冷却系统。

(8) 改进安全、保护装置和环境污染系统。

(9) 降低设备原材料及能源消耗。

(10) 提高三化水平，使零部件通用化、系列化、标准化。

第十章

质量管理

20世纪60、70年代,世界各国先后发布了一些关于质量管理体系及审核的标准。但由于各国实施的标准不一样,给国际贸易带来了障碍,质量管理和质量保证的国际化成为当时世界各国的迫切需要。

ISO9000 族标准概述

质量管理体系标准的产生和发展

1. 质量管理体系标准的产生

1979 年国际标准化组织（ISO）成立了质量管理和质量保证技术委员会（TC176），负责制定质量管理和质量保证标准。1986 年，ISO 发布了 ISO8402《质量——术语》标准，1987 年发布了 ISO9000《质量管理和质量保证标准——选择和使用指南》、ISO9001《质量体系——设计开发、生产、安装和服务的质量保证模式》、ISO9002《质量体系——生产和安装的质量保证模式》、ISO9003《质量体系——最终检验和试验的质量保证模式》、ISO9004《质量管理和质量体系要素——指南》等 6 项标准，通称为 ISO9000 系列标准。

2. 质量管理体系标准的修订和发展

为了使 1987 版的 ISO9000 系列标准更加协调和完善，ISO/TC176 质量管理和质量保证技术委员会于 1990 年决定对标准进行修订，提出了《90 年代国际质量标准的实施策略》（国际通称为《2000 年展望》），其目标是："要让全世界都接受和使用 ISO9000 族标准；为了提高组织的运作能力，提供有效的方法；增进国际贸易、促进全球的繁荣和发展；使任何机构和个人可以有信心从世界各地得到任何期望的产品以及将自己的产品顺利销售到世界各地。"按照《2000 年展望》提出的目标，标准分两阶段修改。第一阶段修改称之为"有限修改"，即 1994 版的 ISO9000 族标准。第二阶段修改是在总体结构和技术内容上做较大的全新修改。即 2000 版 ISO9000 族标准。其主要任务是："识别并理解质量保证及质量管理领域中顾客的需求，制订有效反映顾客期望的标准；支持这些标准的实施，并促进对实施效果的评价。" 2000 年 12 月 15 日，ISO/TC176 正式发布了新版本的 ISO9000 族标准，统称为 2000 版 ISO9000 族标准。该标准的修订充分考虑了 1987 版和 1994 版标准以及现有其他管理体系标准的使用经验，因此，它将使质量管理体

系更加适合组织的需要，可以更适应组织开展其商业活动的需要。

2006年3月31日，中国合格评定国家认可委员会（英文缩写为：CNAS）根据《中华人民共和国认证认可条例》的规定，由国家认证认可监督管理委员会（CNCA）批准设立，统一负责对认证机构、实验室和检验机构等相关机构的认可工作。

什么是ISO9000族标准

ISO9000族标准是国际标准化组织（ISO）在1994年提出的概念，是指"由ISO/TC176（国际标准化组织质量管理和质量保证技术委员会）制定的所有国际标准"。该标准族可帮助组织实施并有效运行质量管理体系，是质量管理体系通用的要求或指南。它不受具体的行业或经济部门的限制，可广泛适用于各种类型和规模的组织，在国内和国际贸易中促进相互理解和信任。

2000版ISO9000族标准包括以下一组密切相关的质量管理体系核心标准：

（1）ISO9000《质量管理体系基础和术语》。此标准表述了ISO9000族标准中质量管理体系的基础知识，并确定了相关的术语。首先明确了质量管理的八项原则是组织改进其ISO业绩的框架，能帮助组织获得持续成功，也是ISO9000族质量管理体系标准的基础。标准表述了建立和运行质量管理体系应遵循的基础知识，给出了有关质量的术语，并用通俗的语言阐明了质量管理领域所用的术语的概念。

（2）ISO9001《质量管理体系要求》。规定质量管理体系要求，用于证实组织具有提供满足顾客要求和适用法规要求的产品的能力，目的在于增进顾客满意。它是用于审核和第三方认证的唯一标准。它可用于内部和外部（第二方或第三方）评价组织提供满足组织自身要求和顾客、法律、法规要求的产品的能力。由于组织及其产品的特点对此标准的某些条款不适用，可以考虑对标准中的要求进行删减，但删减仅限于"产品实现"中那些不影响组织提供满足顾客和适用法律法规要求的产品的能力或责任的要求，否则不能声称符合此标准。

（3）ISO9004《质量管理体系业绩改进指南》。提供考虑质量管理体系的有效性和效率两方面的指南，该标准的目的是促进组织业绩改进和使顾

客及其他相关方满意。此标准以八项质量管理原则为基础，提供了超出ISO9001要求的指南和建议，不用于认证或合同目的，也不是ISO9001的实施指南。标准强调一个组织质量管理体系的设计和实施受各种需求、具体目标、所提供的产品、所采用的过程及组织的规模和结构的影响，无意统一质量管理体系的结构或文件。标准也应用了以过程为基础的质量管理体系模式的结构，鼓励组织在建立、实施和改进质量管理体系及提高其有效性和效率时，采用过程方法，以便通过满足相关方要求来提高对相关方的满意程度。标准还给出了自我评价和持续改进过程的示例，用于帮助组织寻找改进的机会；通过5个等级来评价组织质量管理体系的成熟程度；通过给出的持续改进方法，提高组织的业绩并使相关方受益。

（4）ISO19011《质量和（或）环境管理体系审核指南》。提供审核质量和环境管理体系的指南。遵循"不同管理体系可以有共同管理和审核要求"的原则，该标准对于质量管理体系和环境管理体系审核要求"的原则，该标准对于质量管理体系和环境管理体系审核的基本原则、审核方案的管理、环境和质量管理体系审核的实施以及对环境和质量管理体系审核员资格要求提供了指南。它适用于所有运行质量和/或环境管理体系的组织，知道其内审和外审的管理工作。

该标准在术语和内容方面，兼容了质量管理体系和环境管理体系的特点。在对审核员的基本能力及审核方案的管理中，均增加了了解及确定法律发挥的要求。该标准于2001年正式发布。

2000版ISO9000族标准的特点

（1）标准可适用于所有产品类别、不同规模和各种类型的组织，并可根据实际需要删减某些质量管理体系要求。

（2）采用了以过程为基础的质量管理体系模式，强调了过程的联系和相互作用，逻辑性更强，相关性更好。

（3）强调了质量管理体系是组织其他管理体系的一个组成部分，便于与其他管理体系相容。

（4）更注重质量管理体系的有效性和持续改进，减少了对形成文件的程序的强制性要求。

（5）将质量管理体系要求和质量管理体系业绩改进指南这两个标准，

作为协调一致的标准使用。

实施 ISO9000 族标准的意义

1. 实施 ISO9000 族标准有利于提高产品质量，保护消费者利益

按 ISO9000 族标准建立质量管理体系，通过体系的有效应用，促进组织持续地改进产品和过程，实现产品质量的稳定和提高，无疑是对消费者利益的一种最有效的保护，也增加了消费者（采购商）选购合格供应商的产品的可信程度。

2. 为提高组织的运作能力提供了有效的方法

ISO9000 族标准鼓励组织在制定、实施质量管理体系时采用过程方法，通过识别和管理众多相互关联的活动，以及对这些活动进行系统的管理和连续的监视与控制，以实现顾客能接受的产品。此外，质量管理体系提供了持续改进的框架，增加顾客和其他相关方满意的机会。因此，ISO9000 族标准为有效提高组织的运作能力和增强市场竞争能力提供了有效的方法。

3. 有利于增进国际贸易，消除技术壁垒

世界贸易组织/技术壁垒协定（WTO/TBT）是 WTO 达成的一系列协定之一，它涉及技术法规、标准和合格评定程序。贯彻 ISO9000 族标准为国际经济技术合作提供了国际通用的共同语言和准则；取得质量管理体系认证，已成为参与国内和国际贸易，增强竞争能力的有力武器。因此，贯彻 ISO9000 族标准对消除技术壁垒，排除贸易障碍起到了十分积极的作用。

4. 有利于组织的持续改进和持续满足顾客的需求和期望

顾客要求产品具有满足其需求和期望的特性，这些需求和期望在产品的技术要求或规范中表述。因为顾客的需求和期望是不断变化的，这就促使组织持续地改进产品和过程。而质量管理体系要求恰恰为组织改进其产品和过程提供了一条有效途径。因而，ISO9000 族标准将质量管理体系要求和产品要求区分开来，它不是取代产品要求而是把质量管理体系要求作为对产品要求的补充。这样有利于组织的持续改进和持续满足顾客的需求和期望。

ISO9000 族标准在中国

1987 年 3 月 ISO9000 系列标准正式发布以后，我国在原国家标准局部署下组成"全国质量保证标准化特别工作组"。1988 年 12 月，我国正式发

布等效采用 ISO9000 标准的 GB/T10300《质量管理和质量保证》系列国家标准，并于 1989 年 8 月 1 日起在全国实施。1992 年 5 月，我国决定等同采用 ISO9000 系列标准，制定并发布了 GB/T19000——1992idt ISO9000；1987 系列标准，1994 年又发布了 1994 版的 GB/T19000idt ISO9000 族标准。

我国对口 ISO/TC176 技术委员会的全国质量管理和质量保证标准化技术委员会（以下简称 CSBTS/TC151），是国际标准化组织（ISO）的正式成员，参与了有关国际标准和国际指南的制定工作，在国际标准化组织中发挥了十分积极的作用。CSBTS/TC151 承担着将 ISO9000 族标准转化为我国国家标准的任务，对 2000 版 ISO9000 族标准在我国的顺利转换起到了十分重要的作用。

国家质量技术监督局已将 2000 版 ISO9000 族标准等同采用为中国的国家标准，其标准编号及与 ISO 标准的对应关系分别为：

GB/T19000—2000《质量管理体系基础和术语》（idt ISO 9000：2000）

GB/T19001—2000《质量管理体系要求》（idt ISO 9001：2000）

GB/T19004—2000《质量管理体系业绩改进指南》（idt 1SO 9004：2000）

根据最新统计，截至 2020 年 5 月 31 日，CNAS 认可各类认证机构、实验室及检验机构三大门类共计 15 个领域的 11728 家机构。截至 2020 年 6 月，共有 17 大类、103 种产品被列入了强制性产品认证的目录，涉及电线电缆、电路开关、低压电器、小功率电动机、电动工具、家用电器、电子产品、照明电器、汽车、电动自行车、摩托车、农机产品、消防产品、安全防范产品、建材产品、儿童用品、防爆电器、家用燃气器具等与百姓密切相关的产品。

质量及质量管理的基本概念

质量

质量是一组固有特性满足要求的程度（GB/T190003.1.1）。既然质量是对程度的一种描述，因此，可使用形容词来表示质量，通常人们用质量好

或差来表述产品的质量；用工作完成的好坏来表述工作的质量。在质量的定义中涉及另两个术语，即"特性"和"要求"，了解这两个术语能帮助我们更好地理解质量的概念。

1. 特性

特性是指"可区分的特征"。特性可以有各种类别的特性，如物理特性（力学性能、化学性能等）、感官特性（噪声、色彩等）、行为特性（诚实、正直等）、时间特性（准时性、可靠性等）、人体工效特性（生理特性、安全性等）和功能特性（最高速、最大加工直径等）。

（1）特性可以是固有的或赋予的。"固有的"就是指某事或某物中本来就有的，尤其是那种永久的特性，如轴的直径、机床的转速等技术特性。有的产品固有特性少，而有的产品固有特性多。例如，化学试剂只有一种固有特性；而对 DVD 来说，则具有多种固有特性，如物理特性、感官特性、时间特性等。

（2）赋予特性不是固有特性，不是某事或某物中本来就有的，而是完成产品后因不同的要求而对产品所增加的特性，如产品的价格、供货时间、运输要求、售后服务要求等特性。

（3）不同产品的固有特性与赋予特性是不相同的，某些产品的赋予特性可能是另一些产品的固有特性，例供货时间对有形产品而言，属于赋予特性，但对于运输服务而言，就属于固有特性。

2. 要求

要求是指"明示的、通常隐含的或必须履行的需要或期望"。

（1）"明示的"可以理解为是规定的要求。如在文件中阐明的要求或顾客明确提出的要求。

（2）"通常隐含的"是指组织、顾客和其他相关方的惯例或一般做法，所考虑的需求或期望是不言而喻的。例如，银行对顾客存款的保密性等。一般情况下，顾客或相关的文件中不会对这类要求给出明确的规定，供方应根据自身产品的用途和特性进行识别，并作出规定。

（3）"必须履行的"是指法律法规的要求及强制性标准的要求。如我国对与人身、财产的安全有关的产品发布了相应的法律法规和强制性的行政规章或制定了代号为 GB 的强制性标准，如食品卫生安全法、GB8898《电

网电源供电的家用和类似一般用途的电子及有关设备的安全要求》等，供方在产品的实现过程中必须执行这类文件和标准。

（4）要求可以由不同的相关方提出，不同的相关方对同一产品的要求可能是不同的，例如汽车，有的顾客要求轻便、省油，而有的顾客有求必应豪华、舒适，社会要求减少大气污染。因此，供方在确定产品要求时，应兼顾各相关方的要求。

（5）要求可以是多方面的，当需要特指时，可以采用修饰词表示，如产品要求、质量管理体系要求、顾客要求等。

3. 对质量的理解

综上所述，在理解质量术语时，需要特别注意以下几点：

（1）质量的广义性。在质量管理体系所涉及的范畴内，组织（供方）的相关方对组织的产品、过程或体系都可能提出要求，而产品、过程或体系又都具有各自的固有特性，因此，质量不仅指产品质量，也可指过程或体系的质量。

（2）质量的时效性。由于组织的顾客和其他相关方对组织和产品、过程和体系的需要和期望是不断变化的，例如原先被顾客认为质量好的产品会因为顾客要求的提高而不再受到顾客的欢迎。因此，组织应不断调整对质量的要求。

（3）质量的相对性。组织的顾客和其他相关方可能对同一产品的功能提出不同的需求，也可能对同一产品的功能提出不同的需求，需求不同，质量要求也就不同。只要满足需求就应该认为质量好。

产品、过程与程序

1. 产品的概念

产品是过程的结果（GB/T190003.4.2）。产品通常可分为四类：硬件（如机械产品）、软件（如计算机程序）、流程性材料（如润滑油）和服务（如导游）。许多产品由不同类别的产品构成，硬件、软件、流程性材料和服务的区分取决于其主导成分。例如销售的汽车是由硬件（车身、底盘等）、软件（发动机控制软件、驾驶员手册等）、流程性材料（燃料、润滑油等）和服务（配件供应、维修保养等）所组成。

硬件通常是有形产品，其量具有计数的特性。

软件由信息组成，通常是无形产品并以方法、论文或程序的形式存在。流程性材料通常是有形产品，其量具有连续的特性，状态可以是液体、气体、粒状、线状、块状或板状。硬件和流程性材料经常被称之为货物。

服务通常是无形的，并且是在供方和顾客接触面上至少需要完成一项活动的结果，服务的提供可涉及：在顾客提供的有形产品上所完成的活动（如汽车维修）、在顾客所提供的无形产品上所完成的活动（如纳税申报）、无形产品的交付（如上课）、为顾客创造氛围（如宾馆）。对每一项服务而言，应具备三要素，即供方、顾客和发生在供方与顾客之间的活动。对服务业而言，服务和提供服务的过程往往都与顾客的接触中同时发生，很难区分。根据不同的对象和不同的活动形式，服务又可分为多类，如饭店、餐饮、培训、运输、金融、旅游、教育等。

2. 过程的概念

过程是一组将输入转化为输出的相互关联或相互作用的活动（GB/T190003.4.1）。从过程的定义看，过程应包含三个要素：输入、输出和活动；资源是过程的必要条件。组织为了增值，通常对过程进行策划，并使其在受控状态下运行。组织对每一个过程进行策划时，要确定过程的输入、预期的输出和为了达到预期的输出所需开展的活动和相关的资源，也要明确为了确定预期输出达到的程度所需的测量方法和验收准则；同时要根据PDCA循环，对过程实施控制和改进。

过程与过程之间存在一定的关系。一个过程的输出往往是其他过程的输入。这种关系通常并不是一个简单的按顺序排列的结构，而是一个比较复杂的网络结构：一个过程的输出可能成为多个过程的输入，而几个过程的输出也可能成为一个过程的输入；或者也可以说，一个过程与多个部门的职能有关，一个部门的职能与多个过程有关。

3. 程序的概念

程序是为进行某项活动或过程所规定的途径（GB/T190003.4.5）。过程包括子过程，过程和子过程中都会涉及各类活动，组织为了高效地获得所期望的过程输出，就应对过程实施控制。在为了控制而进行的策划中应包含为所涉及的活动规定途径。这种规定可以是口头的，也可以是书面的。也就是说，程序可以形成文件，也可以不形成文件。

当程序形成文件时，通常称为"书面程序"或"形成文件的程序"。含有规定途径的文件可以称为"程序文件"。程序文件中通常包括活动的目的和范围；做什么和谁来做，何时、何地和如何做；应使用什么材料、设备和文件；如何对活动进行控制和记录。

一个组织的程序文件的多少与详略程度取决于组织的规模、产品的特点、过程的复杂程度和员工的能力等。程序文件可采用任何形式或类型的媒体。当采用电子媒体时，需要特别注意对它的控制，包括批准和受控。

质量管理和质量管理体系

1. 质量管理的概念

质量管理是指"在质量方面指挥和控制组织的协调的活动"（GB/T190003.2.8）。在质量方面的指挥和控制活动通常包括制定质量方针和质量目标以及质量策划、质量控制、质量保证和质量改进。组织可通过建立质量管理体系来实施质量管理。

2. 质量管理体系的概念

质量管理体系是指在质量方面指挥和控制组织的管理体系（GB/T190003.2.3）。质量管理体系是组织若干管理体系中的一个。对质量管理体系而言，首先要建立质量方针和质量目标，然后为实现这些质量目标确定相关的过程、活动和资源以建立一个管理体系，并对该管理体系实行管理。质量管理体系主要在质量方面能帮助组织提供持续满足要求的产品，增进顾客和相关方面的满意程度。质量管理体系的建立要注意与其他管理体系的整合性，以方便组织的整体管理。

质量策划和质量改进

1. 质量策划的概念

质量策划是质量管理的一部分，致力于制定质量目标并规定必要的运行过程和相关资源以实现质量目标（GB/T190003.2.9）。质量策划与质量管理构成从属关系。质量策划的目的在于制定并采取措施实现质量目标。质量目标可能涉及组织的质量目标和产品的质量目标等，二者所策划的对象和结果均有所不同。

（1）组织的质量目标是在质量方针的基础上建立的，为了实现这一目标，组织的策划会从建立质量管理体系入手，该质量管理体系会涉及产品

实现的直接过程和相应的支持过程，策划的结果会形成管理方面的文件，如质量手册、程序文件等。

（2）产品的质量目标是针对某一具体的产品，包括产品的质量特性（雇用特性）和产品的支持方面的特性（赋予特性）。为了实现这一产品的质量目标，组织的策划会从产品的实现过程入手，但该产品的实现会涉及产品的实现过程和支持过程，也会涉及现有的质量管理体系文件的使用，这种策划的结果之一可能会形成质量计划。

2. 质量改进的概念

质量改进是质量管理的一部分，致力于增强满足质量要求的能力（GB/T190003.2.12）。质量改进是组织在质量方面指挥和控制组织的一项活动，是质量管理的一部分，质量改进与质量管理构成从属关系。

（1）质量改进的目的在于增强组织满足质量要求的能力。质量改进与组织质量管理体系覆盖范围内的所有产品、部门、场所、活动和人员均有关系。

（2）顾客、相关方以及组织自身都会对组织的质量管理体系、过程、产品提出各自不同的任何方面的要求，例如：有效性、效率、可追溯性、安全性、先进性、稳定性、可靠性等，组织应能识别需改进的关键质量要求，考虑改进所需过程。以增强能力。

（3）改进本身是一项活动，也可以理解为是一个过程，因此，对改进过程也应按过程方法进行管理。

质量管理原则

八项质量管理原则是质量管理实践经验和理论的总结，是质量管理的理论基础；它也是组织管理的普遍原则，是现代社会发展、管理经验日渐丰富、管理科学不断演变发展的结果，充分体现了管理科学的原则和思想；它也是组织的领导者有效实施质量管理工作必须遵循的原则，同时也为从事质量工作的审核员、指导组织建立管理体系的咨询人员和组织内所有从

事质量管理工作的人员学习、理解、掌握ISO9000族标准提供了帮助。

以顾客为关注焦点

任何组织均提供满足顾客要求和期望的产品。如果没有顾客,组织将无法生存。因此,任何组织均应始终关注顾客,将理解和满足顾客的要求作为首要工作考虑,并以此安排所有的活动。顾客的要求是不断变化的,为了使顾客满意以及创造竞争优势,组织还应了解顾客未来的需求,并争取超越顾客期望。以顾客为关注焦点建立起对市场的快速反应机制,增强顾客的满意和改进顾客的忠诚度,并为组织带来更大的效益。

应用"顾客为关注焦点"的原则,组织将会采取如下活动:

(1)调查、识别并理解顾客的需求和期望。顾客的需求和期望主要表现在对产品的特性方面。例如:产品的可信性、交付能力、售后服务等。有些也表现在过程方面,如对产品的工艺要求。组织应该识别谁是组织的顾客,并判断顾客的要求是什么,用组织的语言表达顾客的要求,了解并掌握这些要求。

(2)确保组织的目标与顾客的需求和期望相结合。最高管理者应针对顾客和未来的需求和期望,以实现顾客满意为目标,确保顾客的需求和期望得到确定、转化为要求并得到满足。

(3)确保在整个组织内沟通顾客的需求和期望。组织的全部活动应以满足顾客的要求为目标,因此,加强内部沟通,确保组织内全体成员能够理解顾客的需求和期望,知道如何为实现这种需求和期望而运作。

(4)测量顾客的满意程度并根据结果采取相应的活动或措施。顾客的满意程度是指对某一事项满足要求的期望和程度的意见。顾客满意测量的目的是为了评价预期的目标是否达到,为进一步的改进提供依据。顾客满意程度的测量或评价可以有多种方法,测量和评价的结果将给出需要实施的活动或进一步改进的措施。

(5)系统地管理好与顾客的关系。组织与顾客的关系是通过组织为顾客提供产品为纽带而产生的。良好的顾客关系有助于保持顾客的忠诚,改进顾客的满意程度。系统地管理好与顾客的关系涉及许多方面。

领导作用

组织的领导者的作用体现在能否将组织的运作方向与组织宗旨统一,

使其一致，并创造一个全体员工能充分参与实现组织目标的内部氛围和环境。运用领导作用原则，组织常采取下列有意义的措施，以确保员工主动理解和自觉实现组织目标，以统一的方式来评估、协调和实施质量活动，促进各层次之间的协调，从而将问题减至最少。

（1）考虑所有相关方的需求和期望。组织的成功取决于能否理解并满足现有及潜在的顾客和最终使用者的当前和未来的需求和期望，以及能否理解和考虑其他相关方的当前和未来的需求和期望。组织的最高领导者应将其作为首要考虑的事项加以管理。顾客和其他相关方的需求和期望在组织内得到沟通，为满足所有相关方的需求和期望奠定基础。

（2）为本组织的未来描绘清晰的远景，确定富有挑战性的目标。组织需要建立未来的发展蓝图，确定远景规划。质量方针给出了这一蓝图，目标具有可测性、挑战性、可实现性是其重要特点。组织的领导者应设定符合这种特点的目标，为组织实现远景规划、实现组织的方针提供基本保证。在组织建立质量管理体系的活动要求中，最高管理者应制定质量方针和质量目标，并在相关层次上分解质量目标。目标应在方针的框架下形成，方针、目标应通过管理评审予以评价。

（3）在组织的所有层次上建立价值共享、公平公正的道德伦理观念。在组织中，人与人之间所建立的关系，很大程度上取决于组织的管理文化。管理文化是将一个组织的全体成员结合在一起的行为方式和标准，它代表了该组织的目标、信念、伦理道德和价值观，也反映了组织处理内部和外部事务的基本态度，因而管理文化直接影响管理活动的成效。组织的领导者可以通过管理文化在组织各层次上建立价值共享观、公平公正的道德伦理观念，重视人才，尊重每一个人，树立职业道德观念，创造良好的人际关系，将员工活动的方向统一到组织方针、目标的方向上。在组织的质量管理体系活动要求中，管理者作出承诺是必要的，管理文化的建立可由培训来实现。

（4）为员工提供所需的资源和培训，并赋予其职责范围内的自主权。领导者应充分调动员工的积极性，发挥员工的主观能动性。应规定组织的职责、权限，赋予其职责范围内的自主权。通过培训提高员工的技能，为其工作提供合适的资源，创造适宜的工作条件和环境，评估员工的能力和

业绩，采取激励机制，鼓励创新。

全员参与

组织的质量管理是通过组织内各职能各层次人员参与产品实现过程及支持过程来实施的。过程的有效性取决于各级人员的意识、能力和主动精神。随着市场竞争的加剧，全员的主动参与更为重要。人人充分参与是组织良好运作的必须要求。而全员参与的核心是调动人的积极性，当每个人的才干得到充分发挥并能实现创新和持续改进时，组织将会获得最大收益。运用"全员参与"原则，组织将会采取下列措施：

（1）让每个员工了解自身贡献的重要性及其在组织中的角色。每个人都应清楚其本身的职责、权限和相互关系，了解其工作的目标、内容以及达到目标的要求、方法，理解其活动的结果对下一步以及整个目标的贡献和影响，以利于协调开展各项质量活动。在质量管理体系活动的要求中，管理者承诺和管理者代表均起着主要作用。职责和权限的规定可为这一活动提供条件。

（2）以主人翁的责任感去解决各种问题。许多场合下，员工的思想和情绪是波动的，一旦做错了事，往往倾向于发牢骚、逃避责任，也往往试图把责任推卸给别人，因此管理者应当找出一种方法，把无论何时都有可能发生的此类借口消灭在萌芽中。更进一步，应在员工中提倡主人翁意识。让每个人在各自岗位上树立责任感，不是逃避，而是发挥个人的潜能。这种方法可以是对员工确定职能、规定职责、权限和相互关系，通过培训和教育，也可以是在指示工作时把目标和要求讲清，还可用数据分析给出正确的工作方法，使员工能以主人翁的责任感正确处理和解决问题。

（3）使每个员工根据各自的目标评估其业绩状况。员工可以从自己的工作业绩中得到成就感，并意识到自己对整个组织的贡献，也可以从工作的不足中找到差距以求改进。因此，正确地评估员工的业绩，可以激励员工的积极性。员工的业绩评价可以用自我评价或其他方法（如内审和管理评审）进行。

（4）使员工积极地寻找机会增强他们自身的能力、知识和经验。在以过程为导向的组织活动中，应授予员工更多的自主权去思考、判断及行动，因而员工也必须有较强的思维判断能力。员工不仅应加强自身的知识与技

能，还应学会在不断变化的环境中判断、处理问题的能力，即还应增强其知识和经验。

过程方法

通过利用资源和实施管理，将输入转化为输出的一组活动，可以视为一个过程。一个过程的输出可直接形成下一个或几个过程的输入。为使组织有效运行，必须识别和管理众多相互关联的过程。系统的识别和管理组织所应用的过程，特别是这些过程之间的相互作用，可称之为"过程方法"。采用过程方法的好处是由于基于每个过程考虑其具体的要求，所以资源的投入、管理的方式和要求、测量方式和改进活动都能互相有机地结合并做出恰当的考虑与安排，从而可以有效地使用资源，降低成本，缩短周期。而系统地识别和管理组织所应用的过程，特别是识别过程之间的相互作用，可以掌握组织内与产品实现有关的全部过程，清楚过程之间的内在关系及相互联结。通过控制活动能获得可预测、具有一致性的改进结果，特别是可使组织关注并掌握按优先次序改进的机会。

应用"过程方法"原则，组织将会采取下列活动：

（1）为了取得预期的结果，系统地识别所有的活动。活动决定输出结果。为了确保结果能满足预期的要求，必须有效地控制活动。因而识别活动，特别是系统地识别所有相关的活动，也就是全面地考虑组织的产品实现的所有活动及其相互关联，可以使组织采取有效的方法对这些活动予以控制。系统地识别所有的活动，是 GB/T19001—2000 标准强调的核心。

（2）明确管理活动的职责和权限。活动对输出结果起着重要作用，这些活动应在受控状态之下进行，因此，必须确定如何管理这些活动。首先要确定实施活动的职责和权限，并予以管理。在 GB/T19001—2000 标准中，设计和开发活动对组织提供的产品起着关键的作用，因此应规定设计和开发的职责与权限。

（3）分析和测量关键活动的能力。掌握关键活动的能力，将有助于了解相应的过程是否有能力完成所策划的结果。因此 GB/T19001--2000 标准要求组织采用适宜的方法确认、分析和测量关键活动的能力。

（4）识别组织职能之间与职能内部活动的接口。通常，组织会针对实现过程的不同分过程（或阶段），设置多个职能部门承担相应的工作。这些

职能可能会在过程内，也可能涵盖一个或多个过程。在某种意义上讲，职能之间或职能内部活动的接口，可能就是过程间的接口。因此，识别这些活动的接口，会有助于过程顺利运行。在质量管理体系活动中，内部沟通为管理这种识别接口的活动创造了条件。对设计和开发这一典型的活动，识别并管理参与设计的不同小组之间的接口，将使设计和开发的输出符合顾客要求。

（5）注重能改进组织的活动的各种因素，诸如资源、方法、材料等。当资源、方法、标准等因素不同时，组织的活动将会有不同的运行方式，因而输出的结果也不相同，或有差异。因此，组织应当注重并管理这些会影响或改进组织活动的诸多因素。为确保有能力生产或提供合格的产品，GB/T 19001—2000标准要求识别、确定组织运作所需的合适的资源。这些资源可能是人力资源、基础设施、工作环境等。为确保采购的材料符合要求，应对采购的全过程实施控制。在生产和服务提供的策划活动中，应注重并管理与产品相关的信息、作业指导书。

管理的系统方法

这里的"系统"的含义是指将组织中为实现目标所需的全部的相互关联或相互作用的一组要素予以综合考虑。要素的集合构成了系统。要素和系统构成部分和整体的关系。一个系统相对于高于它的一级系统，它自己又是要素。因此，产生了子系统的概念。相互关联和相互作用是指要素与要素，当然也可包括要素和系统甚至系统与所处环境的联系及影响。系统内要素不是简单的排列，要素的顺序、关联及构成方式决定了系统的结构。

质量管理体系的构成要素是过程。一组完备的相互关联的过程的有机组合构成了一个系统。对构成系统的过程予以识别，理解并管理系统，可以帮助组织提高实现目标的有效性及效率。这是一种管理的系统方法，其优点是可使过程相互协调，充分地实现预期的结果。

GB/T19001—2000标准依据这一管理思想详细地提出了建立质量管理体系的系统方法的逻辑步骤。运用"管理的系统方法"原则，组织将采取以下措施：

（1）建立一个体系，以最佳效果和最高效率实现组织的目标。每个组织都有自己的目标。目标依赖于管理活动来实现。管理应当有系统性。这

可通过构造一个体系并运作来实现。一个良好的体系是高效地实现目标的保证。质量管理体系标准为建立这样的体系提供了系统的方法和逻辑步骤，同时也指明这样的系统用文件来表述将更加清晰。

（2）理解体系内各过程的相互依赖关系。体系是由一组关联的过程及其相互作用构成的。过程的相互作用和相互依赖关系表现在某个过程的输出是下一个过程的输入。实际上这种相互作用和相互依赖的关系是很复杂的。GB/T19001—2000标准的每个过程从原则角度指明了关键的相互作用和相互依赖关系。

（3）更好地理解为实现共同的目标所必需的作用和责任，从而减少职能交叉造成的障碍。质量方针和质量目标构成组织总目标的重要组成部分。最高管理者和全体员工应理解总目标对他们的意义，以及在实现目标过程中各自的作用和责任。通过明确职能，确定责权，沟通了解，从而减少或消除由于职能交叉和职责不清导致的障碍，提高过程运行的效率。

（4）理解组织的能力，在行动前确定资源的局限性。最高管理者及整个组织应清楚地理解保证产品实现过程和支持过程有效运作所需的资源并应确保得到这些资源。这些资源包括人力资源、设备资源、工作环境及信息资源等。

（5）设定目标，并确定如何运作体系中的特殊活动。系统的目标是通过构成系统的各过程协调运作实现的。因此，根据组织的目标，设定各过程的分目标，运作这些过程，实现其分目标，从而确保预期实现总目标是管理的系统方法的重要思想。

针对设定的总目标和分目标，体系的过程中的特殊的活动运作可能有下述几方面：①过程期望的结果及所达到的要求的准则；②过程运作的方式；③如何监视、测量、分析；④资源的提供；⑤改进的方面及改进方法；⑥数据搜集、分析和使用。

（6）通过测量和评估，持续改进体系。持续改进体系可以在组织的各个过程中用PDCA循环方法实现。对于组织的特定过程，按系统的目标设定过程目标，确定过程并实施过程，对照目标和产品要求或顾客要求测量和监视过程并报告结果，最后采取措施，持续地改进过程业绩。对子系统和总系统，也可以采用同样的PDCA方式来改进体系。为达到上述目的，需要

确定：①怎样监视过程的业绩，包括过程能力和顾客满意；②需要何种测量监视手段；③如何分析信息以及从信息分析中得到什么结果；④如何改进该过程；⑤需要采取何种纠正措施和预防措施；⑥这些纠正措施和预防措施是否得到实施且有效。

管理的系统方法和过程方法既有区别又是紧密联系的。这两种方法研究的对象都与过程相关，都可采用PDCA循环方式；两者均着重于关注顾客，并通过识别组织内的关键过程，以及随后对其展开的持续改进来增强顾客满意；目的都是为了促进过程和体系的改进以提高有效性和效率。两者的区别在于：过程方法侧重于研究单个的过程，即过程的输入、输出、活动及所需的资源，以及该过程和其相关过程的关系；管理的系统方法侧重于研究若干个过程乃至过程网络组成的体系，以及体系运作如何有效地实现组织的目标。显然，过程方法是管理的系统方法的基础。管理的系统方法是将相关的各个有效运行的过程构筑成一个有效运行的体系，从而高效地实现组织的目标。

持续改进

组织应建立一种适应机制，使组织能适应外界环境的这种变化要求，使组织增强适应能力并提高竞争力，改进组织的整体业绩，让所有的相关方都满意。这种机制就是持续改进。持续改进是增强满足要求的能力的循环过程。持续改进的对象可以是质量管理体系、过程、产品等。持续改进作为一种管理理念、组织的价值观，在质量管理体系活动中是必不可少的重要要求。当组织坚持持续改进，从组织发展的战略角度，在所有层次实现改进，就能增强组织对改进机会的快速反应，提高组织的业绩，增强竞争能力。

应用"持续改进"的原则，组织将会采取如下措施：

（1）在整个组织范围内使用一致的方法持续改进组织的业绩。在组织的质量管理体系活动中，通常采用的一致改进的方法是：基于组织的质量方针、质量目标，通过内部审核和管理评审评价组织的质量管理体系存在的不合格，当然也可以通过数据分析方法，提供质量管理体系、过程、产品的各种有价值的信息，最终导致采取纠正措施、预防措施而达到持续改进的目的。在组织范围内理解并掌握这种一致的改进的方法，可以快捷有

效地实施持续改进活动，取得预期的效果。

（2）为员工提供有关持续改进的方法和手段的培训。持续改进是一个制定改进目标，寻求改进机会，最终实现改进目标的循环过程。过程活动的实现必须采用合适的方法和手段，例如质量管理体系审核，使用统计技术进行数据分析等。对于组织的员工来说，这些方法的真正掌握，应通过相应的培训才能实现。

（3）将产品、过程和体系的持续改进作为组织内每位成员的目标。持续改进的最终目的是改进组织质量管理体系的有效性，改进过程的能力，最终提高产品质量。涉及产品、过程、体系的持续改进是基本的要求，在组织内也是非常广泛的，是每位员工的日常工作都能涉及的。将这几方面的持续改进作为每位员工的目标是恰当的，也能达到真正实现持续改进的目的。所以在 GB/T19001—2000 标准"产品实现"的要求中，每项活动均有对结果评审的要求，而评审发现的问题应采取措施，并予以实施，以消除原因，这是一种持续改进的要求，它应当是每位员工都必须做的。

（4）建立目标以指导、测量和追踪持续改进。持续改进是一种循环的活动，每一轮改进活动都应首先建立相应的目标，以指导和评估改进的结果。

基于事实的决策方法

成功的结果取决于活动实施之前的精心策划和正确的决策。决策是一个在行动之前选择最佳行动方案的过程。决策作为过程就应有信息或数据输入。决策过程的输出即决策方案是否理想，取决于输入的信息和数据以及决策活动本身的水平。决策方案的水平也决定了某一结果的成功与否。

由上得知，当输入的信息和数据足够且可靠，也就是能准确地反映事实，则为决策方案奠定了重要的基础。而决策过程中的活动应包括一些必不可少的逻辑活动。这里包括了决策逻辑思维方法，也即依据数据和信息进行逻辑分析的方法。依照这一过程形成的决策方案应是可行或最佳的，是一种有效的决策，这也被认为是基于事实的有效的决策方法。

基于事实的决策方法的优点在于，决策是理智的，增强了依据事实证实过去决策的有效性的能力，也增强了评估、挑战和改变判断和决策的能力。应用"基于事实的决策方法"，组织将会采取下述活动：

（1）确保数据和信息足够精确和可靠。这是决策正确的保证条件。有效的沟通活动可以做到提供准确可靠的数据和信息。对监视和测量装置的控制为测量和监控结果的可靠和准确提供最重要的保证基础。

（2）让数据/信息需要者能得到数据/信息。这是有效决策能够进行的保证。

（3）使用正确的方法分析数据。统计技术可帮助我们正确并准确地分析数据以得到恰当的信息用于决策。

（4）基于事实分析，权衡经验与直觉，做出决策并采取措施。将依据数据和信息分析所得到的结果与经验和直觉平衡，可能会进一步判断、确认结果的可靠性，依据可靠的结果所做的决策是可行的。在此方案基础上采取措施，将获得满意的结果。基于事实分析，所采取的措施将是理性的，结果将会是有效的。

与供方互利的关系

供方或合作伙伴所提供的材料、零部件或服务对组织的最终产品有着重要的影响。供方或合作伙伴提供的高质量的产品将使组织为顾客提供高质量的产品提供保证，最终确保顾客满意。组织的市场扩大，则为供方或合作伙伴增加了提供更多产品的机会。所以，组织与供方或合作伙伴是互相依存的。组织与供方的良好合作交流将最终促使组织与供方或合作伙伴均增强创造价值的能力，优化成本和资源，对市场或顾客的要求联合起来作出灵活快速的反应并最终使双方都获得效益。应用"与供方互利的关系"原则，组织将会采取的措施：

（1）在对短期收益和长期利益综合平衡的基础上，确立与供方的关系。任何一个组织都存在着众多的供方或合作伙伴。组织与供方或合作伙伴存在着相互的利益关系。为了双方的利益，组织应考虑与供方或合作伙伴建立伙伴关系或联盟关系。在这种情形下，组织既要考虑短期的利益，也要考虑长期合作所带来的效益。

（2）与供方或合作伙伴共享专门技术和资源。充分意识到组织与供方或合作伙伴的利益的一致性，是实现这一活动的关键。由于竞争的加剧和顾客要求越来越高，组织之间的竞争不仅仅取决于组织的能力，同时也取决于供方过程的能力，组织应考虑让关键的供方分享自己的技术和资源。

组织吸收供方专家的知识，有助于确保高效地使用采购的产品。

（3）识别和选择关键供方。组织应运用过程方法，识别构成产品实现过程的各分过程及其相互作用，应用管理的系统方法管理产品实现过程。其中识别并选择起着关键作用的供方或合作伙伴也构成实现过程的组成部分，合适的供方对顾客的满意和组织的业绩可起到相当重要的作用。供方或合作伙伴的范围可能有：材料或零部件供应方、提供某种加工活动的合作伙伴、某项服务（如技术指导、培训、检验、运输等）的提供者等。组织可通过数据分析提供有关供方的信息，以供评价和选择使用。

（4）清晰与开放的沟通。组织与供方或合作伙伴的相互沟通，对于产品最终能满足顾客的要求是必不可少的环节。沟通将使双方减少损失，在最大程度上获得收益。通常采购信息应当予以沟通，这一沟通的方式和渠道应当有利于沟通实施。

（5）对供方所作出的改进和取得的成果进行评价并予以鼓励。实施这一活动将会进一步促进组织与供方或合作伙伴的密切关系，增进供方或合作伙伴改进产品的积极性，增强双方创造价值的能力，共同取得顾客的满意。组织的数据分析活动和对供方提供产品的验证活动将为这一活动提供准确的信息。

质量管理体系

质量管理是在质量方面指挥和控制组织的协调活动。通常包括制定质量方针和质量目标以及质量策划、质量控制、质量保证和质量改进等活动。实现质量管理的方针目标，有效地开展各项质量管理活动，必须建立相应的管理体系，这一管理体系称为**质量管理体系**。

建立满足何种要求的质量管理体系，对质量管理目的实现是至关重要的。因此对质量管理体系进行研究是一项重要的基础工作。质量管理体系基础是以八项质量管理原则为基本理论而给出的。质量管理体系基础为ISO9001及ISO9004标准的制定给出了总体原则要求。八项质量管理原则、

质量管理体系基础和 GB/T19001、GB/T19004 标准之间的关系如表 10-1 所示。

表 10-1 八项质量管理原则、质量管理体系基础和 GB/T19001 标准条款对应关系参考表

八项质量管理原则	质量管理体系基础	GB/19001：2000 标准主要条款
以顾客为关注焦点	质量管理体系理论说明质量方针和质量目标	1.1、5.2、5.3、5.4.1、7.1、7.2.1、7.2.3、7.3、7.5、8.2.1、8.4、8.5 等
领导作用	最高管理者在质量管理体系中的作用	5.1、5.3、5.4、5.5、5.6、6.2.2 等
全员参与	最高管理者在质量管理体系中的作用	5.5.1、6.2、8.2.2 等
过程方法	过程方法（给出了质量管理体系模式）	0.2、4、5、6、7、8 等
管理的系统方法	质量管理体系方法（给出了建立和实施质量管理体系的方法和步骤）质量管理体系理论说明质量管理体系评价	0.1、4.1、7.1 等
持续改进	持续改进（给出了原则、方法、步骤）质量方针和质量目标	4.1、5.1、5.3、5.4、6.1、6.2.2、7.1、7.3.1、7.5、8.1、8.2.2、8.4 等
基于事实的决策方法	统计技术的作用质量管理体系评价	4.2.4、5.3、5.4.2、7.1、7.2.3、7.3.1、7.5.1、8.1、8.2.2、8.4 等
与供方互利的关系	质量管理体系评价	7.4.1、7.4.2、7.4.3、8.4 等
	质量管理体系要求与产品要求	0.1 等
	文件	4.2 等
	质量管理体系和其他管理体系的关注点	0.4 等

帮助组织增强顾客满意是质量管理体系的目的之一。质量管理体系能提供持续改进的框架，因而也可增加顾客和其他相关方对组织及其所提供

产品的满意程度，同时也帮助组织提高竞争能力。质量管理体系还就组织能够提供持续满足要求的产品，向组织及其顾客提供信任。

质量管理体系要求与产品要求

GB/T19000族标准非常明确地区分开了质量管理体系要求和产品要求。任何一个组织在使用质量管理体系标准时对产品要求也应一并考虑，而不偏废哪一项要求。表10-2清楚地表述了质量管理体系要求和产品要求的差异。

表10-2　质量管理体系要求和产品要求的差异

	质量管理体系要求	产品要求
含义	1. 为建立质量方针和质量目标并实现这些目标的一组相互关联的或相互作用的要素，是对质量管理体系固有特性提出的要求	1. 对产品的固有特性所提出的要求。有时也包括与产品有关过程的要求。
含义	2. 质量管理体系的固有特性是体系满足方针和目标的能力、体系的协调性、自我完善能力、有效性的效果等	2. 产品的固有特性主要是指产品物理的、感官客观的、行为的、时间的、功能的和人体功效方面的有关要求
目的	1. 证实组织有能力稳定地提供满足顾客和法律法规要求的产品 2. 通过体系有效应用，包括持续改进和预防不合格品而增强顾客满意	验收产品并满足顾客
适用范围	通用的要求，适用于各种类型、不同规模和提供不同产品的组织	特定要求，适用于特定产品
表达方式	GB/T19001质量管理体系要求标准或其他质量管理体系要求或法律要求	技术规范、产品标准、合同、协议、法律法规、有时反映在过程标准中
要求的提出	GB，T19001标准	可由顾客规定；可由组织通过预测顾客要求来规定；可由法规规定
相互关系	质量管理体系要求本身不规定产品要求，但它是对产品要求的补充	

质量管理体系方法

质量管理体系方法是为帮助组织致力于质量管理，建立一个协调的、有效运行的质量管理体系。从而实现组织的质量方针和目标而提出的一套系统而严谨的逻辑步骤和运作程序，它是"管理的系统方法"原则在质量管理体系中的具体应用，它为质量管理体系标准的制定提供了总体框架。

质量管理体系方法的原则步骤：

（1）确定顾客和其他相关方的需求和期望。
（2）建立组织的质量方针和质量目标。
（3）确定实现质量目标必需的过程和职责。
（4）确定和提供实现质量目标必需的资源。
（5）规定测量每个过程的有效性和效率的方法。
（6）应用这些测量方法确定每个过程的有效性和效率。
（7）确定防止不合格并消除产生原因的措施。
（8）建立和应用持续改进质量管理体系的过程。

过程方法

系统地识别和管理组织所应用的过程，特别是这些过程之间的相互作用，被称为"过程方法"。它是将质量管理原则——"过程方法"应用于建立质量管理体系的具体方法，由此形成以过程为基础的质量管理体系模式。

  1. 过程方法的意义

过程是质量管理活动研究的基本单元。研究过程的基本特征，对于识别质量管理活动的每一个过程具有重要指导意义。研究过程的相互作用，为建立一个有机运行的质量管理体系提供了基础方法和管理思路。正如在质量管理原则——"过程方法"中所阐述的，把活动和相关的资源作为过程进行管理，可以更高效地得到期望的结果。

2. 过程方法的基本要点

（1）系统地识别组织所应用的过程。系统的含义可以理解为从组织运作的总体角度来考虑可能涉及的所有过程，要求对每一个过程都要进行识别。过程可大可小；一个过程可能再分为多个分过程或子过程。这取决于过程应用的目的、过程的性质、识别过程的原则及希望达到的结果。如 GB/T19000-2000 标准所给出的质量管理体系模式所确定的四个过程：产品实现过程，资源管理过程，管理活动过程，测量、分析和改进过程。

（2）具体识别每一个过程。对每一个过程的识别包括输入、输出和活动的识别，也应包括活动所需资源的识别。例如来料检验过程的识别。来料检验过程输入为一组待检的物料，输出应为测试结果，通常以书面报告形式给出。该过程的资源应包括：合格的检验员、检验活动所需的经校准的测量设备以及结果判定所使用的依据文件。过程的活动应是对待检物料实施测量并判断结果合格与否的一系列有序的活动。

（3）识别和确定过程之间的相互作用。这种相互作用体现在过程之间的联结关系和过程的输出与下一个过程或几个过程的输入的关系。在过程方法中要求应予以明确，以利于过程运行的管理。

（4）管理过程及过程的相互作用。管理过程及过程的相互作用是由多方面的活动构成的，如确定过程活动的职责、权限，过程相互作用活动中的沟通等，也包括对过程使用资源的管理。

质量方针和质量目标

质量方针是由组织的最高管理者正式发布的该组织总的质量宗旨和方向。

质量目标是指组织在质量方面所追求的目的。

1. 质量方针和质量目标的关系

（1）质量方针为制定、评审质量目标提供了框架。

（2）质量目标通常依据组织的质量方针制定。

（3）质量方针与质量目标应紧密相连，质量目标在持续改进方面与质量方针相一致。

2. 制定质量方针和质量目标的目的和意义

制定质量方针和质量目标为组织提供了关注的焦点。每个组织为其未

来的发展，都会制定一个战略规划，这是组织未来发展的方向，也是最高管理者将组织引向何处的决策方向。它将成为组织全体员工的工作准则和价值取向。质量方针给出组织的质量政策方向，质量目标给出了实施的准则。

质量方针和质量目标为组织确定预期的结果，可以帮助组织使用其资源达到这些预期的结果。质量方针和质量目标需要通过建立和运行质量管理体系实施质量管理而实现。

质量目标的实现对产品质量、体系运行的有效性和财务业绩都有积极的影响。质量目标的实现表明产品的质量达到了预期的结果，也证明了质量管理体系运行有效，因而组织也必将获得良好的经济效益。组织的相关方都会获益，这就必然增强相关方对组织的信任和满意程度。

八项质量管理原则为质量方针和质量目标的制定提供了指南。

最高管理者在质量管理体系中的作用

1. 创造一个员工充分参与实现组织目标的环境是最高管理者核心作用的体现。最高管理者能够决定组织的命运，最高管理者有权制定组织的政策，赋予员工职责和权限，提供资源。一个成功的领导者，应当是一个能充分发挥全员积极参与实现组织目标的管理者。因此，最高管理者应当通过其具有的领导权力，充分发挥领导作用，制定各种合理可行的措施，创造一个员工能充分发挥自身能力、使员工积极参与的氛围和环境。这是最高管理者核心作用的体现。

2. 最高管理者发挥作用体现的要点

一个优秀的领导者应具备管理理念和领导素质。八项质量管理原则为领导者提供了管理理念。最高管理者应在其管理活动中充分运用和发挥八项质量管理原则。下述几方面的作用是最高管理者应当发挥的。为便于理解，在每一作用后标出主要体现的质量管理原则。

（1）制定并保持组织的质量方针和质量目标（体现领导作用原则）。

（2）通过增强员工意识、积极性和参与程度，在整个组织内促进质量方针和质量目标的实现（体现全员参与和领导作用原则）。

（3）确保整个组织关注顾客要求（体现以顾客为关注焦点原则）。

（4）确保实施适宜的过程以满足顾客和其他相关方要求并实现质量目

标（体现过程方法原则）。

（5）确保建立、实施和保持一个有效的质量管理体系以实现这些质量目标（体现管理的系统方法原则）。

（6）确保获得必要的资源（体现领导作用原则）。

（7）定期评审质量管理体系（体现持续改进原则）。

（8）决定有关质量方针和质量目标的措施（体现基于事实的决策方法原则）。

（9）决定改进质量管理体系的措施（体现持续改进原则）。

持续改进

持续改进是增强满足要求的能力的循环活动。持续改进的对象是质量管理体系。制定改进目标和寻求改进机会的过程是一个持续过程。在该过程中常常使用审核发现、审核结论、数据分析、管理评审或其他方法给出存在的问题，指明原因，其结果是导致组织采取纠正措施或预防措施，这一持续循环的活动就是持续改进。

1. 持续改进质量管理体系的目的

持续改进质量管理体系的目的是为了提高组织质量管理体系的有效性，实现质量方针和质量目标，增加顾客和其他相关方满意的机会。

2. 持续改进的基本活动

（1）分析和评价现状，以识别改进区域。

（2）确定改进目标。

（3）寻找可能的解决办法，以实现这些目标。

（4）评价这些解决办法并作出选择。

（5）实施选定的解决办法。

（6）测量、验证、分析、评价实施结果，以确定这些目标已经实现。

（7）正式采纳更改。

质量管理体系与其他管理体系的关系

质量管理体系是组织管理体系的一部分，质量管理体系致力于使与质量目标有关的结果适当地满足顾客及其他相关方的需求、期望和要求。不同的目标关注的内容不同，但是这些目标是相辅相成的，是组织整体目标的组成部分，作为各个部分的管理体系，他们实际上存在共同的组成要素，

综合考虑不同的管理体系的这些共同要素，会给组织在管理活动的策划、策划资源的配置、确定组织互补的目标以及评价组织的整体有效性等方面带来好处。

质量管理的基本方法是按PDCA循环的基本工作思路，运用数理统计的方法来判断质量的优劣，分析其相关的因素，及时采取措施，进行防范和改进。

质量管理的工作思路——PDCA循环

大量实践观察和统计分析表明，影响质量的因素从性质上看可分为两大类，一大类是经常起作用的质量因素，由它所造成的质量波动称之为正常波动，是难以避免的；另一类因素不是经常发生，而是由于某种原因出现而产生作用的，由它所造成的质量波动称之为异常波动，它对产品质量的波动影响很大，因此，必须找出原因，加以排除。质量管理的方法就是去发现、分析和控制上述的两类波动。质量管理的方法的基本工作思路是一切按PDCA循环办事。PDCA循环是美国著名质量管理专家戴明首先提出来的，所以又叫"戴明循环法"。它反映了质量管理活动应遵循的科学程序。

1. PDCA循环的四个阶段和八个步骤

（1）计划阶段（Plan）

第一步，分析现状，找出存在的质量问题，并将数据图表化。

第二步，分析产生质量问题的各种原因或影响因素，并逐个仔细分析影响因素；

第三步，找出影响质量的主要因素，针对其采取措施，以便抓住主要矛盾，解决质量问题。

第四步，针对影响质量的主要因素，制定措施，提出改进计划，并预计效果。措施计划应具体、明确，应包括必要性（Why）、目的性（What）、地点（Where）、时间（When）、执行者（Who）、方法（How），即5W1H。

（2）执行阶段（Do）

第五步，实施措施，执行计划。

（3）检查阶段（Check）

第六步，调查事实结果，并与预期效果对比。

(4) 处理阶段（Action）。

第七步，总结经验，把成功的经验和失败的教训都纳入到相应的标准或制度、规定中，以巩固成绩，防止再犯。

第八步，提出尚未解决的遗留问题，转入下一轮 PDCA 循环。

2. PDCA 循环的特点

(1) 大环套小环，相互促进。整个企业的质量管理是一个大的 PDCA 循环，各级职能部门都有各自的 PDCA 循环，依次又有更小的 PDCA 循环，直至落实到每个员工。例如，某职能部门根据企业计划（即企业 PDCA 循环中的 P）制订自己的计划，这就是本部门 PDCA 循环的 P，同理依次落实到员工，上一级的 PD-CA 循环是下一级 PDCA 循环的依据，下一级 PDCA 循环又是上一级的 PDCA 循环的贯彻落实和具体化，如图 10-1，通过循环把企业的质量管理体系有机地联系起来，彼此协同、互相促进。

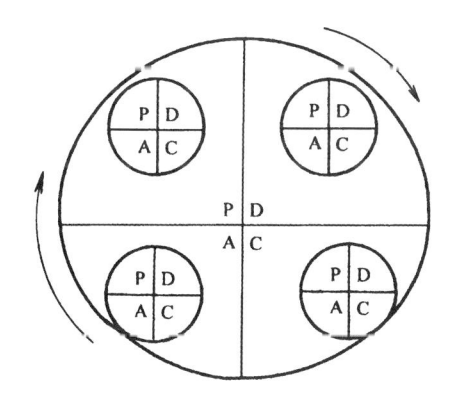

图 10-1　环套小环，相互促进　　　　图 10-2　爬楼梯

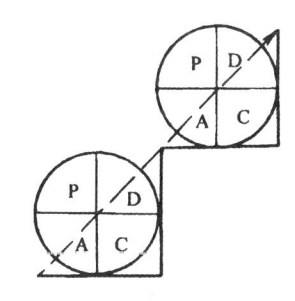

(2) 爬楼梯。四个阶段要周而复始地运转，而每一轮都有新的内容与目标，因而也意味着前进了一步，犹如爬楼梯，逐步上升，如图 10-2 所示。

(3) 强调提高计划质量。传统观点认为，质量管理的关键在于处理阶段，但从 20 世纪 90 年代以后，人们普遍认为应把重点放在计划阶段，强调提高计划质量及事前的精心准备。

3. 质量管理方法的应用

在 PDCA 循环四个阶段和八个步骤中需要采集大量数据和信息，并用数

理统计方法整理后，才有实际指导意义。各步骤与常用的质量管理方法之间的关系如表10-3所示。

表10-3　PDCA 循环与常用的质量管理方法之间的关系

阶段	步骤		常用的质量管理方法	备注
P（计划）	1	换出存在问题	（1）排列图法 （2）直方图法 （3）控制图法 （4）KJ 法 （5）系统图法 （6）矩阵图法 （7）网络图法	（1）排列图中 A 类问题应首先解决 （2）应从整个图形并与规格界限比较，即可发现问题 （3）观察控制图有无超出控制界限的异常点，以及点子的排列有无缺陷 （4）可应用 KJ 法中的语言资料收集方法 （5）可应用系统图法进行分解 （6）以矩阵图中的交点作为构思的要点
	2	寻找产生问题的原因	（1）因果图法 （2）关联图法 可配合应用 KJ 法、系统图法和矩阵图法	因果图法和关联图法应注意集思广益
	3	抓主要矛盾	（1）排列图法 （2）散布图法 （3）可配合应用矩阵图法 （4）正交法	（1）排列图中 A 类问题应首先解决 （2）散布图外。尚有各种相关分析，以及相关系数的计算
	4	制订措施计划	（1）过程决策程序图法 （2）网络图法 （3）运用对策表解决 5W1H 问题：Why 必要性、What 目的性、Where 地点、When 时间、Who 执行者、How 方法	
D（实施）	5	采取措施	（1）按计划执行 （2）严格落实措施	

（1）在排列图中观察项目排列顺序及柱高有无变化

（2）在直方图中，明显地看出工序能力有无提高

（3）在控制图中，可知是否消除了异常点，工序状态是否恢复了正常

A（处理）7 巩固

成绩工作结果标准化，制定或修订新的产品标准或工作标准 8 提出尚未解决的问题反映到下一个循环计划中去

质量事故分析的常用方法

质量事故分析与对策的常用方法，可通俗地归纳为两图一表法（排列图法、因果分析图法和对策表法结合起来使用）、分层法、相关图法和统计分析表法。

（一）两图一表法

1. 排列图法

排列图法即 ABC 法，排列图又叫主次因素分析图或帕雷图，排列图是用来找出影响产品质量主要因素的一种有效工具。图中横坐标表示影响产品质量的因素或项目，一般以直方的高度来表示各因素出现的频数（不合格品件数）并从左至右按频数由小到大的顺序排列；纵坐标设置两个，左边的表示因素出现的频数（件数、金额等），右边的表示出现的频率（百分数），曲线纵坐标值表示因素累计百分数的大小。排列图的作用是区分主次，分类管理。通常把累计百分数分为三类：0%~80%范围内为 A 类，是引起质量问题的主要因素，所以从 A 类因素着手解决质量的关键问题，可以取得最佳效果；80%~90%范围内为 B 类，是引起质量问题的次要因素；90%~100%范围内为 C 类，是引起质量问题的一般因素。排列图不仅可用于产品质量波动问题的分析，还可用于分析物资、能源消耗、资金、成本、安全事故等各种问题的原因，它是一种应用比较广泛的简便有效方法。

做排列图应当注意以下几点：

（1）表示项目的各矩形宽度相等，高度按该项目的大小决定。

（2）主要因素一般为 1~2 个，最多不超过 3 个，否则要对因素重新分类。

（3）纵坐标用件数、金额、时间等表示都行，原则是以更好地找到主要因素为准。

（4）不重要的项目很多时，可以归入"其他"栏列在最末。

例1 影响某工厂影响一产品质量的因素有 12 项，其中有 6 项因素对产品质量的影响较小，为作图方便将其归为"其他"项，具体情况见表10-4。

表 10-4 影响产品质量的因素

项目	项目代号	缺陷数	百分数（%）	累计百分数（%）
旋转	A	130	65	65
杂音	B	40	20	85
裂纹	C	12	6	91
耐压	D	8	4	95
轴铆固	E	2	1	96
壳开	F	2	1	97
其他	G	6	3	100
合计		200	100	

影响该产品质量的排列图如图 10-3 所示。

由表 10-4 和图 10-3 可知，

影响产品质量的主要因素是旋转不良。

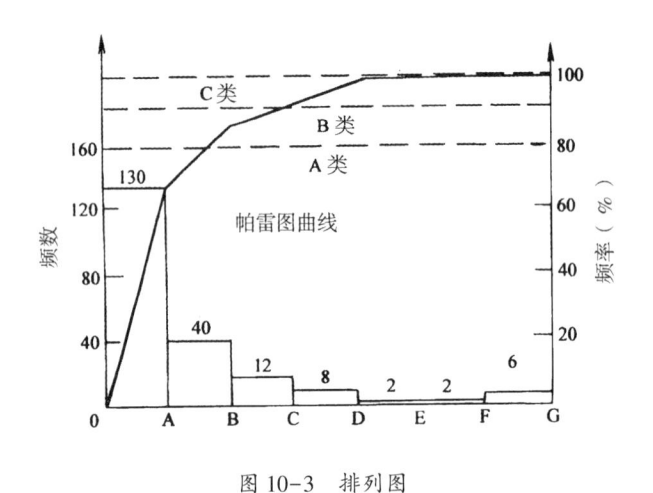

图 10-3 排列图

2. 因果分析图法

因果分析图又称鱼刺图或树枝图，它是一种用来寻找某种质量问题的所有可能原因的有效工具。在生产过程中影响产品质量的原因主要有操作者、原材料、设备、工艺方法、测量和环境六个方面。由于这些表面性的大原因由一系列中原因构成，并且还可以进一步逐级分层地找出构成中原

因的小原因及更小原因等。如此分析下去，直到找出能直接采取有效措施的原因为止，这就是在质量分析时要追究的根本原因，最后根据根本原因采取对策。因果分析图如图10-4所示。运用因果分析图应采用质量分析会的方式，尽可能让各方面有关的人员参加，要充分发扬民主，把各种意见都记录下来。主要原因可通过排列图、投票或其他方法来确定，然后用方框框起来，以引起注意。

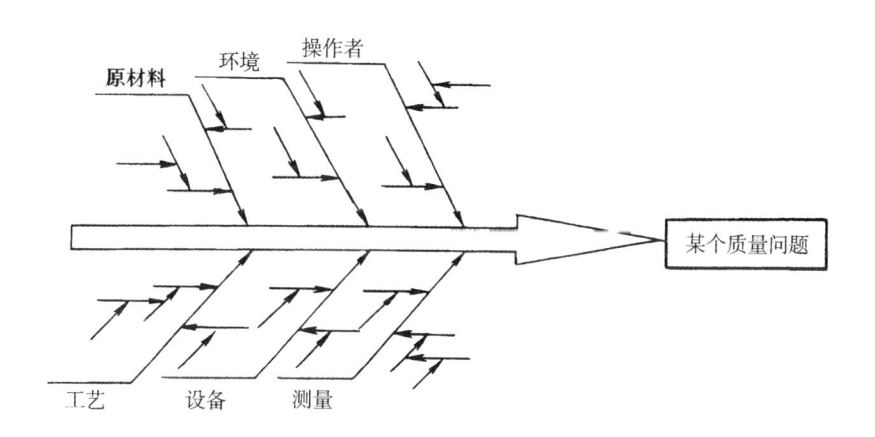

图 10-4　因果分析图

3. 对策表法

对策表是在利用排列图和因果分析图找出了质量问题的主要原因后，紧接着要找出解决问题的具体办法。可将作出的对策明确列出，制成表格。表中列出各种存在问题、应达到的质量标准、解决问题的具体措施、责任者和期限等，这就是对策表。对策表的一般格式如表10-5所示。

表 10-5　对策表

序号	项目	存在问题	质量标准	对策措施	负责人	完成日期	备注

(二) 分层法

分层法又称分类法，它是分析影响质量（或其他问题）的原因的一种基本方法。它是通过分层（或分类）把性质不同的数据以及影响质量的错综复杂的原因及其责任划分清楚，找出解决的办法。分层时层次分得越细，则所收集到的数据的分散性越小，也越均匀，所反映的问题越具有较强的代表性和针对性。根据质量管理的不同需要，分层时可从不同的角度区分：

（1）按时间，即按季、月、日、班次、节假日前后等划分。

（2）按操作者，即按文化程度、男女性别、年龄、工龄、技术等级等划分。

（3）按操作方法，即按操作环境、操作规程、操作条件等划分。

（4）按使用设备，即按机床型号、工艺装备等划分。

（5）按测量工作，即按测量人员、测量一起、测量方法等划分。

（6）按原材料，即按供应厂家、进料时间及材料的批次、成分、规格等划分。

总之，分类的目的是把不同性质的问题分清楚，便于分清问题找出原因。但是运用分层法往往按一个标志分类不能完全解决问题，这就要求按几个相关的标志分别分类，进行综合分层分析，有时还应同质量管理中的其他方法联合使用才能使质量问题原因明朗化。

(三) 相关图法

相关图又叫散布图，它是在直角坐标系上表示两个变量之间的相关关系的图。相关图用在质量管理中，就是根据影响质量特性因素的各对数据，用点子表示并填列在直角坐标图上，以观察和判断两个质量特性因素之间的关系，进而对产品或工序进行有效控制。

相关图的应用很广，如在加工零件时，需要了解切削用量对加工质量、操作方法对加工质量的关系；热处理时需要了解钢的温度与硬度的关系等，都要应用相关分析，以便能控制影响产品质量的相关因素。典型的相关关系如图10-5所示。

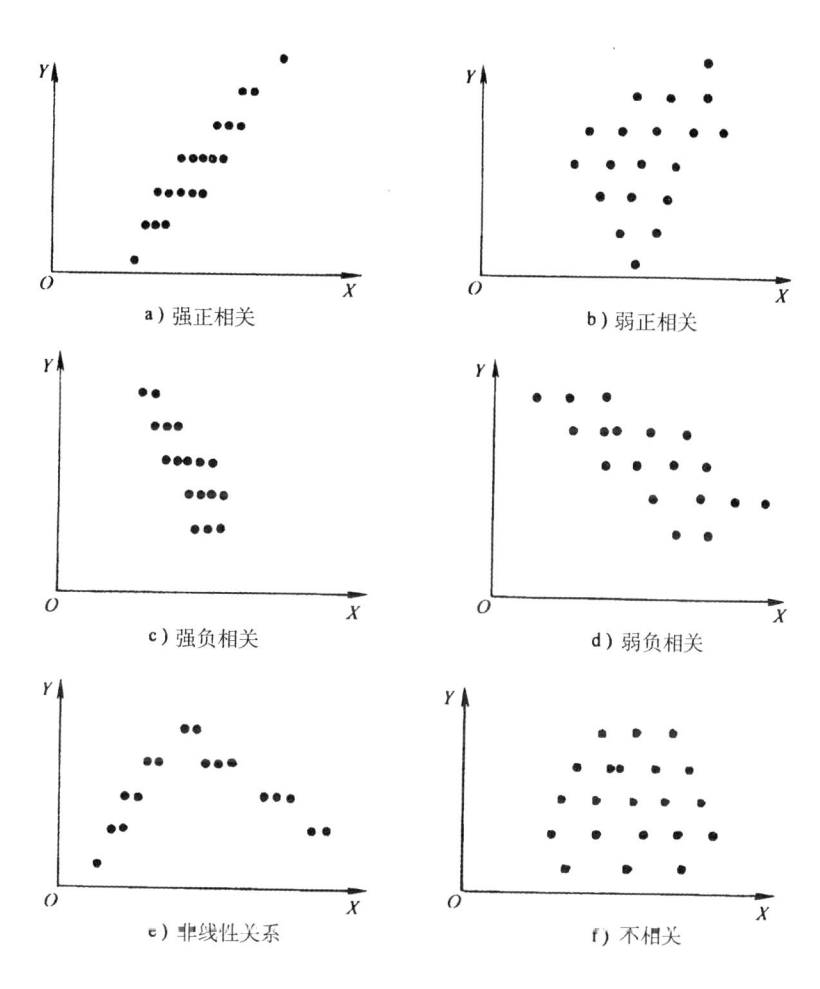

图 10-5 相关图

(四) 统计分析表法

统计分析表又称质量调查表它是利用统计图表来统计数据，进行数据整理并对影响产品质量的原因作粗略分析的常用图表。其格式有多种多样，可根据产品和工序的要求灵活确定其形式与项目，常用的统计分析表有：

(1) 不合格品统计调查表。它是将不合格品分类统计在表上，用于调查生产中发生了哪些不合格品及其比率。

(2) 缺陷位置调查表。它直观地将质量缺陷标注在调查对象的示意图或展开图上，以表明缺陷所在位置及其状态，较多的用于工序分析。

(3) 频数分布调查表。它是将产品质量特性值出现的频数及其分级列成表格，并把测量的产品数值在相应的组内划上符号而构成的，可用于了解工序质量特性值的分布情况。

在实际工作中，统计分析表往往和分层法结合起来使用，这样就有可能使影响产品质量的原因调查得更清楚。

工序质量控制的常用方法

（一）直方图法

直方图是用于工序质量控制的一种质量数据的分布图形。它是把从工序收集来的质量数据分布情况，画出以组距为底，以频数为高度的一系列直方形连起来的矩形图。下面通过具体实例阐述此方法。

1. 直方图的做法

例2 某轧钢厂生产钢板，其厚度公差为 6±0.44mm，从生产的批量中随机取样，检测数据如表10-6所示。

表10-6 钢板厚度 (6±0.4mm)

5.77	6.27#	5.93	6.08	6.03	6.12	6.18#	6.10#	5.95	5.95
6.01	6.04	5.88	5.92	6.15	5.72	5.94	6.07	6.00	5.75
5.71*	5.75*	5.96	6.19	5.70*	5.65	5.84	6.08	6.24#	5.61*
6.19	6.11	5.74	5.96	6.17	6.13#	5.80*	5.90	5.93	5.78
6.42#	6.13	5.71*	5.96	5.78	5.60*	6.14	5.56*	6.17	5.97
5.92	5.92	5.75	6.05	5.94	6.13	5.80	5.90	5.93*	5.78
5.87	5.93	5.78	6.12	6.32#	5.86	5.84	6.08	6.24	5.97
5.89	5.91	6.25#	6.21#	6.08	5.95	5.94	6.07	6.00	5.85
5.96	6.05	6.00	5.89*	5.83	6.12	6.18	6.10	5.95	5.95
5.95	5.94	6.07	6.02	5.75	6.03	5.89	5.97	6.05	645#

注：#——列中最大值；*——列中最小值。

作直方图的具体步骤如下：

(1) 抽取样本，测量数据。数据的数目一般在30个以上，最好是100个左右，以 N 表示，本例取 N=100。

(2) 找出数据中的最大值（以 La 表示）和最小值（以 Sm 表示），本

例中 La=6.45，S=5.56，见表10-6。

（3）计算最大值与最小值之差。即极差（用R表示），本例中：R=La-Sm=（6.45-5.56）mm=0.89mm

（4）将数据进行分组，划分组数（以K表示）组数可从表10-7中选取。本例按，V=100，250时，选取，K=10。

表10-7 分组个数参考表

数据个数（N）	适当的分组个数（K）	本例使用的分组个数（K）
30~50	5~8	10
50~100	6~10	
100~250	7~12	
250以上	10~20	

（5）计算组距（用h表示），即分组的宽度，一般用下式确定：h=（1a-Sm）/K=R/K=0.89mm/10≈0.09mm

（6）确定各组分组的组界。第一组的下界值，一般用下面公式确定：

下界值=Sm-测量单位/2

上界值=下界值+组距（h）（10-4）本例中测量单位为0.01mm，所以：

第一组的下界值是：（5.56-0.01/2）mm=（5.56-0.005）mm=5.555mm

第一组的上界值为：（5.555+0.09）mm=5.645mm

第二组的下界值=第一组的上界值=5.645mm

第二组的上界值=（5.654+0.09）mm=5.735mm

第三组的下界值=第二组的上界值=5.735mm

其余各组见表10-8。

（7）计算各组的中心值，中心值是各组中间的数值，按下式计算：

xi=某组下限值+某组上限值得一提，各组中心值见表10-8。

（8）计算频数，即统计落入各组的频数（数据出现的次数），详见表10-8。

（9）计算各组简化中心值，按下式计算：ui=Xi-ah

式中，a为频数最大组的组中值。

本例a=5.96mm，各组简化中心值见表10-8。

(10) 计算平均值：$\bar{X}=a+h\dfrac{\sum_{i=1}^{k}f_iu_i}{\sum_{i=1}^{k}f_i}$

本例：$\bar{X}=5.983\text{mm}$

(11) 计算标准偏差 S。S 按下式计算：$S=h\sqrt{\dfrac{\sum_{i=1}^{k}f_iu_i^2}{\sum_{i=1}^{k}f_i}-\left[\dfrac{\sum_{i=1}^{k}f_iu_i}{\sum_{i=1}^{k}f_i}\right]^2}$

本例 $S=0.166\text{mm}$

记录各组中的数据，整理成频数分布表，如表 10-8 所示。

表 10-8　直方图计算表　　　　单位：mm

组号	组距	X_i	f_i	u_i	f_iu_i	$f_iu_i^2$	$\bar{X}$	S
1	5.555~5.645	5.60	2	-4	-8	32		
2	5.645~5.735	5.69	3	-3	-9	27		
3	5.735~5.825	5.78	13	-2	-26	52		$S=h$
4	5.825~5.915	5.87	15	-1	-15	15	$\bar{X}=a+h\dfrac{\sum_{i=1}^{k}f_iu_i}{\sum_{i=1}^{k}f_i}$	$\sqrt{\dfrac{\sum_{i=1}^{k}f_iu_i^2}{\sum_{i=1}^{k}f_i}-\left[\dfrac{\sum_{i=1}^{k}f_iu_i}{\sum_{i=1}^{k}f_i}\right]^2}$
5	5.915~6.005	5.96	26	0	0	0		
6	6.005~6.095	6.05	15	1	15	15	$=5.96+0.09$	$=0.09\times$
7	6.095~6.185	6.14	15	2	30	60	$\times\dfrac{26}{100}=5.983$	$\sqrt{\dfrac{346}{100}-\left[\dfrac{26}{100}\right]^2}$
8	6.185~6.275	6.23	7	3	21	63		
9	6.275~6.365	6.32	7	4	8	32		$=0.166$
10	6.365~6.455	6.41	2	5	10	50		
∑			100	5	26	346		

(12) 画直方图，以纵坐标为频数，横坐标为组距，画出一系列直方形就是直方图。本例如图 10-6 所示。

2. 直方图的观察分析

图 10-7 中的四种图形，分别说明四种情况。图中 a 是一个正态分布图形。表明工序只存在随机误差，情况正常稳定；b 是分立小岛型，这是由少量原材料不合格，或短时间内工人操作不熟练所造成的；c 为偏态型，直方图的分布中心线偏向一侧，通常是由操作者的主观因素所造成的；d 是双峰型，通常是由于在做抽样检查之前，分层工作没做好，使两个分布混淆在一起所造成的。

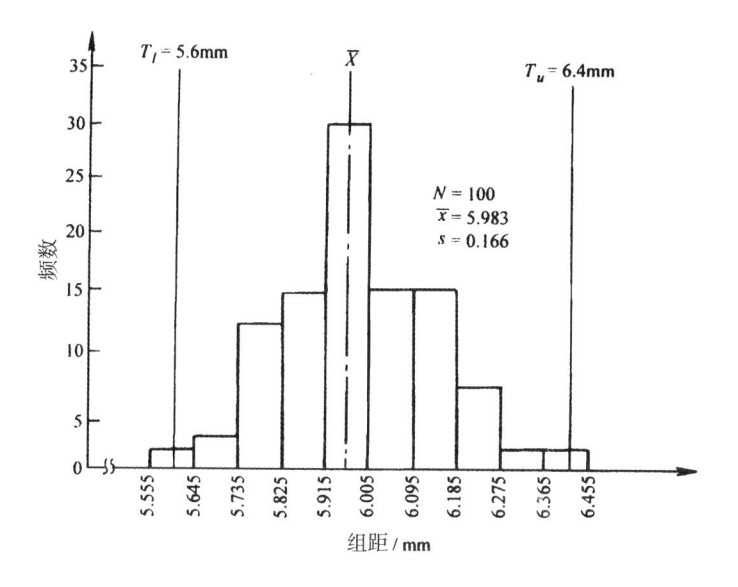

图 10-6 直方图

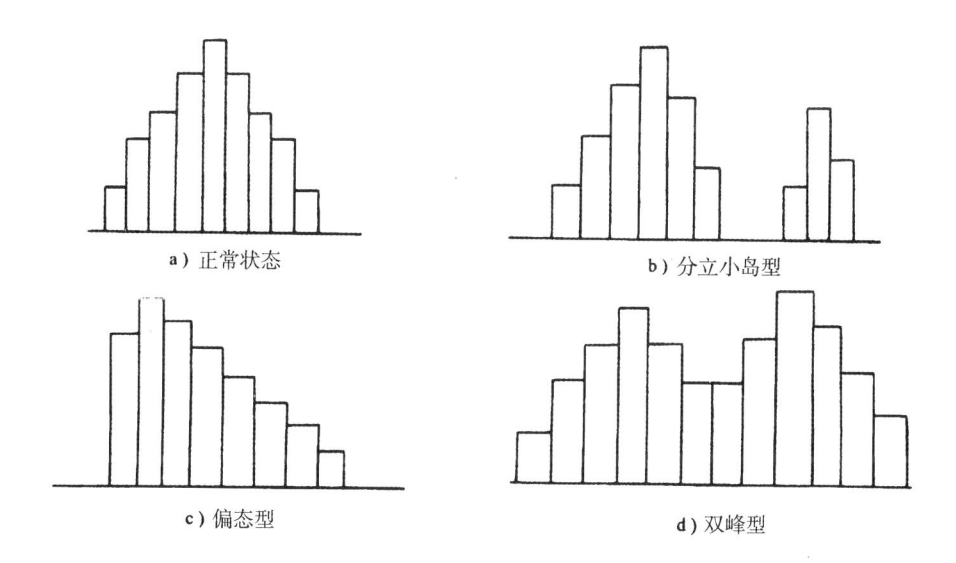

图 10-7 直方图观察分析

a) 正常状态　　b) 分立小岛型　　c) 偏态型　　d) 双峰型

另外，通过直方图与公差进行对比，也可以对工序的稳定性作出判断，如图 10-8 所示。图中，B 是实际尺寸分布范围，T 是公差范围。从图中可知有以下六种情况：a 是理想状况；b：B 虽在 T 内，但偏向一边，有超差的可能；c：B 过分小于 T，加工不经济；d：B 过分偏离 T 的中心，造成废

品过量；e：B 与 T 一样，分布太宽，有超差的可能；f：B 的范围太大，超出了 T，产生了超差，工序能力不能满足技术要求。

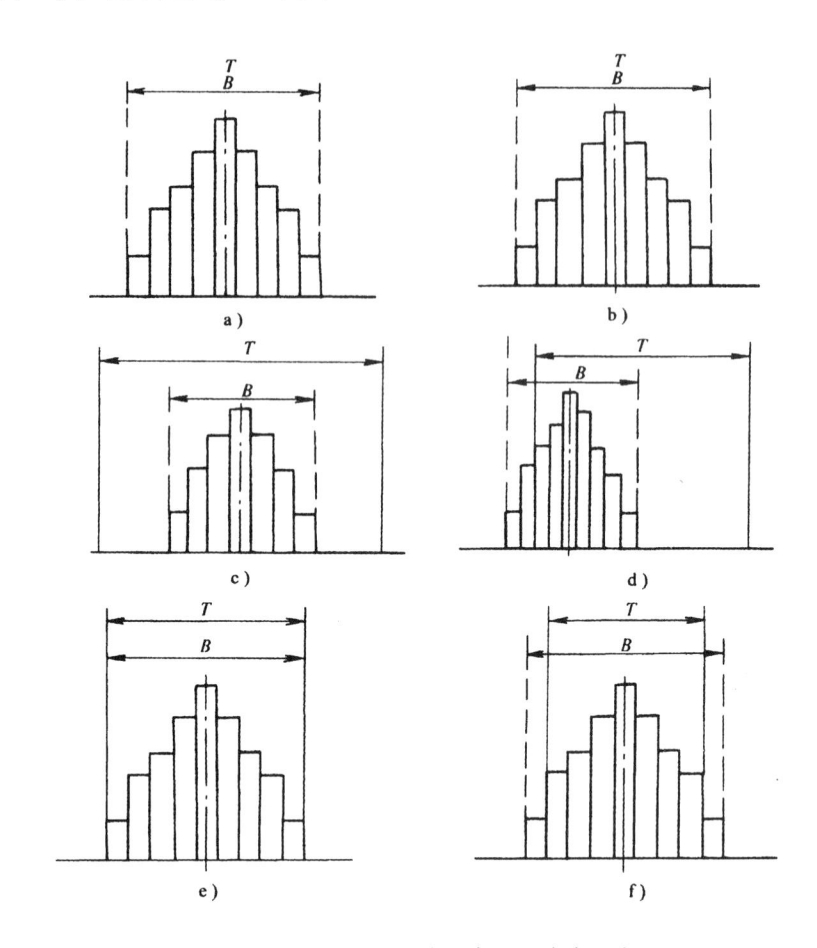

图 10-8　直方图尺寸分布与公差对比图

3. 工序能力指数

工序能力是指在正常条件和稳定状态下产品质量的实际保证能力，它又叫加工精度，用 B 表示。工序能力的高低一般是用计算工序能力指数的方法测定的。工序能力指数用 CP 表示，其计算公式为：CP = TB（10-9）从上式中不难看出，工序能力指数同这道工序的技术要求（T）和加工精度（B）均有关系，因此它是反映工序能力满足质量要求程度的一个综合性指标。工序能力指数越大，说明工序能力越能满足技术要求甚至有一定储备，质量指标越有保证或越有潜力。

下面分不同情况来介绍工序能力指数的计算方法：

（1）当加工产品的尺寸分布中心与质量标准中心（即公差中心）重合时，CP 的计算公式为：CPK＝（1-K）·CP＝T6ε

（2）当加工产品的尺寸分布中心与公差中心不重合时，首先应进行调整，使两个中心重合；如果调整有困难或没必要调整时，计算 CP 值时应进行休整，其计算公式为：CPK＝（1-K）·CP＝T-2ε6σ

式中：CPK——修正后的工序能力指数；

e——平均值的偏移量；

K——平均值的偏移度。K＝εT/2

通过工序能力指数的计算可以了解工序能否保证质量及满足质量标准的公差要求的程度，它的判断评价标准如表 10-9 所示。

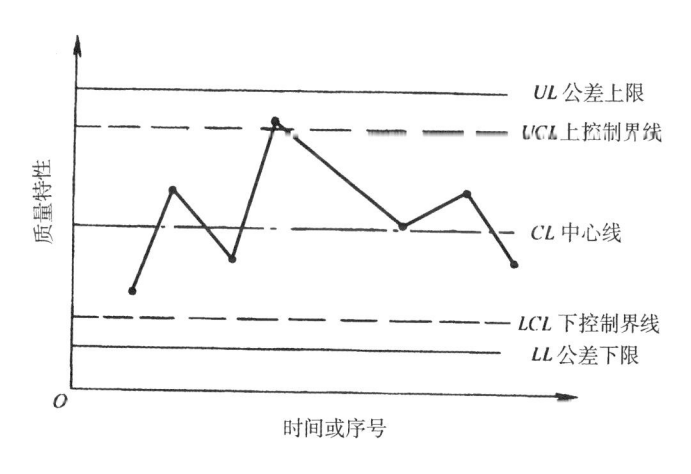

图 10-9 CP 值的判断评价标准

利用工序能力指数还可以为设备验收、工艺方法和质量标准的制定、修改提供科学的依据。

（二）控制图法

控制图法又称管理图法，是利用带有控制界线的图表形状来反映生产过程是否处于稳定状态，并据此对生产过程进行分析、监督、控制的一种工具。

1. 控制图的基本原理

控制图的基本原理是把现实生产中造成产品质量波动的六大因素（即

人、设备、原材料、测量、工艺、环境）分为两大类：一类是随机性原因（也称偶然性原因）；另一类是非随机性原因（也称系统原因）。

随机性原因是对产品质量经常起作用的因素，如原材料性质的微小差异、机床的固有振动、刀具的正常磨损、夹具的微小松动、工人操作中的微小变化等，一般来说，经常起作用的因素多，但它们对质量波动（称正常波动）的影响小，不易避免，也难以消除，可以不必加以控制。因此，把仅是随机原因造成的质量波动称为正常的波动，认为仅存在正常波动的生产过程是处于被控制状态。

非随机性原因是可以避免的因素，如原材料中混入了不同成分或规格的原材料，机床、刀具的过度磨损，夹具的损坏，机床、刀具安装和调整不当，测量错误等。系统性因素对质量波动的影响大，容易识别，也能避免。

由系统性因素引起的波动称异常波动，异常波动造成的误差大小往往可以在造成波动的物体上测量出来，如孔加工的系统误差，如果是由刀具基本尺寸的误差造成的，那么可在刀具本身上测量出来。这些差异的大小和方向，对一定时间来说，都是一定的或作周期性变化。对于影响质量波动的系统性因素，我们应严加控制。因此，控制系统性差异造成的质量波动，就成了控制图法的主要任务。

2. 控制图的作用

控制图的作用主要有以下几个方面：

（1）用于工序控制，即用于判断生产过程、工序质量的稳定性是否正常。

（2）用于工序质量分析。

（3）为评定质量以及确定对机器设备、工装的调整规律提供依据。

（4）用于改进产品检验。决定产品检验的方式或改变检验的范围。

3. 控制图的内容

控制图的内容包括标题和控制图两个部分。控制图的基本格式如图10-9所示。

在图10-9中，横坐标为取样时间或取样序号，纵坐标为测得的质量特性值。

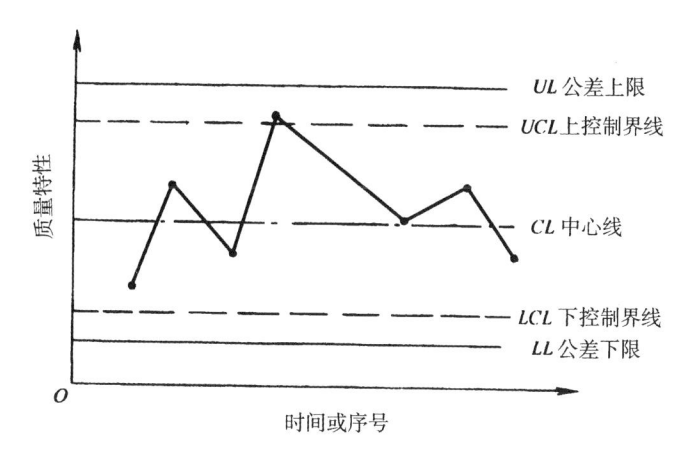

图 10-9 控制图

图上有 5 条与横坐标平行的线，中间一条为中心线，用点划线表示；中心线上面一条虚线为上控制界限线，另一条实线是公差上限线；中心线下面一条虚线为下控制界限线，另一条实线是公差下限线。一般取中心线上下 3 个标准差即 $\mu\pm3\sigma$ 作为上、下控制界限的范围。然后在生产过程中按规定的时间间隔抽取子样，测量其特性值，把经过计算的统计量按大小用点子点在图上，并根据点子的分布情况对生产过程的状态作出判断。如果点子无异常情况出现，则表明生产过程正常；否则则表明将会出现质量问题，应采取相应预防措施。

4. 控制图的种类和绘制

控制图的种类虽多，但基本可分为两大类：一类为计量值控制图，另一类为计数值控制图，每一类又可分为若干种，常用的控制图如表 10-10 所示。

表 10-10 常用控制图种类

类别	符号	名称	用途
计量值控制图	X	单值控制图	用于计量值。在加工时间长、测量费用高，需要长时间才能测出一个数据或样品数据不便分组时使用
	$\overline{X}\text{-}R$	平均数和极差控制图	用于计量值。如尺寸、重量等
	$\widetilde{X}\text{-}R$	中位数和极差控制图	用于计量值。如尺寸、重量等

类别	符号	名称	用途
计数值控制图	P_n	不合格品控制图	用于各种计数值。如不合格品个数的管理
	P	不合格品率控制图	用于各种计数值。如不合格品率、出勤率等的管理
	U	单位缺陷数控制图	用于单位面积、单位长度上的缺陷数的管理
	C	缺陷数控制图	用于焊接缺陷数、电镀表面麻点数等的管理

类别符号名称用途计量值

控制图 X 单值控制图用于计量值。在加工时间长、测量费用高，需要长时间才能测出一个数据或样品数据不便分组时使用 -R 平均数和极差控制图用于计量值。如尺寸、重量等 -R 中位数和极差控制图用于计量值。如尺寸、重量等计数值

控制图 Pn 不合格品控制图用于各种计数值。如不合格品个数的管理 P 不合格品率控制图用于各种计数值。如不合格品率、出勤率等的管理 U 单位缺陷数控制图用于单位面积、单位长度上的缺陷数的管理 C 缺陷数控制图用于焊接缺陷数、电镀表面麻点数等的管理由表 10-10 可见，控制图的种类很多，-R 控制图是一种最常用的控制图。该图由两部分组成：子样的平均数控制图（控制图）和子样的极差控制图（R 控制图），通常控制图放在 R 控制图的上面，格式见图 10-10。

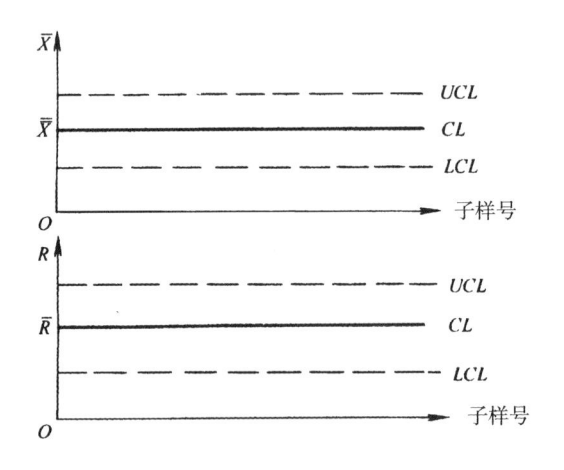

图 10-10 -R 控制图

控制图主要用来分析数据平均值的变化；R 控制图主要用来分析加工误差的变化，同时用它定出控制图的控制界限。

绘制-R控制图的具体步骤如下：

（1）收集数据。从需要控制的工序中，随机抽取样本，测量后取得数据，一般数据量不能少于100个。

（2）数据分组，并按组列成数据表。按测量顺序或批次分组，一般组数K=20~25，每组数据个数n=4~5个，并将数据按组列成数据表。

（3）计算各组的平均值：j=∑Xjn

（4）计算所有数据的总平均值：=∑XjK

（5）计算各组的极差值：Rj=Xmax-Xmin

（6）计算各组的极差值的平均值：=∑RjK

（7）计算中心线和控制界限：

控制图：

中心线 CL

上控制线 UCL=+A2R

下控制线 LCL=D4

R控制图：

中心线 CL

上控制线 UCL=D4

下控制线 LCL=D3

是由子样大小n确定的系数。见表10-11。

表10-11 控制图系数表

n 系数	A_2	m_3A_2	D_3	D_4	E_2	d_2	d_2
2	1.880	1.880	—	3.267	2.660	1.128	0.853
3	1.023	1.187	—	2.575	1.772	1.693	0.888
4	0.729	0.796	—	2.282	1.457	2.059	0.880
5	0.577	0.619	—	2.115	1.290	2.326	0.864
6	0.483	0.549	—	2.004	1.184	2.534	0.848
7	0.419	0.509	0.076	1.924	1.109	2.704	0.833
8	0.373	0.432	0.136	1.864	1.054	2.847	0.820
9	0.337	0.412	0.184	1.816	1.010	2.970	0.808
10	0.308	0.363	0.223	1.777	0.975	3.078	0.797

（8）作-R 控制图。将控制图放在 R 控制图的上面，画出上下控制线和中心线，并根据数据在图上打"·"，最后将各点按组号顺序或时间顺序用直线连接起来，以便观察和分析质量分布的变化趋势。

5. 控制图的观察分析

画控制图显然并不是我们的目的，而利用控制图判断生产过程的稳定性、预防废品的发生和改进生产过程，从而提高产品质量，这才是目的。所以控制图作出以后，需对控制图进行观察和分析。

一般说来，控制图上的点子反映出生产过程的稳定状况。生产过程正常或处于受控状态时，产品质量的波动属于正常波动，控制图必须同时满足两个条件：①点子没有跳出控制界限；②点子在控制界限内排列没有缺陷，即产品的质量特性值服从正态分布。

控制图中，点子排列出现下列情况，即意味着排列有缺陷：①点子在中心线一侧连续出现 7 次或 7 次以上；②出现连续 7 点上升或下降的倾向；③点子在中心线一侧多次出现，连续 11 点中至少有 10 点在中心线一侧，连续 14 点中至少有 12 点在中心线一侧，连续 17 点中至少有 14 点在中心线一侧，连续 20 点中至少有 16 点在中心线一侧；④连续 3 个点子中至少有 2 点在上、下控制线边界出现；⑤点子排列呈周期性等。其排列出现缺陷时，则认为产品质量波动出现异常波动，生产过程发生了异常变化。这时就必须对生产过程进行分析，把导致这种异常变化的原因找出来，排除掉，使生产过程处于受控状态，产品质量得到保证。

第十一章
生产管理技术发展与模式改变

生产管理的方式随着生产技术的不断提高而不断改进。

随着信息技术的迅速发展和普及，一种面向未来的、信息含量更高、知识技术密集程度更高的新的生产方式—敏捷制造的概念和思想也已出现。本章主要介绍生产方式的演变过程，分别介绍了JIT生产方式、精益生产方式、CIMS生产方式和敏捷制造的主要内容，其中详细介绍了JIT生产方式。

生产方式的演变过程

现代化大生产的开始——大量生产

制造业的生产方式经过了从手工生产方式、大量生产方式、JIT生产方式、精益生产方式这样一个演变过程。在19世纪末,包括汽车在内的绝大部分产品主要依靠具有高度手工技艺的技工一件一件地制作。由于是手工操作,几乎没有完全相同的两件产品。在这种情况下,产品产量很低,成本非常高,产品质量波动大。20世纪20年代,美国福特汽车公司的创始人亨利·福特创立了汽车工业的流水生产线,由此揭开了现代化流水生产的序幕,引起了制造业的一个根本变革。福特的主要内容可以概括为以下两个方面:

(1) 实施零件以及产品的标准化、设备及工具的专用化、工作地的专业化。

(2) 创造了流水作业的生产方法,建立了传送带式的流水生产线。

这种生产方式的主要优点是实现了产品的大量、快速生产,并且成本随着产量的增加而降低,从而满足了当时日益增长的社会需要。但是,这种生产方式也有其一定的弊端:在这种生产方式下,劳动分工过细,每个工人只会一种技艺,专业技能狭窄;脑力劳动和体力劳动脱节;工人成了一种单纯的"机器的延伸";刚性过大,缺乏柔性,不能迅速适应市场变化。

准时生产方式(JIT)

准时生产方式的基本思想可用一句话来概括,即"只在需要的时候,按需要的量,生产所需的产品"。这种生产方式的核心是追求一种无库存生产系统,或使库存达到最小的生产系统,为此开发了包括"看板"在内的一系列具体方法,并逐渐形成一套独特的生产经营体系。

1990年美国MIT的一个专门报告认为JIT生产方式与大量生产方式相比具有许多优越性:能节省约一半的人力资源;可压缩新产品开发周期1/

2—1/3；生产过程中的在制品库存可下降 10%；工厂占用空间可减少一半；成品库存下降 75% 左右；产品质量可大幅提高。

IT 生产方式的进一步升华——精益生产方式

到 20 世纪 80 年代中期，JIT 生产方式已在世界范围内得到了一定的传播。但是，它到底是日本独特的社会、经济、文化背景下的一种产物，还是在全球范围内具有普遍意义？正是带着这样的疑问，以美国 MIT 大学的教授为首，有日美欧各国 50 多位专家参加的一个研究小组，对 JIT 生产方式进一步作了详尽的实地考察和理论研究，提出了"精益生产"理论，指出精益生产是一种"人类制造产品的非常优越的方式"，它能够广泛适用于世界各个国家的各种制造企业，并预言这种生产方式将成为未来 21 世纪制造业的标准生产方式。该理论所称的精益生产，是对 JIT 生产方式的进一步提炼和理论总结，其内容范围不仅只是生产系统内部的运营、管理方法，而是包括从市场预测、产品开发、生产制造管理（其中包括生产计划与控制、生产组织、质量管理、设备保全、库存管理、成本控制等多项内容）、零部件供应系统直至营销与售后服务等企业的一系列活动。

CIMS 生产方式

1973 年美国的约瑟夫·哈林顿博士提出了计算机集成制造系统（CIMS）的概念，哈林顿博士认为，企业的各种生产经营活动是不可分割的，即从市场预测分析、经营决策、产品设计、加工制造、分销到售后服务等一系列企业活动都是紧密相关的，企业是一个有机的系统，需要统一考虑。CIMS 是基于计算机集成制造（CIM）哲理构成的优化运行的企业制造系统。在 CIMS 中强调"信息流"和"系统集成"这两个基本观点。集成特性主要包括人员集成、信息集成、功能集成和知识集成。从功能上看，CIMS 包括了一个制造企业中设计、制造、经营管理和质量保证等主要功能，并运用信息集成技术和支撑环境使以上功能有效的集成。

应用 CIMS 可使资源的利用率提高 2~3 倍，生产率提高 40%~50%，缩短生产周期 30%~80%，节约劳动力 30%~60%。

面向未来的新型生产方式——敏捷制造

历史前进到 20 世纪 90 年代，信息化的浪潮汹涌而来。在这一浪潮中，

美国走在了世界的前列。因此,美国想凭借他们的这一优势重新夺回80年代被日本、德国等国的企业所夺去的在制造领域的领先地位。在这种背景下,一种面向21世纪的新型生产方式——敏捷制造(agiIe manufacturing)的设想诞生了。

1994年底,美国里海大学的亚科卡研究所提出了一份详细的、全面的报告,题为《21世纪制造企业战略》。在这份报告中,提出了既能体现国防部与工业界各自的特殊利益,又能获取它们共同利益的一种新的生产方式,即敏捷制造,并描绘了在先进国家已经开始涌现的敏捷制造的一幅全面的图画,提出了敏捷制造的基本思想和结构体系。

JIT生产方式的基本思想和主要方法

生产方式的目标和方法体系

JIT生产方式作为一种生产管理技术,是各种思想和方法的集合,并且这些思想和方法都是从各个方面来实现其基本目标的。在这个体系中,包括JIT生产方式的基本目标以及实现这些目标的多种方法,也包括这些目标与各种方法之间的相互内在联系。这一构造体系可以如图11-1所示。这里首先按照该图概述一下JIT生产方式的目标及其方法的构成。

1.JIT生产方式的目标

JIT生产方式的最终目标即企业的经营目的是获取利润。为了实现这个最终目标,"降低成本"就成为基本目标。如前所述,在福特时代,降低成本主要是依靠单一品种的规模生产来实现的。日本在20世纪60、70年代初的经济高度成长期,由于需求不断增加,采取大批量生产也取得了良好的效果。在这样的情况下,实际上不需要太严密的生产计划和细致的管理,即使出现生产日程频繁变动、工序间在制品库存不断增加、间接作业工时过大等问题,只要能保证质量,企业便可放开手大量生产,确保企业利润就不成问题。但是在多品种小批量生产的情况下,这一方法是行不通的。因此,J1T生产方式力图通过"彻底排除浪费"来达到这一目标。

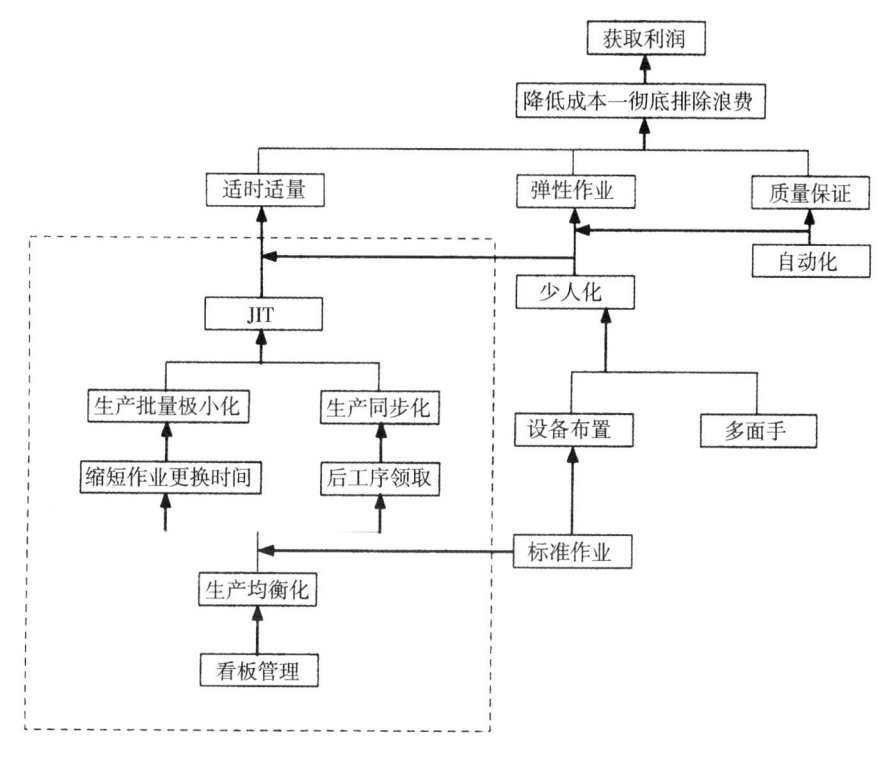

图 11-1 JIT 的构造体系

所谓浪费，是指"只使成本增加的生产诸因素"，也就是说，不会带来任何附加价值的诸因素。这其中，最主要的有生产过剩（即库存）所引起的浪费，人员利用上的浪费以及不合格产品所引起的浪费。因此，为了排除这些浪费，就相应地产生了适时适量生产、弹性配置作业人数以及保证质量这样的课题。这些课题成为降低成本这一基本目标的子目标。

2. JIT 生产方式的基本方法

为了达到降低成本这一基本目标，对应于上述这一基本目标的三个子目标，JIT 生产方式的基本方法也可以概括为下述三个方面：

（1）适时适量生产。当今的时代已经从"只要生产得出来就卖得出去"进入了一个"只生产能够卖得出去的产品"的时代，对于企业来说，各种产品的产量必须能够灵活地适应市场需求的变化。否则的话，由于生产过剩会引起人员、设备、库存费用等一系列的浪费。而避免这些浪费的方法就是实施适时适量生产，只在市场需要的时候生产市场需要的产品。JIT 的

这种思想与历来的有关生产及库存的观念截然不同。

(2) 弹性配置作业人数。在劳动费用越来越高的今天，降低劳动费用是降低成本的一个重要方面。达到这一目的的方法是"少人化"。所谓少人化，是指根据生产量的变动，弹性地增减各生产线的作业人数，以及尽量用较少的人力完成较多的生产。这里的关键在于能否将生产量减少了的生产线上的作业人员数减下来。这种"少人化"技术一反历来的生产系统中的"定员制"。是一种全新的人员配置方法。

(3) 质量保证。历来认为，质量与成本之间是一种负相关关系，即要提高质量；就得花人力、物力来加以保证。但在JIT生产方式中，却一反这一常识，通过将质量管理贯穿于每一工序之中来实现提高质量与降低成本的一致性，具体方法是"自动化"。这里所讲的"自动化"，不是一般意义上的设备、监控系统的自动化，而是指融入生产组织中的这样两种机制：第一，使设备或生产线能够自动检测不良产品，一旦发现异常或不良产品，可以自动停止的设备运行机制。为此在设备上开发、安装了各种自动停止装置和加工状态检测装置；第二，生产第一线的设备操作工人发现产品或设备的问题时，有权自行停止生产的管理机制。依靠这样的机制，不良产品一出现马上就会被发现，防止了不良产品的重复出现或累积出现，从而避免了由此可能造成的大量浪费。而且，由于一旦发生异常，生产线或设备就立即停止运行，比较容易找到发生异常的原因，从而能够针对性地采取措施，防止类似异常情况的再发生，杜绝类似不良产品的再产生。

3. 实现适时适量生产的具体手法

(1) 生产同步化。为了实现适时适量生产，首先需要致力于生产的同步化，即工序间不设置仓库，前一工序的加工结束后，使其立即转到下一工序去，装配线与机加工几乎平行进行，产品被一件一件、连续地生产出来。在铸造、锻造、冲压等必须成批生产的工序，则通过尽量缩短作业更换时间来尽量缩小生产批量。生产的同步化通过"后工序领取"这样的方法来实现。

(2) 生产均衡化。生产均衡化是实现适时适量生产的前提条件。所谓生产均衡化，是指总装配线在向前工序领取零部件时，应均衡地使用各种零部件，混合生产各种产品。为此在制订生产计划时就必须加以考虑，然

后将其体现于产品投产顺序计划之中。在制造阶段，均衡化通过专用设备通用化和制定标准作业来实现。所谓专业设备通用化，是指通过在专用设备上增加一些工夹具等方法，使之能够加工多种不同的产品。标准作业是指将作业节拍内一个作业人员所应当担当的一系列作业内容标准化。

(3) 实现适时适量生产的管理工具。在实现适时适量生产中具有极为重要意义的是作为其管理工具的看板。看板管理也可以说是JIT生产方式中最独特的部分，因此也有人将JIT方式称为"看板方式"。但是严格意义上讲，这种概念是不正确的，因为，JIT生产方式的本质是一种生产管理技术，而看板只不过是一种管理工具。看板的主要机能是传递生产和运送的指令。通过看板，可以发现生产中存在的问题，使其暴露，从立即采取改善对策。

以上按照图11-1所示的体系图大致介绍了JIT生产方式的基本思想、原则以及一些主要实施方法，使读者对JrI'生产方式有一个全面、概括地了解。以下将进一步以适时适量生产的实现方法为中心进行详细叙述。此外，考虑到在多品种小批量生产的环境下，关于如何弹性增减作业人员的问题会变得越来越重要，而到目前为止许多生产管理的书中对此涉及很少，所以就这一问题也做一些专门讨论。

JIT生产方式中的生产计划与控制

1. JIT生产方式中生产计划的特点

对JIT生产方式，有这样一种误解，即认为既然是"只在需要的时候，按需要的量生产所需的产品"，那生产计划就无足轻重了。但实际上恰恰相反，以看板为其主要管理工具的JIT生产方式，从生产管理理论的角度来看，是一种计划主导型的管理方式，但它又在很多方面打破了历来生产管理中被认为是常识的观念。

在JIT生产方式中，同样根据企业的经营方针和市场预测制订年度计划、季度计划以及月度计划。然后再以此为基础制订出日程计划，并根据日程计划制订投产顺序计划。但是，其最独特的特点是，只向最后一道工序以外的各个工序出示每月大致的生产品种和数量计划，作为其安排作业的一个参考基准，而真正作为生产指令的投产顺序计划只下达到最后一道工序，具体到汽车生产中，就是只下达到总装配线。其余所有的机械加工

工序以及粗加工工序等的作业现场，没有任何生产计划表或生产指令书这样的东西，而是在需要的时候通过"看板"由后工序顺次向前工序传递生产指令。这一特点与历来生产管理中的生产指令下达方式的不同。

在JIT生产方式中，由于生产指令只下达到最后一道工序，其余各道工序的生产指令是由看板在需要的时候向前工序传递，这就使得：第一，各工序只生产后工序所需要的产品，避免了生产不必要的产品；第二，因为只在后工序需要时才生产，避免和减少了不急需品的库存量；第三，因为生产指令只下达给最后一道工序，最后的生产成品数量与生产指令所指示的数量是一致的。并且该生产顺序指令是以天为单位，可以做到在生产开始的前一两天才下达，从而能够反映最新的订货和最新市场需求，大大缩短了从订货或市场预测到产品投放的距离，这对于提高产品的市场竞争力无疑是大有益处的。总而言之，既然是适时适量生产，那么生产指令发出的时间就变得格外重要。因此，生产指令也应该"只在需要的时候发出"。这就是JIT生产方式中关于生产计划的基本思想。

2. 生产计划的制订程序

现在很多企业都采用JIT生产方式，这些企业在实施JIT生产方式的过程中，对生产计划的制订和控制方式当然不可能完全一样，但其基本思想是相同的。以下以丰田汽车公司的生产计划方法为例来说明。

丰田汽车公司的生产计划由公司总部的生产管理部来制订。生产管理部下设生产规划课，以及生产计划一课、二课和三课。生产规划课的主要任务是制订长期生产计划。这里长期生产计划是指年度生产计划以及明、后两年的生产计划。这样的计划一年制订两次，主要是规划大致准备生产的车型和数量，不把它具体化。

真正准备实行的是即将到来的三个月的月度生产计划。在第/N-1月制订第N月、第N+1月以及第N+2月的生产计划。这样制订出来的第N月生产计划为确定了的计划，第N+1月以及N+2月的计划也只作为"内定"计划，等第N+1变为第N时，再进行确定。

关于生产品种和生产数量的具体计划，按照面向日本国内市场的产品和出口产品来分别制订。出口车的生产计划主要依据订货来制订。订货情况由当地的负责部门汇总并提出方案，然后将情报全部汇总到设置在东京

的海外规划部，由海外规划部进行调整后，送交生产管理部。各国的负责部门与海外规划部通过计算机网络联结，情报可以得到迅速地传递。内销车的生产计划同时根据订货和市场预测分别进行。

第 N 月的生产计划在第 N-1 月的中旬开始时确定，到第 N-1 的下旬，进行所需零部件数量的计算，并决定各种产品每天的生产量，生产工序的组织以及作业节拍等。这些计算都使用计算机来进行。

以上的工作完成后，开始制订真正作为日生产指令的投产顺序计划，即决定混合装配线上各种车型的投入顺序。顺序计划每天制订，然后只下达给装配线以及几个主要的部件组装线和主要协作厂家，其他绝大多数的工序都通过看板来进行产量和品种的日生产管理。

在丰田，从车体加工到整车完成的生产周期大约为一天，投产顺序计划每天制订，每天下达，下达时间最早在生产开始前两天，最晚不少于一天半。因此顺序计划可以准确地反映市场的最新情况和顾客的实际订货，根据顾客的实际订货及其变更来安排实际生产。

这样的生产计划的制订方法，是实现适时适量生产的第一步。通过这种方式，能够迅速捕捉市场动向，把握市场最新情况，做到只在必要的时候对必要的产品进行必要的计划。现在丰田汽车公司能够做到，对国外的订货，在顾客订货之后的 4 个月内将产品交到顾客手里；国内的话，则只需 5 天到半个月。

3. 投产顺序计划的制订方法

投产顺序计划要决定混合装配线上不同产品的投产顺序，这在不同情况下必须作不同的考虑。如果各工序的作业速度不一样，就有全线停车的可能。为了避免这种情况，就必须制订使各工序的作业速度差保持最小的投入顺序计划。很多投入顺序制订方法都是基于这种思想的。

但是，在制订投入顺序计划时，如果也注意到混合装配线之前的各工序的生产均衡化，就应该考虑设法减少供应零部件的各工序产量以及运送量的变化，减少在制品的储存量。为了达到这个目的，混合装配线所需要的各种零部件的单位时间使用量（使用速度）就应尽可能保持不变，即在产品的投产顺序计划中，尽可能使各种零部件出现的概率（出现率）保持不变。像这样的以保持各种零部件的出现概率为目标的顺序计划制订方法，

要想求其最优解是非常困难的，关于这方面的研究也还不多。在丰田汽车公司，研究出了几种近似解法，并实际应用于投产顺序计划制订中。

生产同步化的实现

JIT生产方式的核心思想之一，就是要尽量使工序间在制品的库存接近于零。因此，生产同步化是实现Jrr生产的一个基本原则。它与历来的各个作业工序之间相互独立，各工序的作业人员在加工出来的产品积累到一定数量后一次运送到下工序的做法完全不同，是使装配线和机加工的生产几乎同步进行，使产品实行单件生产、单件流动的一种方法。为了实现这一点，J1T生产方式在设备布置和作业人员的配置上采取了一种全新的方法。

1. 没备布置

在JIT产方式下，没备是根据加j1工件的工序顺序来布置，即形成相互衔接的生产线。采取这种设备布置时很重要的一点是注意工序间的平衡，否则同样会出现某些工序在制品堆积、某些工序等待的问题。这些问题可通过开发小型简易设备、缩短作业更换时间、使集中工序分散化等方法来解决。

从作业人员的角度来考虑的话，由于实行一人多机、多工序操作，布置设备时还应该考虑到使作业人员的步行时间合理。此外，还应注意场地利用的合理性。

2. 缩短作业更换时间

生产同步化的理想状态是工件在各工序之间一件一件生产、一件一件往下一道工序传递，直至总装配线。这在装配线及机加工工序是比较容易实现的，但在铸造、冲压、模锻等工序，就不得不以批量进行。为了实现全部生产过程的Jrr化，需要根据这些工序的特点，使批量尽量缩小，这样一来，作业更换就会变得十分频繁，因此，在这些工序中，作业更换时间的缩短就成了实现生产同步化的关键。

作业更换时间由三部分组成：内部时间——必须停机才能进行的作业更换时间；外部时间——即使不停机也能进行的作业更换时间；调整时间——作业更换完毕后为保证质量所进行的调整、检查等所需的时间。作业更换时间的缩短可以主要依靠改善作业方法、改善工夹具、提高作业人员的作业更换速度以及开发小型简易设备等方法。下列方法可作参考：

(1) 模具、工夹具的准备工作预先完成，在必须停机的内部时间内，只集中进行只有停机才能进行的工作。

(2) 把需要使用的工具和材料按照使用顺序预先准备妥当。

(3) 使更换作业简单化。

(4) 制定标准的作业更换表，按照标准的作业更换方法反复训练作业人员，以逐步加快作业速度等等。在丰田汽车公司，仅通过这样的方法，就把作业更换时间缩短到原来的 1/10 到 1/15 左右。

作业更换时间的缩短所带来的生产批量的缩小，不仅可以使工序间的在制品库存量减小，使生产周期缩短，而且对降低资金占用率、节省保管空间、降低成本、减少次品都有很大的作用。如上所述，达到这样的目的并不一定必须引进最先进的高性能设备或花费其他大量的资金，而只要在作业现场动脑筋想办法，下功夫即可实现。而且这些具体做法也并不是 JIT 生产方式的首创，而是历来的生产管理学早就总结过的一些方法。所以，要使生产线具有能够实现 JIT 生产的高度柔性，并不一定主要取决于类似于 FMS 那样的高性能设备，而无宁致力于作业水平的改善。这也是 JIT 生产方式的重要基本思想之一。

3. 生产节拍的制定

同步化生产中的另一个重要概念是生产节拍。在 JIT 生产方式中，认为如果为了提高机器利用率而生产现在并不需要的产品的话，这些过剩产品所带来的损失更大。所以，重要的是"只生产必要的产品"，而绝不能因为有高速设备和为了提高设备利用率就生产现在并不需要的产品。归根结底，机器设备的利用率应以必要的生产量为基准，应使生产能力适应生产量的要求。为此，生产节拍不是固定不变的。而总是随着生产量的变化而变化。在装配流水线上，生产节拍是与传送带的速度相一致的，所以可以很容易地随着生产量的改变而改变。在机械加工工序，则主要通过作业人员所看管的设备台数或操作的工序数来改变生产节拍。一般来说，由于设备能力、作业人数以及作业能力的限制，生产节拍的变动范围在 ±10%~20%，而且需要从生产能力的弹性以及有效利用两方面来适应这种变动。这种变动的控制，通过"看板"就可以实现。

弹性作业人数的实现方法——少人化

在市场需求变化多、变化快的今天，生产量的变化是很频繁的，人工

费用也越来越高。因此，在劳动集约型的产业，通过削减人员来提高生产率、降低成本是一个重要的课题。JIT生产方式就是基于这样的基本思想打破历来的"定员制"观念，创出了一种全新的"少人化"技术，来实现随生产量而变化的弹性作业人数。

少人化技术作为降低成本的手段之一。具有两个意义：一是按照每月生产量的变动弹性增减各生产线以及作业工序的作业人数，保持合理的作业人数，从而通过排除多余人员来实现成本的降低；再一是通过不断地减少原有的作业人数来实现成本降低。后者也可称为"省人化"。这里有两个观念很重要。一个是关于人工与人数的观念。在人工的计算上，有0.1，0.5这样的算法，但实际上，即使是0.1个人工的工作，也需要1个人，而不可能是0.1个人来做。因此，即使工作量从1个人工减少到了0.1个人工，其结果也带不来所需人数的减少，达不到降低人工费用的目的。所以，只有将"人数"，而不是"人工"降低下来，才有可能降低成本。另一个是关于作业改善与设备改善的观念。少人化需要通过不断地改善来实现，首先应该考虑的是彻底进行作业改善，下一步才应该是设备改善。如果为了节省人工，从一开始就致力于购买自动化设备或进行设备改善的话，其结果将不仅不会带来成本的降低，反而会由此增加成本或招致生产资金的无效投入。

1. 实现少人化的前提条件

少人化是通过对人力资源的调整或重新安排来提高生产率。当生产量增加时，当然也要增加作业人员，但具有更重要意义的，是在生产量减少时能够将作业人数减少。例如假定某条生产线有5名作业人员如果这条生产线的生产量减为80%时，那么作业人数应相应地减为4人；若生产量减到20%，作业人数应减少到1人。另一方面，即使生产量没有变化，如通过改善作业能减少作业人员的话，就能够提高劳动生产率，从而达到降低成本的目的。

为了实现这样意义上的少人化，需要以下三个前提条件：①要有适当的设备布置；②要有训练有素、具有多种技艺的作业人员，即"多面手"；③要经常审核和定期修改标准作业组合。上述的设备布置是指U型布置。在这种布置中，每个作业人员的工作范围可以简单地扩大或缩小，但前提

是必须有多面手的存在。标准作业组合的改变可以通过不断改善作业方法和设备来进行。这种改善活动的目的在于，即使生产量不变或增加，也要尽可能使作业人数保持最少。这三个前提条件的相互关系如图 11-2 所示。

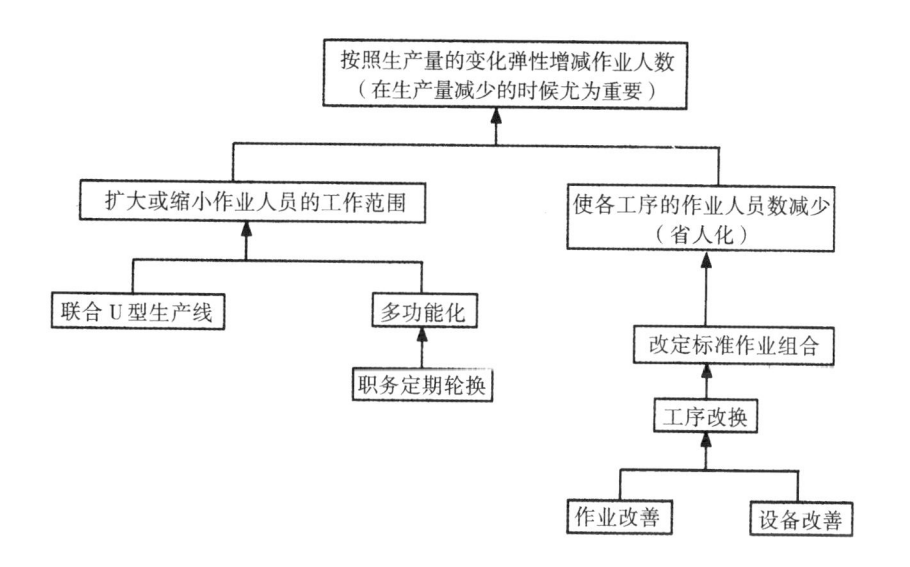

图 11-2　实现少人化成的前提条件

2. 设备的 U 型布置

U 型布置的模型如图 11-3 所示。U 型布置的本质在于生产线的入口和出口在同一位置，可以灵活增减作业现场的作业人员。

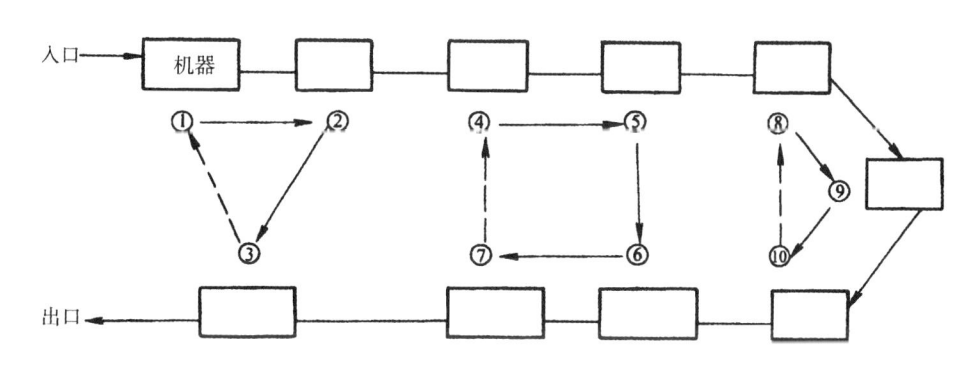

图 11-3　U 型布置

JIT 的基本思想之一就是按后工序领取的数量进行生产，可以通过这种设备布置得以实现。因为在这种布置中，当一个加工完的产品从出口出来时，一个单位的原材料也被从入口投入了，两方的作业是由同一作业人员按同一生产节拍进行的，既实现了生产线的平衡，也使生产线内待加工产品数保持了恒定，而且，通过明确规定各工序可持有的标准待加工数，即使出现了不平衡现象，也能很快发现，有利于对各工序进行改善。在利用 U 型布置增减作业人员时，遇到的最主要的问题是，在按照生产量重新分配各作业人员的工作时，如何处理节省出来的非整数工时。这种问题在生产增加的情况下也同样会发生。解决这个问题的方法是把几条 U 型生产线作为一条统一的生产线连接起来，使原先各条生产线的非整数工时互相吸收或化零为整，以实现以整数形式增减作业人员。这就是所谓的联合 U 型布置。

3. 职务定期轮换

从作业人员的角度来说，实现少人化意味着生产节拍、作业内容、范围、作业组合以及作业顺序等等变更，必须根据可能变更的工作内容使他们接受教育和训练，最理想的是使全体作业人员都成为对各个工序都熟悉的多面手。这样的作业人员的职务扩大也被称为"作业人员多能化"。这种多能化主要是通过职务定期轮换来实现的。这种方法可给员工提供更丰富、更多样化的工作内容。当不同工作任务的单调性和乏味性不同时，采用这种定期轮换方式很有效。不言而喻，采用这种方式也需要员工掌握多种技能，可以通过"在岗培训"来实现。这种方法还有其他一些好处：增加了工作任务分配的灵活性；往瓶颈环节多增派人等。此外，由于员工互相交换工作岗位，可以体会到每一岗位工作的难易，这样比较容易使员工理解他人的不易之处，互相体谅，结果使整个生产运作系统得到改善。

通过实施职务定期轮换，不仅能够实现作业人员的多能化，从而使弹性增减作业人数成为可能，而且还可以带来一些附带效果：①有利于安全生产；②有利于改善作业现场的人际关系；③有利于知识与技能的扩大和积累；④有利于提高作业人员参与管理的积极性。从另外一个侧面来看，这也反映了 JIT 生产方式的一个重要思想，即重视人、强调以人为中心的管理。在当今世界技术进步日新月异的情况下，毫无疑问，作业人员技能和

水平的提高越来越重要，而同时劳动费用在产品成本中所占的比重也越来越大。因此，如何有效开发和利用人力资源对于企业来说，也就成为一个越来越重要的问题。

实现 JIT 生产的重要工具——看板

综上所述，JIT 生产方式是以降低成本为基本目标，在生产系统的各个环节、各个方面全面展开的一种使生产能同步化、能准时进行的方法。为了实现同步化生产，开发了后工序领取、单件小批量生产、生产均衡化等多种方法。而为了使这些方法能够有效地实行，JTI 生产方式又采用了被称为"看板"的管理工具。看板作为管理工具，犹如联结工序的神经而发挥着作用。看板方式作为一种进行生产管理的方式，在生产管理史上是非常独特的，看板方式也可以说是 JIT 生产方式最显著的特点。看板只有在工序一体化、生产均衡化、生产同步化的前提下，才有可能发挥作用。如果错误地认为 JIT 生产方式就是看板方式，不对现有的生产管理方法做任何变动就单纯地引进看板方式的话，是不会起到任何作用的。

1. 看板的机能

看板最初是丰田汽车公司于 20 世纪 50 年代从超级市场的运行机制得到启示，作为一种生产、运送指令的传递工具而被创造出来的。经过近 40 年的发展和完善，现在在很多方面都发挥着重要的机能。其主要机能可概括如下：

（1）生产以及运送的工作指令。这是看板最基本的机能。看板中记载着生产量、时间、方法、顺序以及运送量、运送时间、运送目的地、放置场所、搬运工具等信息，从装配工序逐次向前工序追溯。在装配线将所使用的零部件上所带的看板取下，以此再去前工序领取；前工序则只生产被这些看板所领走的量。

（2）防止过量生产和过量运送。看板必须按照既定的运用规则来使用。其中的一条规则是："没有看板不能生产，也不能运送。"根据这一规则，各工序如果没有看板，就既不进行生产，也不进行运送；看板数量减少，则生产量也相应减少。

（3）进行"目视管理"的工具。看板的另一条运用规则是，"看板必须附在实物上存放""前工序按照看板取下的顺序进行生产"。根据这一规则，

作业现场的管理人员对生产的优先顺序能够一目了然，很易于管理。并且只要一看看板所表示的信息，就可知道后工序的作业进展情况、本工序的生产能力利用情况、库存情况以及人员的配置情况等。

(4) 改善的工具。看板的另一个重要机能是改善机能。这一机能主要通过减少看板的数量来实现。看板数量的减少意味着工序间在制品库存量的减少。在运用看板的情况下，如果某一工序设备出故障，生产出不合格产品，根据看板的运用规则之一"不能把不合格品送往后工序"，后工序所需得不到满足，就会造成全线停工，由此可立即使问题暴露，从而必须立即采取改善措施来解决问题。这样通过进行改善活动不仅使问题得到了解决，也使生产线的"体质"不断增强，带来了生产率的提高。JIT 生产方式的目标是要最终实现无库存生产系统，而看板则提供了一个朝着这个方向迈进的工具。

2. 看板的种类及用途

看板可分为在制品看板、领取看板和零时看板。在制品看板又可分为工序内看板和信号看板；领取看板又可分为工序间看板、对外订货看板。

(1) 工序内看板。指某工序进行加工时所用的看板。这种看板用于装配线以及即使生产多种产品也不需要实质性的作业更换的地方。所谓看板，也有人把它称为卡片，但实际上看板的形式并不局限于记载有各种信息的某种卡片形式。看板的本质是在需要的时间、按需要的量对所需零部件发出生产指令的一种信息媒介体，而实现这一功能的形式是可以多种多样的。例如在丰田的工厂中，小圆球、圆轮、台车等均被利用来作为看板。近年来随着计算机的普及程度提高，已经越来越多地引入了在各工序设置计算机终端，在计算机屏幕上显示看板信息的做法。

(2) 信号看板。信号看板是在不得不进行成批生产的工序所使用的看板。与上述的工序内看板不同，信号看板中必须记载的特殊事项是加工批量和基准数。加工批量是指信号看板摘下时一次所应加工的数量。基准数是表示从看板摘下时算起还有几个小时的库存，也就是说，是从看板取下时算起，必须在多少小时内开始生产的指示。

(3) 工序间看板。工厂内部后工序到前工序领取所需的零部件时使用的看板。

（4）对外订货看板。这种看板与工序间看板类似，只是"前工序"不是在本厂内，而是外部的协作厂家。对外订货看板上须记载进货单位的名称和进货时间。

（5）临时看板。进行设备保全、设备修理、临时任务、或需要加班生产时所使用的看板。

3. 看板的使用方法

（1）工序内看板。工序内看板的使用方法中最重要的一点是看板必须随实物，即与产品一起移动。后工序来领取时摘下挂在产品上的工序内看板，然后挂上领取用的工序间看板运走；该工序按照看板被摘下的顺序以及这些看板所表示的数量进行生产；如果摘下的看板数量为零，则停止生产。

（2）信号看板。信号看板挂在成批制作出的产品上，当该批产量的数量减到基准数时，摘下看板，送回到生产工序，然后生产工序按该看板的指示开始生产。

（3）工序间看板。工序间看板挂在从前工序领来的零部件的箱子上，当该零部件被使用后取下看板，放到设置在作业场地中的看板回收箱内。看板回收箱中的工序间看板所表示的意思是："该零件已被使用，请补充。"现场管理人员定时来回收看板，集中起来后再分送到各个相应的前工序，以便领取补充的零部件。

（4）对外订货看板。对外订货看板的摘下和回收与工序间看板基本相同。回收以后按各协作厂家分开，等各协作厂家来送货时由他们带回去，成为该厂下次进行生产的生产指标。所以，在这种情况下，看板被摘下以后，该批产品的进货将会延迟至少一回以上。因此，需要按照延迟的回数发行相应的看板数量。这样，虽然产品的运送时间、使用时间、看板的回收时间以及下次的生产开始时间之间均有一些时间差，但只要严格遵守时间间隔，就能够按照"JustInTime"进行循环。

精益生产方式

精益生产的主要内容

精益生产是对 JIT 生产方式的进一步提炼和理论总结，是一种扩大了的生产管理、生产方式的概念和理论。其主要内容概括如下：

（1）在生产系统方面，精益生产以作业现场具有高度民主工作热情的"多面手"和独特的设备布置为基础，将质量控制融汇到每一生产工序中去，生产起步迅速，能灵活敏捷地适应产品的设计变更、产品变换以及多品种混合生产的要求。

（2）在零部件供应系统方面，精益生产采取在运用竞争原理的同时，与零部件供应厂家保持长期稳定的全面合作关系，包括资金合作、技术合作以及人员合作，形成一种"命运共同体"，并注重培养和提高零部件供应厂家的技术能力和产品开发能力，使零部件供应系统也能够灵活敏捷地适应产品的设计变更以及产品变换。进一步通过管理信息系统的支持，使零部件供应厂家也共享企业的生产管理信息，从而保证及时、准确地交货。

（3）在产品的研究与开发方面，精益生产以并行工程和团队工作方式为研究开发队伍的主要组织形式和工作方式，以主任负责制为领导方式。在一系列开发过程中，强调产品开发、设计、工艺、制造等不同部门之间的信息沟通和同时并行开发。这种并行开发还扩大至零部件供应厂家，充分利用它们的开发能力，促使它们从早期开始参加开发，由此而大大缩短开发周期和降低成本。

（4）在流通方面，精益生产与顾客以及零售商、批发商建立一种长期的关系，使来自顾客和零售商或批发商的订货与工厂的生产系统直接挂钩，销售成为生产活动的起点；极力减少流通环节的库存，并使销售和服务机能紧密结合，以迅速、周到的服务来充分满足顾客的需要。

（5）在人力资源方面，精益生产形成一套劳资互惠的管理体制，通过QC 小组、提案制度、团队工作方式、目标管理等一系列具体方法，调动和

鼓励职工进行"创造性思考"的积极性,并注重培养和训练工人以及各级管理人员的多方面技能,充分发挥和利用企业组织中每一个人的潜在能力,由此提高职工的工作热情和工作兴趣。

(6)从管理理念上说,精益生产总是把现有的生产方式、管理方式看作是改善的对象,不断地追求进一步降低成本、降低费用、质量完美、缺陷为零、产品多样化等目标。这样的极限目标虽然从理论上来说是不可能实现的,但这种无穷逼近的不懈追求却可以不断产生意想不到的良好效果,即不仅"白领阶层",而且使大部分"蓝领阶层"的职工也提高了对工作的热情和兴趣,在工作中感受到了成功的喜悦。由此带来的,则是质量和生产率的不断提高。

总而言之,这是一种在降低成本的同时使质量显著提高,在增加生产系统柔性的同时,也使人增加对工作的兴趣和热情的生产经营方式。可以看出,如果说JIT生产方式是以生产制造系统为中心展开的话,精益生产是涉及企业整体的一种扩大了的生产经营模式。

精益生产方式的本质特征及其普遍意义

精益生产方式的普遍意义首先在于,它不仅仅是一种基于日本社会、文化及政治背景的具有特殊背景的产物,而是顺应当今市场需求日益多变、技术进步日新月异、世界范围内的竞争日趋激烈的环境应运而生的。这种环境背景无论对于日本还是其他国家的企业都相同,对于中国企业也一样。这样的环境特点要求工业生产向多品种小批量的方向前进,迫使企业在激烈的竞争中寻求更有效、效率更高的生产经营方式。因此,生产方式的转变已是历史的必然,而精益生产方式,则给了我们一个很好的启示,为我们提供了很多值得借鉴的东西。

精益生产方式所强调的彻底排除浪费,充分发挥"命运共同体"中每一组织、每一成员的能力和积极性,以及不断改善等思想以及诸多方法,都是超越国界、具有普遍意义的。

精益生产方式的核心是具有高度灵活性、高效率的生产系统。但是,企业经营的成功,并不仅仅取决于优秀的生产作业及管理系统,还必须从市场预测、产品开发,以至生产作业系统、零部件供应系统,直至流通、销售的一系列企业活动的整体上去追求高效率、低成本、高质量,同时也

必须在企业组织、人力资源的利用、充分调动人的积极性等企业行为中谋求经营效率的提高。这是一个综合的系统工程。精益生产理论所采用的 lean production 一词也许容易使人立即联想到生产系统内部的组织方式、生产管理方法等，但恰恰相反，这是一种用系统观点来分析、阐述的，包括经营全过程在内的全面的生产经营方式。

计算机集成制造系统

美国的哈林顿博士认为，企业整个生产制造过程实质上是信息采集、传递和加工处理的过程。为此，他提出计算机集成制造系统这一概念，旨在从系统观点出发，把企业作为一个有机整体，综合考虑企业中的人、技术和管理等方面的作用，采用各种先进的技术手段，包括计算机软硬件，实现对企业生产过程中的物流、信息流和资金流的集成，来提高企业的生产力和管理水平。

计算机集成制造系统的功能与结构

计算机集成制造系统（CIMS）是把工厂的生产、经营活动中各种分散的自动化系统有机地结合成的高效益、高柔性的智能生产系统。CIMS 追求的目标是整个工厂的自动化。系统输入的是市场信息、订货以及人的设计管理思想，系统输出的则是装配好的、经过检验的可用产品。它代表了制造自动化的方向，是现代工厂自动化的主要研究课题之一。

CIMS 主要由经营决策管理系统（BDMS）、计算机辅助设计和辅助制造（CAD/CAM）系统、柔性制造系统或柔性制造单元（FMS/FMC）等部分组成。

经营决策管理系统完成工厂和车间两级的经营管理和决策，包括市场分析和预测、订货处理、中长期生产计划和能力计划的制订等，进而在制造资源计划的基础框架上增加辅助决策功能。

CAD/CAM 系统是 CAD 与 CAM 的集成，它通过建立产品二维、三维和实体模型完成产品和零件的设计，并进而实行工程分析、仿真试验，快速

设计出合格的产品。图形可以修改、存储、运算，从而大大提高了设计效率。在该设计的基础上进行工艺设计，编制数控机床和机器人的程序，完成生产过程的准备工作。

FMS/FMC 根据生产计划、产品设计和工艺设计选择部分零件种类，确定相应的配比和流量，并合理地组织自己的布局，将零件分配给各加工单元或工作站。同时，决定各零件的路径和排对优先权，进行最优调度，协调各工作站和设备的准确运行，柔性地组织加工和装配。FMS/FMC 中配有切削过程检验和产品测试装置，检测的信息经过处理后，用于对刀具进行补偿、设备维修和工艺修正等，形成了多级的质量保证系统。

MRP Ⅱ 与其他 CIMS 单元的关系

在 CIMS 中，作为生产管理信息化系统的 MRP Ⅱ 是和 CAD、CAM、CAPP/FMS、AS/RS、EDI、DSS、CAQ、GT、DCS 等系统和技术有机联系和有效集成的，如图 11-4 所示。

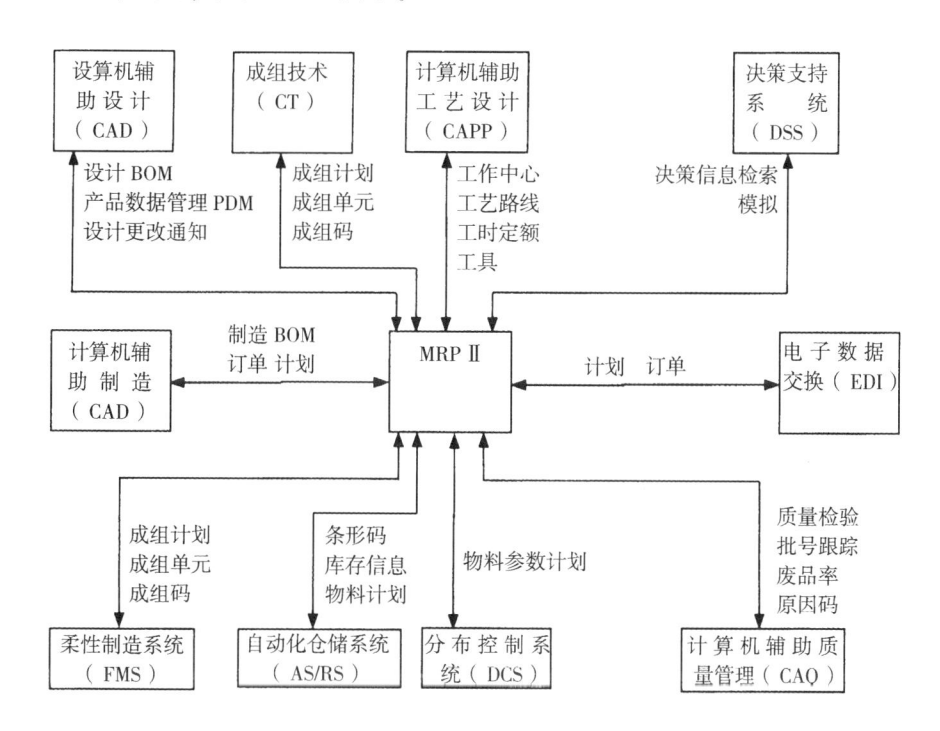

图 11-4 MRP Ⅱ 与其他 CIMS 单元的关系

迄今为止的生产管理信息化发展就是一个逐渐集成的过程，是一个从物料、制造资源、企业资源到企业内外所有资源管理对象足见扩张的过程。供应链管理、企业资源计划的产生和发展本身就是集成化的结果。未来生产管理模式创新必然能够体现更大范围的信息系统集成趋势。

CIMS 技术与精益生产的比较

精益生产是一种典型的日本现代生产管理模式，而 CIMS 则是美国现代生产管理模式的代表，对 CIMS 技术与精益生产的比较分析，也可以认为是对美、日现代生产管理模式的比较研究。

1. 生产管理观念的比较

美国企业一般是以财务管理为中心，追求企业资本利润率、股票升值和股东权益等。事实上，生产制造部门在美国企业等级中可能处于最低层，相应的生产管理的地位也最低。

而与美国相比，日本企业非常注重生产制造系统和生产管理，在日本企业的等级中，生产及生产管理部门接近等级阶梯的顶层，形成经营生产一体化管理体制，其核心是生产制造系统以及建立在其基础上的生产管理方式。

美国的 CIMS 模式与日本的精益生产模式对有关生产要素的认识也存在一定差异，见表 11-1。

表 11-1　美国的 CIMS 模式与日本的精益生产模式的观念比较

	CIMS	精益生产
目标观念	有效合理地和资源，改善计划、压缩库存	追求尽善尽美，消除一切浪费
对成品储备的认识	应尽量满足客户要求，压缩成品库存，使生产能力平衡	直该直接面对客户，追求零库存
对在制品库存的观点	尽量控制在制品量，保证连续生产	属于浪费，应该彻底消灭
对原材料库存的观点	为了应付不确定性，应该有一定的安全库存	不利于降低成本，应尽量减少
对质量管理的看法	允许有一定废品，以最终检验加以控制，保证废品不流向市场	以生产中的质量控制代替最终检验，消灭废品

	CIMS	精益生产
对提前期的基本看法	控制一定提前期。保证安全生产	是不利因素,必须压缩至最短
人员使用的基本原则	严格执行计划及指令	以人的协调合作为现场管理的主题,充分发挥人的主观能动性

虽然美、日两国生产管理模式中对生产管理观念有诸多差异,但现在都已认识到生产管理的重要性,都强调以多品种、小批量适应市场需求为生产管理目标。

2. 生产管理方法比较

从生产管理制度角度分析,美国生产管理模式中的管理制度化、标准化达到了很高水平,对经常性的重复工作一切都做到有据可依、有章可循、按制度办事,管理人员只处理偶发事件,即所谓例外原则,且美国的管理手段已经完全计算机化。与美国相比,日本企业更重视生产现场管理的制度化、程序化和标准化,所谓的"定置管理""5S管理"在日本企业中广泛采用,计算机辅助管理也广泛使用。

美国和日本企业在使用生产管理方法和技术上的共同点就是不盲目、单项采用某项管理方法和技术,而是一切以市场为导向,形成自己的管理体系和模式。

进一步对比,我们可以发现,CIMS源于大批量生产方式的模式逐渐发展为能适应市场瞬息万变的需求,是基于计算机模拟技术的应用;而精益生产管理方法可归为拉动式准时化生产、全面质量管理、团队工作法及并行工程。

3. 生产管理职能的比较

(1) 从生产计划的编制看,美、日企业都是围绕市场需求编制生产计划的,都以零件为中心,以计算机为手段,以增加生产系统的适应性。但CIMS模式中生产计划和生产作业计划是一揽子计划,打破了工厂、车间、班组甚至工序的界限,通过计算机一次完成计划编制。而精益生产只编制生产计划,生产作业计划则取决于其生产制造系统固有的同步化均衡生产。

(2) 从计划的执行与控制看,CIMS模式完全通过计算机控制系统,以计划为中心,进行严格控制;精益生产的厂级生产计划是靠计算机系统控

制，而生产作业计划是通过"看板"系统来执行控制的，而且覆盖了整个协作厂。

(3) 从物资管理看，CIMS 在物资采购方面是严格按照 MRP 来执行的，由于在采购时间、数量、批次都有具体的规定压缩了库存；精益生产按准时原则采购，倾向于长期向固定供应厂商采购原材料、零部件，在减少自身库存的同时也减少了供应商的库存。

(4) 从生产过程组织看，CIMS 主要依靠现代先进制造技术和计算机辅助管理；而精益生产则在利用计算机辅助管理的同时，还利用了"看板"系统、团队组织等。

CIMS 在我国的应用

在我国，1986 年 CIMS 技术列入我国"863 高技术研究发展计划"的 16 个主题之一。在我国有关部门的支持下，我国 CIMS 的研究开发和试点应用取得巨大成功。清华大学和北京第一机床厂分别被美国制造工程师协会、计算机和自动化系统专业委员会授予"大学领先奖"和"工业领先奖"。这标志着我国 CIMS 技术研究与应用已跻身于世界前列。

现阶段我国企业实施 CIMS 技术应注意的问题：

(1) 要在我国企业实施 CIMS 技术，首先要建立相应的重视科学管理的制度基础，否则即使实施也会流于形式。

(2) 重视企业管理基础工作。实施 CIMS 的企业，必须有一套完整的规章制度，包括财务管理、经济核算、质量管理、仓库管理、合同管理、生产管理等，还要具备完整、准确、及时的数据资料，包括各项定额、原始记录、会计凭证、统计资料等，我国企业现阶段更要处理好管理创新和加强管理基础工作的关系，狠抓企业管理基础工作。

(3) 对 CIMS 项目的实施要进行科学的管理。首先要有具体的目标规划；其次要从组织机构进行保证；再次要重视业绩评价；最后要重视后继培训。

敏捷制造

敏捷的基本含义是机动、快速和聪明。所谓敏捷制造是按照敏捷性要求进行的生产制造活动，敏捷企业则是按照敏捷性的要求进行组织的企业。这里所谓敏捷性通常被理解为制造企业能够快速地满足顾客要求，适应多变的市场，获取竞争优势的能力。

敏捷制造企业的设想

敏捷制造是一种面向21世纪的新型生产方式的设想。敏捷制造企业应具有以下特征：

1. 敏捷制造企业应能够迅速推出新产品

它们容易消化吸收外单位的经验和技术成果，随着客户需求的变化，不断改进的产品。因此，敏捷制造企业毕竟要同客户建立长期关系，而且要同商界建立长远关系。新型企业给予用户的是产品、服务和附加信息的不断变化的组合体。

2. 敏捷制造企业按照订单进行生产

敏捷制造企业通过将一些可重新编程、可重新组合、可连续更换的生产系统结合成一个新的、信息密集的制造系统，可做到使生产成本与批量无关，生产一万件同一型号的产品和生产一万件不同型号的产品，所花费的成本几乎相同。因此，敏捷制造企业将按照订单进行生产。产品的重大创新伴随着对制造过程的相应改进，以便使成本的增加能够在内部得到抵消，而不是导致产品价格提高。同时，敏捷制造生产系统生产的产品在质量上也将有明显的提高，要在产品整个生命周期内使买主感到满意。

3. 在敏捷制造企业中，权力是分散的，而不是集中在指挥链上敏捷制造公司不是采用以固定的专业部门为基础的静态结构，而是采用动态结构，以满足多功能项目组的需求。在敏捷制造系统中，以最佳方式使用技术的人才成为解决问题的关键。企业的工作人员将成为企业最宝贵的财富。为保持人员的技术基础，要连续进行智力投资，从而在产品的整个生命周期

内保持用户对产品的信任。

敏捷制造三要素

敏捷制造的目的可概括为："将柔性生产技术，有技术、有知识的劳动力与能够促进企业内部和企业之间合作的灵活管理集成在一起，通过所建立的共同基础结构，对迅速改变的市场需求和市场时机作出快速响应。"从这一目标中可以看出，敏捷制造实际上主要包括三个要素：生产技术、管理和人力资源。

1. 敏捷制造的生产技术

敏捷性是通过将技术、管理和人员三种资源集成为一个协调的、相互关联的系统来实现的。

(1) 具有高度柔性的生产设备是创建敏捷制造企业的必要条件（但不是充分条件）。所必需的生产技术在设备上的具体体现是：由可改变结构、可测量的模块化制造单元构成的可编程的柔性机床组；"智能"制造过程控制装置；用传感器、采样器、分析仪与智能诊断软件相配合，对制造过程进行闭环监视，等等。

(2) 在产品开发和制造过程中，能运用计算机能力和制造过程的知识基础，用数字计算方法设计复杂产品；可靠地模拟产品的特性和状态，精确地模拟产品制造过程。各项工作是同时进行的，而不是按顺序进行的。同时开发新产品，编制生产工艺规程，进行产品销售。设计工作不仅属于工程领域，也不只是工程与制造的结合。从用材料制造产品到产品最终报废的整个产品生命周期内，每一个阶段的代表都要参加产品设计。技术在缩短新产品的开发与生产周期上可充分发挥作用。

(3) 敏捷制造企业是一种高度集成的组织。信息在制造、工程、市场研究、采购、财务、仓储、销售、研究等部门之间连续地流动。信息不仅要在敏捷制造企业与其用户之间连续地流动，而且还要在敏捷制造企业与其供应厂家之间连续地流动。在敏捷制造系统中，用户和供应厂家在产品设计与开发中都应起积极作用。每一个产品都可能要使用具有高度交互性的网络。同一家公司的、在实际上分散、在组织上分离的人员可以彼此合作，并且可以与其他公司的人员合作。

(4) 把企业中分散的各个部门集中在一起，靠的是严密的通用数据交

换标准、坚固的"组件"（许多人能够同时使用同一文件的软件）、宽带通信信道（传递需要交换的大量信息）。把所有这些技术综合到现有的企业集成软件和硬件中去，这标志着敏捷制造时代的开始。敏捷制造企业将普遍使用可靠的集成技术，进行可靠的、不中断系统运行的大规模软件的更换，这些都将成为正常现象。

2. 敏捷制造的管理技术

（1）敏捷制造在管理上所提出的最创新思想之一是"虚拟公司"。敏捷制造认为，新产品投放市场的速度是当今最重要的竞争优势。推出新产品最快的办法是利用不同公司的资源，使分布在不同公司内的人力资源和物资资源能随意互换，然后把它们综合成单一的靠电子手段联系的经营实体——虚拟公司，以完成特定的任务。也就是说，虚拟公司就像专门完成特定计划的一家公司一样，只要市场机会存在，虚拟公司就存在；该计划完成了，市场机会消失了，虚拟公司就解体。能够经常形成虚拟公司的能力将成为企业一种强有力的竞争武器。只要能把分布在不同地方的企业资源集中起来，敏捷制造企业就能够随时构成虚拟公司。在美国，虚拟公司将运用全美工厂网络，把综合性工业数据库与服务结合起来，以便能够使公司集团创建并运作虚拟公司，排除多企业合作和建立标准合作模型的法律障碍。

应当把克服与其他公司合作的组织障碍作为首要任务，而不是作为最后任务。此外，需要解决因为合作而产生的知识产权问题，需要开发管理公司、调动人员工作主动性的技术，寻求建立与管理项目组的方法，以及建立衡量项目组绩效的标准，这些都是艰巨任务。

（2）敏捷制造企业应具有组织上的柔性。因为，先进工业产品及服务的激烈竞争环境开始形成，越来越多的产品要投入瞬息万变的世界市场上去参与竞争。产品的设计、制造、分配、服务将用分布在世界各地的资源来完成。制造公司日益需要满足各个地区的客观条件，这些客观条件不仅反映社会、政治和经济价值，而且还反映人们对环境安全、能源供应能力等问题的关心。在这种环境中，采用传统的纵向集成形式，企图关起门来什么都自己做，是注定要失败的，必须采用具有高度民主柔性的动态组织机构，根据工作任务的不同，有时可以采取内部多功能团队形式，请供应

商和用户参加；有时可采用与其他公司合作的形式；有时可采用虚拟公司的形式。有效运用这些手段，就能充分利用公司的资源。

3. 敏捷制造的人力资源

敏捷制造在人力资源上的基本思想是：在动态竞争环境中，最关键的因素是人员。柔性生产技术和柔性管理要使敏捷制造企业的人员能够实现他们自己提出的发明和合理化建议。没有一个一成不变的原则用来指导此类企业的运行。唯一可行的长期指导原则，是提供必要的物质资源和组织资源，支持人员的创造性和主动性。

在敏捷制造时代，产品和服务的不断创新与发展，制造过程的不断改进，是竞争优势的同义语。敏捷制造企业能够最大限度地发挥人的主动性。有知识的人员是敏捷制造企业中唯一最宝贵的财富。因此，不断对人员进行教育，不断提高人员素质，是企业管理层应该积极支持的一项长期投资。每一个雇员消化吸收信息、对信息中提出的可能性作出创造性响应的能力越强，企业可能取得的成功就越大。对于管理人员和生产线上具有技术专长的工人都是如此。科学家和工程师参加战略规划和业务活动，对敏捷制造企业来说是带决定性的因素。在制造过程的科技知识与产品研究开发的各个阶段，工程专家的协作是一种重要资源。

敏捷制造企业中的每一个人都应当认识到柔性可以使企业转变为一种通用工具．这种工具的应用仅仅取决于人们对于使用这种工具进行工作的想象力。敏捷制造企业是连续发展的制造系统，该系统的能力仅受人员的想象力、创造性和技能的限制，而不受设备限制。敏捷制造企业的特性支配着它在人员管理上所持有的、完全不同于大量生产企业的态度。管理者与雇员之间的敌对关系是不能容忍的，这种敌对关系限制了雇员接触有关企业运行状态的信息。信息必须完全公开，管理者与雇员之间必须建立相互信赖的关系。工作场所不仅要安全，而且对在企业的每一个层次上从事脑力创造性活动的人员都要有一定的吸引力。

敏捷制造的组织结构模型

敏捷制造对组织模式的要求是具有高度柔性，而高度柔性的组织模式一方面要求系统有相对独立的系统组成，另一方面要求各单元在一定条件下可以按照一定的优化规则重新组合。具体而言，柔性组织单元的基本形

态包括对象单元、作业单元、流程单元和虚拟公司。

对象单元是指为生产特定产品或提供特定服务的某种类型的产业的基本因素,是带有行业特征的稳定成分,具有稳定性、基本性、独立性。作业单元是由对象单元组成的为实现一定作业目标的对象的集合,是实现企业的基本功能的组织。流程单元是由作业单元组成的实现一个完整生产经营任务全过程目标的组织,具有企业目标性、过程完整性、作业顺序的有序性和并行性。虚拟公司是把分散在不同地理位置的各个流程公司,通过现代化的通信手段,以协同方式集成完成综合性任务的组织。

敏捷制造的信息系统

敏捷制造要求企业在时间、质量、价格、创新等各个方面具有竞争优势,而这些优势的核心在于如何发挥信息技术的潜力。敏捷制造要求企业信息环境是分布式、网络化的,它强调信息系统必须是人、组织、技术三者的集成,具体要求包括在多个用户和多个供应商之间实现有效的交互,技术因素和商业因素的紧密联系,完成复杂的处理以满足高速、高效和灵活的需要,易于调整以适应变化的需要,可用的信息交换标准等。

第十二章
现代企业组织生产的先进生产方式

了解现代企业组织生产的先进生产方式，重点掌握其中的准时制和计算机集成制造系统。

现代企业组织生产的先进生产方式主要有：准时制、精细生产、最优生产技术、敏捷制造和计算机集成制造系统等。

准时制

准时制（just-in-time，JIT）又称为零库存生产方式。它起源于日本丰田汽车公司，是一组活动的集合，它的基本思想可以概括为"只在需要的时候，按需要的量，生产所需的产品"。准时制强调的是"准时""准量"。在准时制生产方式下，生产过程中的商品运动时间与供应商的交货时间都经过仔细的安排，每一项作业在运作过程中的每一步都会恰好在前一批作业刚刚结束时到达，作业时间既不延后，也不超前；作业数量既不能少，也不能多。作业质量既不能低，也无须高。因此才称之为"准时"。准时制不存在等候加工的空闲项，也没有等待加工项的空闲工人与设备。准时制的实现方法可以简单地概括为适时、适量生产；弹性配置作业人数和保证质量等几个方面。

准时制的最终目标是一个平衡系统，也就是说，一个贯穿整个系统的平滑、迅速的物流。在这种思想主导下，生产过程将在尽可能短的时间内，以尽可能最佳的方式利用资源。总目标实现程度取决于几个特定配套目标的完成程度。这些配套目标如下。

1. 消除生产中断

生产中断通过扰乱整个系统的平滑产品流而对系统产生负面影响，因此要消除。引起中断的原因很多，如质量低劣、设备故障、进度安排改变和送货延迟等。所有这些原因都应该尽可能地消除掉，只有这样才能减少生产系统的不确定性。

2. 使生产系统具备柔性

柔性制造系统是一种灵活的、足以进行多种产品生产的系统，通常以日为计时单位控制产出水平的变化，同时仍然保持均衡的生产速度。它能够使整个生产系统更好地面对某些不确定因素。

3. 减少换产时间与生产提前期

换产时间与生产提前期会延长整个生产过程，对产品价值却没有任何

的增值作用。另外，较长的换产时间和较长的生产提前期还会对生产系统的柔性产生负面影响。因此，减少换产时间与生产提前期非常重要，是不断改进的目标之一。

4. 存货最小化

存货是对资源的闲置，占用空间还增加成本。应该尽可能地使它最小化。准时制是要通过不断减少各种库存，暴露管理中的问题不断消除浪费，进行永无休止的改进。

5. 消除浪费

消除浪费能够解放资源提高产量。凡是超出增加产品价值所必需的绝对最少的物料、机器和人力资源的部分，都是浪费。这里有两层意思：一是不增加价值的活动，是浪费；二是尽管是增加价值的活动，所用的资源超过了"绝对最少"的界限，也是浪费。在生产过程中，只有实体上改变物料的活动才能增加价值。在 JIT 理念中，浪费包括：过量生产——制造资源的过度使用；等候时间——需要一段时间，不增值；不必要的运输——增加处理成本，增加在制品存货；存货——导致资源闲置，隐藏质量问题，无效生产；加工废品——形成不必要的生产步骤与废料；低效工作方法——指糟糕的生产布局与物料移动模式，增加在制品存货；产品缺陷——需要返工成本，以及由于顾客的不满意而引起的可能销售损失。这些浪费的存在说明改进是可能的，此外，浪费还能指明不断改进的潜在目标。

组织准时生产的条件

准时制要求做到生产标准化。生产标准化就是要求物流的运动完全与市场需求同步，即从采购、生产到发货各个阶段的任何一个环节都要与市场合拍。生产标准化是一种理想状态，要接近这种状态，必须具备以下几个条件：建立 JIT 制造单元；组织混流生产；缩短作业更换时间；弹性配置人员；准时采购；保证质量等。下面就最主要的几项给予介绍。

1. 建立 JIT 制造单元

实行 JIT 的第一步是"把库房搬到厂房里"。大大小小的入口存放处和出口存放处，就像大大小小的库房。"把库房搬到厂房里"的目的是使问题明显化。工人看到他们加工的零件还没有为下道工序所使用时，就不会盲目生产；也只有看到那种零件即将使用完时，才会自觉地生产。第二步是

不断减少工序间的在制品库存,"使库房逐渐消失在厂房中",实现准时生产。

为了推行准时制,需要对车间进行重新布置和整理,实行定置管理。要依据所生产的产品和零件的种类,将设备重新排列,使每个零件从投料、加工到完工都有一条明确的流动路线。零件存放到车间会带来一些问题。如果零件杂乱无章地堆放,需要时难以找到,就会造成生产中断,甚至引起安全事故。因此,所有零件必须放在确定的位置上,并要用不同的颜色做出明显的标记。要及时清除一切不需要的东西,创造一个整洁的环境。对车间进行重新布置的一个重要内容是建立准时制制造单元。准时制制造单元一般是按产品对象布置的。一个制造单元配备有各种不同的机床,可以完成一组相似零件的加工。JIT制造单元有两个明显的特征:一是在该制造单元内,零件是一个一个地经过各种机床加工的,而不是像一般制造单元那样一批一批地在机床间移动。在单元内,工人随着零件走,从零件进入单元到加工完离开单元,始终是一个工人操作。工人不是固定在某台设备上,而是逐次操作多台不同的机器。二是准时制制造单元具有很大的柔性,它可以通过调整单元内的工人人数使单元的生产率与整个生产系统保持一致。JIT制造单元一般采用"U"形布置,如图12-1所示。

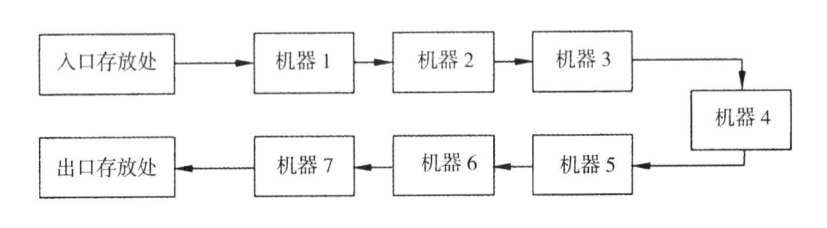

图12-1 采用"U"形布置的制造单元

"U"形布置使工人能集中在一起,增加工人之间接触的机会,形成一个集体,使工人在转换机器时行走路线较短。如果采用直线布置,工人从机器1到机器7将行走较长距离。而采用"U"形布置,转过身来就行了。可以把准时制制造单元看作是一个同时可供多个工人进行多道工序加工的机器,一个单元只需设置一个入口存放处和一个出口存放处,不必为每台机器单独设置入口存放处和出口存放处。为了维持制造单元的生产率与产品配置的生产率一致,保证同步生产,要使单元的固定生产能力有富余,

机器设备数按最高负荷配置。当生产率改变时，只要调整制造单元的工人数量就可以满足需要。JIT有一条重要的原则，认为工人是最重要的资源，劳动力的闲置是最大的浪费。因此，每当生产节拍改变，都要调整工人的数量，使每个工人都有较为饱满的工作负荷。调整工人人数比改变机床数要容易得多，也迅速得多，这使得制造单元具有很大的柔性。由于工人具有多种操作技能，一个制造单元的多余工人可以安排到另一个任务较重的制造单元中去工作，从而使劳动力得到合理的充分的利用。

2. 组织混流生产

混流生产是为适应外部市场变化和企业内部组织生产的要求提出的。如果企业能够实现混流生产，就可以在满足市场不断变化需求的同时，使成品库存大大减少。采取小批量生产的准时制系统，经常进行的是混流生产方式，满足了以小时、分钟为单位进行安排的要求，达到了准时制的适时、适量的要求，实现了混流生产。也提高了对顾客的服务水平，改进了制造资源的利用。同时，也大大地降低了库存水平，缩短了每台产品的制造周期。

3. 缩短作业更换时间

作业更换时间的缩短所带来的生产批量的缩小，不仅可以使得工序之间的在制品库存大大减少从而缩短了生产周期，而且降低了生产过程中的资金占用、减少了生产成本、提高了企业产品的竞争力，同时也提高了工作效率。可以看出，工作效率的提高不仅仅通过引进最先进的高性能设备或花费其他大量的资金可以实现，而且通过研究生产过程，消除生产过程中的浪费一样可以实现。

单件生产和单件运送能够有效地实现平行生产和同步化，同时也是一种较为理想的状态。准时制要求缩小批量，这使得整个作业的更换过程显得非常复杂。所以为了实现准时制的要求，必须缩短整个生产过程中的闲置时间和等待时间，关键问题就是如何缩短整个作业更换的时间，使得生产的过程更加紧凑，生产效率得到提高，作业更换时间由三个部分组成：一是内部时间，就是作业过程中零件生产之间的间隔，必须通过停机才能够进行；二是外部时间，对于更换生产过程中的一些工具，比如模具、量具等，可以无须停机就完成，这种时间被称为外部时间；三是调整时间，

在生产过程结束后，要对生产出的产品进行抽样检查和质量检验，也要对整个生产工序进行调整，这些时间是工作完成后的调整时间。缩短作业更换时间的具体方法包括：提高作业人员工作能力，通过"多面手"的培训使操作人员能够在比较短的时间内完成任务；改进工作方法，对原来的工作程序进行调整；使用一些比较简易和更换方便的工装，减少工装调整的时间；对一些工装可以预先准备，不要影响整个工作的时间等。

4. 弹性配置人员

随着劳动力费用的不断提高，降低劳动费用是降低劳动成本的一个重要方面，达到这一目的的方法是"少人化"。实现这种少人化的具体方法是实施独特的设备布置，以便能够将需求减少时各作业总减少的工时集中起来，以整数削减人员。准时制打破传统管理中的"定员制"观念，创造出全新的"少人化"技术，来实现随着产量变化而变化的弹性作业人数。少人化技术作为降低成本的手段之一，具有两层意义：一是按照每月生产量的变动弹性增减各生产线及作业工序的作业人员，保持合理的作业人数，从而通过排除多余人员来实现成本降低；二是通过不断减少原来作业人数实现成本的降低。

看板控制系统

为了达到降低成本、平衡系统的目标，准时制采用了被称为"看板"的管理工具。看板控制系统作为管理工具，犹如连接工序的神经而发挥着作用。

所谓看板，是指传递信号的工具，它可以是一种卡片、一种信号和一种告示牌。当某个工人需要前面岗位的物料或工作时，他就使用看板卡片。实际上，看板卡片是一份移动零部件或继续工作的授权书。

看板分两种：传送看板和生产看板。传送看板用于指挥零部件在前后两道工序之间移动。当放置零件的容器从上道工序的出口存放处运到下道工序的入口存放处时，传送看板就附加在容器上。当下道工序开始使用其入口存放容器中的零件时，传送看板就送到上道工序的出口存放处相应的容器上，同时将该容器上的生产看板取下，放在生产看板盒中。可见，传送看板只是在上道工序的出口存放处与下道工序的入口存放处之间往返运动。每一个传送看板对应一种零件。由于一种零件总是存放在一定的标准

容器内，所以，一个传送看板对应的容器也是一定的。生产看板用于指挥工作地的生产，它规定了所生产的零件及其数量，它只在工作和出口存放处之间往返。当需求方工作地转来的传送看板与供应方工作地出口存放处容器上的生产看板一致时，生产看板就被取下，放入生产看板盒内。该放满零件容器连同传送看板一起被送到需求方工作地的入口存放处。工人按顺序从生产看板盒内取走生产看板，并按生产看板的规定，从该工作地的入口存放处取出要加工的零件，加工完规定的数量之后，将生产看板还要挂到容器上。

1. 看板控制系统与库存数量

看板控制系统并不能实现零库存，它只能通过控制每种零件的容器数来实现控制一次投入工序中的物料。看板控制系统可以方便地进行调整以适应系统当前的运行方式，因为看板卡片的套数可以十分容易地增加或减少。如果操作工人发现他们不能准时完成零件的加工，则可以增加一个新的物料容器，也就是加入一个新的看板卡片。如果发现存在多余的收集物料的容器，则可以很容易地拿走看板卡片，因此就可以减少占用的库存数。

2. 看板控制系统是一种"拉式系统"

在看板控制系统中，常常使用"推式系统"与"拉式系统"这样的术语，其中的"推"和"拉"表示了工作经过整个生产过程的两种不同系统。传统生产环境下使用的是"推式系统"。即由一个计划部根据市场需求，按零部件展开，计算出每种零件部件的需要量和各生产阶段的生产提前期，确定每个零部件的投入—出产计划，按计划发出生产和订货的指令。每一工作地、每一生产车间和生产阶段都按计划制造零部件，将实际完成情况反馈到计划部门，并将加工完的零部件"推"到后一道工序和下游生产车间，或者在最终作业阶段，产出被推进产成品存货。看板系统采取的是"拉式系统"方式。"拉式系统"对工作转移的控制取决于下一道工序，每个岗位都在需要时才把上一道工序的产出拉过来，最终的产出则由顾客需求或时间计划总表拉出。因此，在"拉式系统"中，工作通过响应下道工序进行。而在"推式系统"中的工作，则是随着本岗位工序的结束而前进，不管下道工序是否已经做好准备，这样一来，工作很可能会堆积在诸如由于设备故障、发现质量问题而落后于进度安排的某些岗位上。

精细生产

精细生产方式也称作精益生产（Lean Production，LP）。英文词"lean"的本意是指人或动物很瘦，没有脂肪。译成"精细生产"，反映了"lean"的本意，反映了精细生产的实质。"精"指质量高，"细"指库存低。

精细生产方式是美国麻省理工学院研究发明的，它是在准时生产管理方式的基础上提出的，如果说准时生产方式是以生产制造系统为中心展开的话，那么，精细生产方式则是涉及企业整体的一种扩大了的生产经营模式。因此，精细生产方式可以说是对准时生产方式的进一步提炼和理论总结，是一种扩大了的生产方式的概念和理论。它与资源消耗型的大量生产方式相比，是一种资源节约型、劳动节约型的生产方式。

1. 精细生产方式的基本原理

精细生产方式的基本原理是不断改进；消除对资源的浪费；协力工作；沟通。不断改进是精细生产方式的指导思想，消除对资源的浪费是精细生产方式的目标，协力工作和沟通是实现精细生产方式的保证。精细生产要求对于人、时间、空间、财力、物资等各方面，凡是不能在生产中增值的都要去掉。例如维修工、现场清洁工，当操作工人进行增值的生产活动时，他们不工作，而需要维修时，操作工又不工作，故维修工作不能直接增值，应撤销，而要求操作工人成为多面手，能够完成一般性的维修工作。又如，库存占用资金但不增值，在厂内，要求厂房布局上前后衔接的车间尽量靠在一起，生产计划上严格同步，不超前、不落后，及时供应；在厂外，对协作厂或供应商，则要求按天甚至按小时供应所需要零配件，这样就最大限度地缩小了库存量。所以精细生产方式几乎只用大量生产方式一半的时间、一半的人力、一半的场地，当然也就会用少得多的费用来开发同一个类型的新产品。目前人们将精细生产的系统空间扩大到整个企业，提出了精细企业的概念。

2. 精细生产方式的主要内容

精细生产方式的主要内容包括：工厂现场管理、新产品开发、与用户的关系和与供应厂家的关系等方面。

精细生产方式在零部件供应系统方面，采取与大量生产方式截然不同的方法。企业与零部件供应厂家是一种长期稳定的合作关系。供应厂家是从合作共事过的企业中挑选的。在新产品开发初期，供应厂家就可以参加进来。按承担的任务不同，将供应厂家按不同层次组织起来。企业只与第一层供应厂家直接发生联系。第一层供应厂家一般承包一个独立的部件的设计与制造。第一层供应厂家根据需要再将该部件下的零件给第二供应厂家承包。依此类推。这样，企业只需同较少的供应厂家直接打交道。日本的汽车制造厂的供应厂家一般只有300家左右。在决定零部件的价格时，企业是按市场行情确定汽车的目标价格，然后与供应厂家一起考虑合理的利润，推算各部分的目标成本。为了达到目标成本，双方共同利用价值工程方法，找出每一个能降低成本的因素，然后，第一层供应厂家同企业商量，如何达到目标成本，并使供应厂有合理的利润。在零件生产过程中，再利用价值分析方法对加工制造的每一步进行分析，以进一步降低成本。供应厂家能够主动地降低成本是因为降低成本可以给它们带来更多利润。供应厂家与企业约定，供应厂家经过自己的努力带来的成本降低，从而多获的利润归供应厂家所有。这样做的结果虽然使公司在一定时期减少了利润，但供应厂家的积极性被调动起来，有利于改进产品质量，降低产品成本，提高产品竞争力。从长远看，对公司无疑是有利的。

精细生产方式在产品的研究与开发方面，以并行工程和团队工作方式为研究开发队伍的主要组织形式和工作方式，设立"主任检查官"负责制。在一系列开发过程中，强调产品开发、设计、工艺和制造等不同部门之间的信息沟通和同时并行开发。这种并行开发还扩大至零部件供应厂家，充分利用它们的开发能力，促使它们从早期开始参加开发，由此而大大缩短开发周期和降低成本。

精细生产方式在处理与用户的关系方面，采取了完全不同于大量生产方式的态度与做法。"用户至上""用户第一"是公司处理与用户关系的指导思想。在这种思想指导下，公司采取了积极主动销售的态度。从而，公

司可以与用户建立一种长期的关系，使来自用户的订货与工厂的生产系统直接挂钩，销售成为生产活动的起点，极力减少流通环节的库存，并使销售和服务机能紧密结合，以迅速、周到的服务来最大限度地满足顾客的需要。精细生产方式在人力资源利用上，公司形成一整套劳资互惠的管理机制，并一改大量生产方式中把工人只看作一种"机器的延伸"的机械式管理方法，通过质量管理小组、提案制度、团队工作方式和目标管理等一系列具体方法，调动和鼓励职工进行"创造性思考"的积极性，并注重培养和训练工人以及各级管理人员的多方面技能，充分发挥和利用企业组织中每个人的潜在能力，由此提高职工的工作热情和工作兴趣。

总之，精细生产方式是一种在降低成本的同时使质量显著提高，在增加生产系统的柔性的同时，也可以使人增加对工作的兴趣和热情的生产经营方式。

最优生产技术

最优生产技术是 Eli Goldratt 博士于 20 世纪 70 年代提出的。最初它被称作为最优生产时间表（optimized production timetable，OPT），80 年代改称为最优生产技术（optimized production technology，OPT），后来 Goldratt 又进一步将它发展成为约束理论。下面我们来看看最优生产技术与传统生产方式的指标比较。

传统生产方式的指标

1. 净利润

净利润即一个企业赚多少钱的绝对量。净利润越高的企业，其效益越好。

2. 投资收益率

投资收益率表示一定时期的收益与投资的比。当两个企业投资大小不同时，单靠净利润指标是无法比较他们效益的好坏的。

3. 现金流量

现金流量指短期内收入和支出的资金。没有一定的现金流量，企业无

法生存下去。以上三个指标主要考虑的是对现有资源的有效利用和安排。但是，它们并不能直接用于指导生产。

最优生产技术的指标

1. 产销率

产销率不是一般的通过率或产出率，而是单位时间内生产出来并销售出去的量，即通过销售活动获取金钱的速度。生产出来但未销售出去的产品只是库存。

2. 库存

库存是一切暂时不用的资源。它不仅包括为满足未来需要而准备的原材料、加工过程的在制品、一时不用的零部件、未销售的成品，而且包括扣除折旧后的固定资产。库存占用了资金，产生机会成本及一系列维持库存所需的费用。

3. 运行费

运行费是生产系统将库存转化为产销量的过程中的一切花费，包括所有的直接费用和间接费用。如果以货币来衡量，T 是要进入系统的钱，I 是存放在系统中的钱，OE 则是将 I 变成 T 而付出的钱。

最优生产技术的主要内容

最优生产技术是在物料需求计划（MRP）和准时制（JIT）之后出现的又一项组织生产的新方式。它吸收了 MRP 和 JIT 的长处，并独特地开发了 OPT 软件系统。因此 OPT 的两大支柱是 OPT 原理和 OPT 软件系统。

1. OPT 原理与 OPT 原则

OPT 原理中最重要的思想是瓶颈的概念，所谓瓶颈或瓶颈资源的概念，指的是实际生产能力小于或等于与它的生产负荷的资源，这一资源限制了整个生产系统的速度，其余的资源则成为非瓶颈资源。因此，要判别是否瓶颈，应从企业资源的实际生产能力与企业的生产负荷，或对其的需求量来考察。这里说的需求量不一定是市场的需求量，而是指企业为了完成其产品计划而对该资源的需求量。生产是一个动态的过程，需求随时都在变化，生产能力的平衡在实际中很难做到。因此，在生产过程中必然会出现有的资源负荷过重，成为瓶颈。这样企业的制造资源就存在瓶颈和非瓶颈的区别。

OPT 的基本思想体现在 OPT 原则上，OPT 原则是实施 OPT 的基石。OPT 系统中有关生产计划与控制的算法和软件，就是按照这 9 条原则提出和开发的。此外，OPT 原则也可以独立于软件之外，直接用于指导实际的生产管理活动。

OPT 的原则：

（1）平衡物流而不平衡生产能力

传统的生产管理方法是平衡生产能力，它要求各工作地的生产能力都与市场需求平衡，通过平衡能力来产生一种连续的产品流。从能力的角度来看，制造产品的工作被分解为大致相等的部分，人们通过考察生产加工过程中各种制造资源来平衡它们的生产能力，以保证各种资源都达到最大的利用率，同时在生产中通过这些资源形成一个连续的物料流。

OPT 系统则主张在企业内平衡物流，认为平衡能力实际是做不到的。因为波动是绝对的，市场每时每刻都在变化，生产能力总是相对稳定的。一味追求做不到的事情将导致企业无法生存。所以必须接受市场波动及其引起的相关事件这个事实，并在这种前提下追求物流平衡。所谓物流平衡就是使各个工序都与瓶颈机床同步。

（2）非瓶颈资源的利用程度取决于系统的瓶颈

非瓶颈资源的利用程度，不是由它们自己的潜力决定的，而是由系统的瓶颈决定的。系统约束就是瓶颈。因为系统的产出是由所经过瓶颈的量决定的，即瓶颈限制了产销量，而非瓶颈资源的充分利用不仅不能提高产销量，而且会使库存和运行费用增加。瓶颈与非瓶颈之间存在 4 种基本关系，如图 12-2 所示。它们分别是：

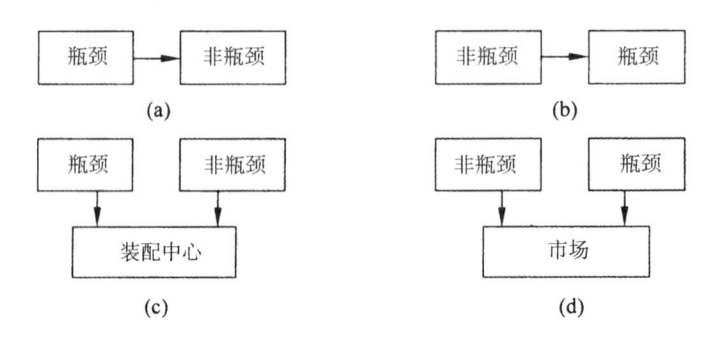

图 12-2 瓶颈资源与非瓶颈资源的关系

①从瓶颈到非瓶颈资源，见图 12-2（a）；
②从非瓶颈到瓶颈资源，见图 12-2（b）；
③瓶颈资源和非瓶颈资源到同一装配中心，见图 12-2（c）；
④瓶颈资源和非瓶颈资源相互独立，见图 12-2（d）。

从图 12-2 中可以看出，在瓶颈与非瓶颈的 4 种基本关系中关系（a）、（b）、（c）中非瓶颈资源的利用程度是由瓶颈资源来决定的。如关系（a），非瓶颈资源为后续工序，只能加工由瓶颈传送过来的工件，其使用率自然受瓶颈的制约；关系（b），虽然非瓶颈资源为前道工序，能够充分地使用，使用程度可以达到 100%，但整个系统的产出是由后道工序，即瓶颈决定的，非瓶颈资源的充分利用只会造成在制品库存的增加，而不改变产出；关系（c），由于非瓶颈与瓶颈资源的后续工序为装配，此时非瓶颈也能充分利用，但受装配配套性的限制，由非瓶颈加工出来的工件，其中能够进行装配的，必然受到瓶颈产出的制约，多余部分也只能增加在制品库存。而对于关系（d），非瓶颈资源的使用程度虽不受瓶颈的制约，但显然应由市场的需求来决定的。从以上分析得知，非瓶颈资源的使用率一般不应该达到 100%。

（3）资源的"利用"和"活力"不是同义词

"利用"是指资源应该利用的程度，"活力"是指资源能利用的程度。按照传统的观点，一般是将资源能够利用的能力加以充分利用，所以"利用"和"活力"是统一的。按照 OPT 的观点，两者有着重要的区别。因为需要做多少工作（即"利用"）与能够做多少工作（"活力"）之间是不同的。所以在系统非瓶颈资源的安排上，应基于系统的约束。例如，一个非瓶颈资源能够达到 100% 的利用率，但其后续资源如果只能承受其 60% 的产出，则其另外的 40% 产出，将变成在制品库存，此时从非瓶颈资源本身考察，其利用率很好，但从整个系统的观点，其只有 60% 的有效性。所以"利用"注重的是有效性，而"活力"注重的则是可行性。从平衡物流的角度出发，应允许非瓶颈资源上有适当的闲置时间。

（4）瓶颈上一小时的损失是整个系统一个小时的损失

一般来说，生产时间包括加工时间和调整准备时间。但瓶颈资源与非瓶颈资源上的调整准备时间的意义是不同的。因为瓶颈控制了产销率，瓶

颈上中断一个小时，是没有附加生产能力来补充的。而如果在瓶颈资源上节省一个小时的调整时间，则将能增加一个小时的加工时间，相应地，整个系统增加了一个小时的产出。所以，瓶颈必须保持100%的"利用"，尽量增大其产出。为此，对瓶颈还应采取特别的保护措施，不使其因管理不善而中断或等待。

（5）非瓶颈的时间节约意义不大

因为在非瓶颈资源上的生产时间除了加工时间和调整时间之外，还有闲置时间，节约一小时的调整准备时间并不能增加产销率，而只能增加一小时的闲置时间。当然，如果节约了一小时的加工时间和调整准备时间，可以进一步减少加工批量，加大批次，以降低在制品库存和生产提前期。

（6）瓶颈控制了库存和产销率

产销率受到企业的生产能力和市场的需求量这两方面的制约，而它们都是由瓶颈控制的。如果瓶颈存在于企业内部，表明企业的生产能力不足，因受到瓶颈能力的限制，相应的产销率也受到限制；而如果当企业所有的资源都能维持高于市场需求的能力，那么，市场需求就成了瓶颈。这时，即使企业能多生产，但由于市场承受能力不足，产销率也不能增加。同时，由于瓶颈控制了产销率，所以企业的非瓶颈则应与瓶颈同步，它们的库存水平只要能维持瓶颈上的物流连续稳定即可，过多的库存只是浪费，这样，瓶颈也就相应地控制了库存。

（7）转运批量一般不等于加工批量

车间现场的计划与控制的一个重要的方面就是批量的确定，它影响到企业的库存和销售率。OPT系统采用了一种独特的动态批量系统，它把在制品库存分为转运批量和加工批量两种不同的批量形式。转运批量是指工序间转运一批零件的数量；加工批量是指经过一次调整准备所加工的同种零件的数量，可以是一个或几个转运批量之累计。在自动装配线上，转运批量为1时，则加工批量很大。根据OPT系统的观点，为了使瓶颈上的产销率达到最大，瓶颈上的加工批量必须大。但另一方面，在制品库存也不应该增加，所以转运批量应该小，即意味着非瓶颈上的加工批量要小，这样就可以减少库存费用和加工费用。

（8）加工批量具有可变性

这一条原则是第 7 条原则的直接应用。在 OPT 系统中，转运批量是从零件的角度来考虑的，而加工批量则是从资源的角度来考虑的。由于资源有瓶颈和非瓶颈之分，瓶颈要求加工批量大，转运批量小，同时考虑到库存费用，零部件需求等其他因素，加工批量应是变化的。

（9）安排作业计划应同时兼顾所有的约束

生产提前期是作业计划的结果，而不应是预定值。在 OPT 系统中，生产提前期是批量、优先权和其他许多因素的函数。

2. OPT 软件系统

OPT 软件系统主要基于一个保密算法，它通过对企业现有的各种资源的具体描述建立起若干个相应的模块，然后以一定方式将模块中的信息结合起来，生成一个工程网络，这就产生了该算法的核心，在于识别瓶颈资源和对瓶颈资源排序。

OPT 系统的计划与控制是通过 DBR 系统来实现的。DBR 系统（drum-buffer-r0pe，DBR）。即"鼓（drum）""缓冲器（buffer）"和"绳子（rope）"。系统实施计划与控制主要包括以下 4 个步骤。

（1）识别企业的真正约束（瓶颈）所在是控制物流的关键

一般来说，当需求超过能力时，排队最长的机器就是瓶颈。如果知道一定时间内生产的产品及其产品组合，就可以按物料清单计算出要生产的零部件。然后，按零部件的加工路线及工时定额，计算出各类机床的任务工时，将任务工时与能力工时比较，符合最不能满足需求的机床就是瓶颈。找出瓶颈之后，可以把企业里所有的加工设备划分为关键资源和非关键资源。

（2）基于瓶颈约束，建立产品出产计划

产品出产计划的建立，应该使受瓶颈约束的物流达到最优，因为瓶颈约束控制着系统的"鼓的节拍"，即控制着企业的生产节拍和产销率。为此，需要按有限能力法进行生产控制安排，在瓶颈上扩大批量，设置"缓冲器"。

（3）"缓冲器"的管理

"缓冲器"的管理用以防止随机波动，使瓶颈不至于出现等待任务的情况。

(4)"绳子"的管理

对企业物流进行平衡,使得非瓶颈的物料被瓶颈的产出率所控制,即"绳子",一般按无限能力,用倒推方法对非瓶颈资源安排作业计划,使之与关键资源上的工序同步。

敏捷制造

敏捷制造(agile manufacturing,AM)。20世纪80年代后期,美国为了保持制造业在国际上的领先地位,委托里海(Lehigh)大学的亚科卡(Iacocca)研究所编写了一份《21世纪制造企业战略》的报告。里海大学邀请了国防部、工业界和学术界的代表,建立了以13家大公司为核心的,有100多家公司参加的联合研究组,研究了美国工业界近期的400多篇优秀报告,提出了"敏捷制造"的概念。敏捷制造是一种能够对市场多变的需求,包括对产品和服务的需求做出敏捷的反应,从而很好地满足市场需求的制造组织和制造方式。

针对21世纪市场竞争的特点,制造业不仅要灵活多变地满足用户对产品多样性的要求,而且新产品必须能快速上市。在未来市场上,顾客需要的个性化发展对产品多样性的要求会非常突出,每张订单可能只有一件或两件产品。然而厂家按订单生产时,希望其生产成本与批量无关。说得更具体些,希望生产一万件同一型号的产品和生产一万种不同型号、每一种只有一件的产品,所花费的成本基本相同。而且上市时间,指从提出概念到产品交到用户手上的全部时间,将成为竞争的关键,要力争缩短。因此各种产品和生产系统必须是可以重新编程、重新组合、连续更换的。而这些正是敏捷制造善于解决的问题。敏捷制造的提出是一次战略高度的变革。敏捷制造面对的是全球化激烈竞争的买方市场,采用可以快速重构的生产单元构成的扁平组织结构,以充分自治的、分布式的协同工作代替"金字塔式"的多层管理结构,注重发挥人的创造性,变企业之间你死我活的竞争关系,为既有竞争又有合作的"共赢"关系。敏捷制造强调基于互联网

的信息开放、共享和集成。

敏捷制造的特点

敏捷制造的特点可概括为：通过先进的柔性生产技术与动态的组织结构和高素质人员的集成，着眼于获取企业的长期经济效益；用全新的产品设计和产品生产的组织管理方法，来对市场需求和用户要求做出灵活和有效的响应。具体地讲，它有以下的特点：

1. 从产品开发到产品生产周期的全过程满足用户要求

敏捷制造采用柔性化、模块化的产品设计方法和充足的设备，使产品的功能和性能可根据用户的具体需要进行改变，并借助仿真技术让用户可以很方便地参与设计，从而很快地生产出满足用户需要的产品。它对产品质量的概念是，保证在整个产品生产周期内达到用户满意；企业的质量跟踪将持续到产品报废，甚至直到产品的更新换代。

2. 采用多变的动态组织结构

21世纪衡量竞争优势的准则在于企业对市场反应的速度和满足用户的能力。而要提高这种速度和能力，必须以较快的速度把企业内部的优势和企业外部不同公司的优势集合在一起，组成为灵活的经营实体，即虚拟公司。所谓虚拟公司，是一种利用信息技术打破时空阻隔的新型企业组织形式。它一般是某个企业为完成一定任务项目与供货商、销售商、设计单位或设计师，甚至于用户所组成的企业联合体。选择这些合作伙伴的依据是他们的专长、竞争能力和商誉。这样，虚拟公司能把与任务项目有关的各领域的精华力量集中起来，形成单个公司所无法比拟的绝对优势。当既定任务一旦完成，公司即行解体；当出现新的市场机会时，再重新组建新的虚拟公司。虚拟公司的这种动态组织结构，大大缩短了产品上市时间，加速产品的改进发展，使产品质量不断提高，也能大大降低公司开支，增加收益。

3. 战略着眼点在于获取长期经济效益

传统的大批量生产企业，其竞争优势在于规模生产，即依靠大量生产同一产品来减少每个产品所分摊的制造费用和人工费用，从而降低产品的成本。敏捷制造是采用先进制造技术和具有高度柔性的设备进行生产，这些具有高柔性、可重组的设备可用于多种产品，不需要像大批量生产那样

要求在短期内回收专用设备及工本等费用。而且变换容易，可在一段较长时间内获取经济效益，所以它可以使生产成本与批量无关，做到完全按订单生产，充分把握市场中的每一个获利时机，使企业长期获取经济效益。

4. 建立新型的标准基础结构，实现技术、管理和人员的集成

敏捷制造企业需要充分利用分布在各地的各种资源，要把这些资源集成在一起，以及把企业中的生产技术、管理资源和人力资源集成到一个相互协调的系统中，必须建立新的标准基础结构来支持这一集成。这些标准基础结构包括大范围的通信基础结构、信息交换标准等硬件和软件。

5. 充分调动、发挥人的作用

敏捷制造是提倡以"人"为中心的管理。强调用分散决策代替集中控制，用协商机制代替等级控制机制。它的基础组织是"多学科群体"，是以任务为中心的一种动态组合。也就是把权力下放到项目组，提倡"基于统观全局的管理"模式，要求各个项目组都能了解全局的远景，胸怀企业全局，明确工作目标和任务的时间要求，但完成任务的中间过程则由项目组自主决定，以此来发挥人的主动性和积极性。

显然，敏捷制造方式是把企业的生产与管理的集成提高到一个更高的发展阶段。它是把有关生产过程的各种功能和信息集成扩展到企业与企业之间的不同系统的集成，当然，这种集成将在很大程度上依赖于国家和全球信息基础设施。

敏捷制造的基础结构

虚拟企业生成和运行所需要的必要条件决定了敏捷制造基础结构的构成。一个虚拟公司存在的必要条件包括四个方面：物理基础、法律保障、社会环境和信息支持技术。它们构成了敏捷制造的四个基础结构。

1. 物理基础

它是指虚拟企业运行所必需的厂房、设备、设施、运输和资源等必要的物理设施。这样考虑的目的是，当有一个机会出现时，为了抓住机会，尽快占领市场，只需要添置少量必要的设备，集中优势开发关键部分，而多数的物理设施可以通过选择合作伙伴得到，这样就可以实现敏捷制造。

2. 法律保障

它也称为规则基础结构，是指虚拟企业运行所必须遵循的规则和国家

关于虚拟企业的法律、合同与政策。具体来说，它规定出如何组成一个法律上承认的虚拟企业，如何交易，利益如何分享，资本如何流动和获得，如何纳税，虚拟企业破产后如何还债，虚拟企业解散后人员如何流动等。由于虚拟企业是一种新的概念，它给法律带来了许多新的研究课题。

3. 社会环境

虚拟企业要生存发展，还需要社会环境，即由社会提供为虚拟企业服务的公共设施。例如，虚拟企业经常会解散和重组，人员的流动是一件非常自然的事。因而人员需要不断地接受职业培训、不断地更换工作环境，这些都需要社会来提供职业培训、职业介绍的服务环境。

4. 信息支持技术

信息基础结构是指敏捷制造的信息支持环境，包括能提供各种服务的网点、中介机构等一切为虚拟企业服务的信息手段。

计算机集成制造系统

现代集成制造系统是在计算机集成制造和计算机集成制造系统的基础上不断完善和发展起来的现代企业的先进生产方式。

计算机集成制造系统和现代集成制造系统

为了提高市场竞争能力，企业一方面继续寻求更好的生产与运作管理方法，如准时制、最优生产技术等，另一方面积极探索采用新的制造技术和生产组织方式，其中，最具代表性的是计算机集成制造系统。

1. 计算机集成制造

计算机集成制造（computer integration manufacturing，CIM），它是信息时代的一种组织、管理生产的理念。1974 年，美国的约瑟夫·哈林顿（Jocph Harrington）博士提出计算机集成制造的概念，其中有两个基本观点。

①企业生产的各个环节，即从市场分析、产品设计、加工制造、经营管理到售后服务的全部生产活动是一个不可分割的整体，要紧密连接，统一考虑。

②整个生产过程实质上是一个数据的采集、传递和加工处理的过程。最终形成的产品可以看作是数据的物资表现。

综合这两个观点，可以看出，CIM 是信息技术和生产技术的综合应用，目的在于使企业更快、更好、更省地制造出市场需求的产品，提高企业的生产效率和市场效应能力。从生产技术的观点看，CIM 包含了一个企业的全部生产经营活动，是生产的高度柔性自动化，它比传统的加工自动化的范围要大得多；从信息技术的观点看，CIM 是信息系统在整个企业范围内的集成，主要是体现以信息集成为特征的技术集成、组织集成乃至人的集成。因此，CIM 是生产组织的一种哲理、思想和方法。

2. 计算机集成制造系统

计算机集成制造系统（computer integrated manufacturing systems, CIMS）。当一个企业按 CIM 哲理组织整个企业的生产经营活动时，就构成了计算机集成控制系统 CIMS。或者说，CIMS 是以 CIM 为理念的一种企业的新型生产系统。CIM 是组织现代化生产的一种哲理和指导思想，CIMS 是 CIM 哲理在企业管理中的实现。企业在 CIM 思想指导下，逐步实现企业全过程计算机化和综合人机系统。不论其计算机技术应用的广度和深度处于什么阶段，只要全局规划是明确的，确实按照 CIM 思想指导着企业的技术改革的，就可以成为计算机集成制造系统。实施 CIMS 的目标要采用全面综合的管理目标。要在时间、质量、成本和服务四个方面获得全面的竞争优势，使各个阶段投资尽可能长久地发挥效益。因此。实施 CIMS 要有一个总体规划，CIMS 的实施方案、实施规划和实施步骤等是由企业的长期和近期目标及约束条件决定的。但不必要也不可能进行全厂自动化，特别是在实施 CIMS 的初级阶段更不能过分强调自动化。否则容易产生自动化孤岛给未来集成带来困难。

CIMS 已被预言为 21 世纪制造业的主流技术。它的出现，完全改变了人们对企业经营活动的传统认识，对许多传统的观念提出了严峻的挑战，也使生产运作管理又一次进入发展的新时期。在激烈的市场竞争中，企业要生存发展，就要用 CIM 的理念组织生产。要达到企业的总体优化，不仅要正确处理加工制造过程的自动化，而且必须使设计过程、管理和决策过程采用先进技术，更加重要的是企业的体制、运行机制必须作相应的深刻变

革。CIMS是因企业的不同而千变万化的。企业类型不同其生产经营方式也将不同。例如，离散型制造业与流程工业是不同的，单件生产的企业与多品种、中小批量生产的企业或大批量生产的企业也是不同的，因此实现CIMS的手段和方式必然是不同的。即使是同一行业的企业，由于它们的生产经营目标不同、企业的基础条件不同，其实现CIMS的过程与结果也将是不同的。但不论哪个企业实施的CIMS如何不同，其宗旨都是强调总体、强调系统。就系统而言，CIM哲理只有一个，但CIM的许多相关技术具有共性。而CIMS一方面强调研发后形成高科技技术产业；另一方面是用系统观点来指导整个CIMS的研发，即系统的目标、结构、约束、优化、实现等。因此，CIMS对不同类型的企业都有适用性。

3. 现代集成制造系统

现代集成制造系统（Contemporary Integrated Manufacturing Systems，CIMS）的英文缩写与计算机集成制造系统的相同，均为CIMS。计算机集成制造系统可以发展为以信息集成和系统优化为特征的现代集成制造系统。1998年，我国863计划CIMS主题专家组提出现代集成制造系统的新定义："将信息技术、现代管理技术和制造技术相结合，并应用于企业产品全生命周期（从市场需求分析到最终报废处理）的各个阶段。通过信息集成、过程优化及资源优化，实现物流、信息流、价值流的集成和优化运行，达到人（组织、管理）、经营和技术三要素的集成，以加强企业新产品的T（时间）、Q（质量）、C（成本）、S（服务）、E（环境），从而提高企业的市场应变能力和竞争能力。"现代集成制造的提法可以认为是用前瞻的观点更好地反映CIMS的丰富内涵。因为它可以涵盖信息集成、过程集成和企业集成以及后续的新发展，也可以用"现代"二字来包含当代系统论、信息化、集成化、网络化、虚拟化和智能化等促进制造系统更快发展的新技术、新方法，这种提法有更大的灵活性，也为后续进一步发展留有余地，更重要的是有利于企业的接收和推广应用，这大大超过了国外早期对CIMS的认识，其内涵也大为丰富。

我国实施863/CIMS强调了系统集成，包含信息集成和系统优化两个方面。其主要内容有：企业建模、系统设计方法、软件工具和规范；异构环境下的信息集成。实施CIMS必须用系统的观点建立企业的模型，分析综合

企业各部分的活动，划分功能，建立信息之间的静态或动态关系，用系统设计的方法、设计规范和软件工具，确定企业的信息流、物流和资金流。20世纪90年代中期的应用集成平台技术、产品数据管理技术的出现为信息集成提供了有利的工具。但是，信息集成仍然是今后企业信息化的主要内容。

CIM 作为一种组织、管理与运行企业的哲理，无论单元技术怎样发展、管理思想怎样变更、经济活动怎样变化、支撑环境怎样改善，它的系统的观点、信息的观点仍然是正确的和重要的。企业为了提高产品的 T、Q、C、S、E，除了采用信息集成这一技术手段以外，还要实施过程集成技术，如并行工程。并行工程即是在信息集成的基础上进行了过程的重构、集成和优化，把产品开发过程中传统的串行作业转变为并行作业，通过计算机网络支持下的协同工作环境和产品数据管理系统，10多个学科的协同工作小组能并行作业，缩短了开发周期，减少了设计、制造、装配作业时的反复，降低了成本。

计算机集成制造系统的构成

CIMS 一般是由管理信息子系统、工程设计自动化子系统、制造自动化子系统、质量保证子系统 4 个功能子系统和计算机网络子系统、数据库子系统两个支撑子系统集成组成。它们之间的逻辑关系如图 12-3 所示。

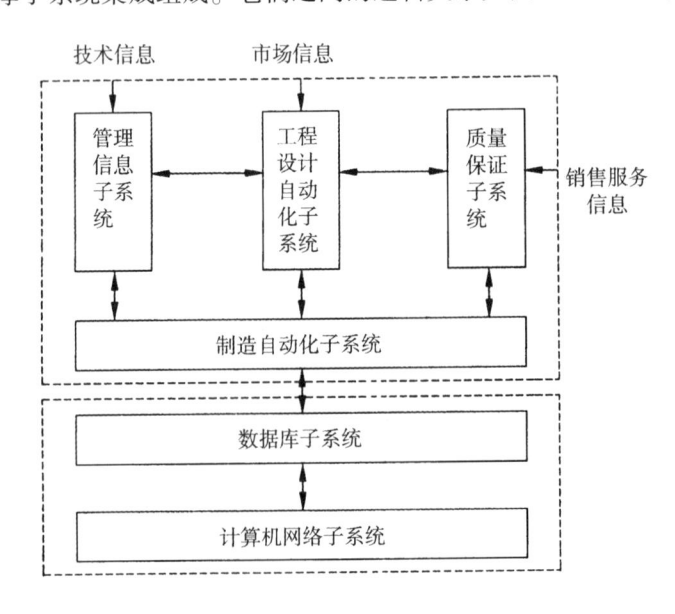

图 12-3 计算机集成制造系统的构成

管理信息子系统是以制造资源计划为核心，包括预测、经营决策、各级生产计划、生产技术准备、销售、供应、财务、成本、设备、工具和人力资源等管理信息功能，通过信息集成，达到缩短产品生产周期、降低流动资金占用、提高企业应变能力的目的。

工程设计自动化子系统，通常也称为 CAD/CAPP/CAM 系统。CAD 系统包括产品结构的设计及模块化结构的产品设计。CAPP 系统是利用计算机来完成按设计要求将原材料加工成产品所需要的详细工作指令的准备工作。CAM 系统通常进行刀具路径的规划、刀位文件的生成、刀具轨迹仿真以及数控代码的生成。工程设计自动化子系统在接到管理信息子系统下达的产品设计指令后，进行产品设计、工艺过程设计和产品数控加工编程，并将设计文档资料、工艺规程、设备信息、工时定额送给管理信息子系统，将数控代码等工艺指令送给制造自动化子系统。

制造自动化子系统是以数控机床、加工中心、测量机、机器人、立体仓库、多级分布式控制计算机等和相应的应用软件组成，借助这个系统将使产品制造达到高效率和高柔性的结合，缩短制造周期，实现多品种小批量产品的经济生产。

质量保证子系统包括质量决策、质量检测与数据采集、质量评价、控制与跟踪等功能，可对产品设计、制造、检验到最后售后服务的全过程实行质量保证。

计算机网络子系统支持 CIMS 各个子系统的开放型网络通信系统，采用国际标准和工业标准规定的网络协议等，可以实现异种机互联、异构局域网及多种网络的互联，满足各应用子系统对网络支持服务的不同需求，支持资源共享、分布处理、分布数据库、分层递阶和实时控制。

数据库子系统支持 CIMS 各子系统，覆盖企业全部信息，以实现企业的数据共享和信息集成。通常采用集中与分布相结合的三层控制体系结构——主数据管理系统、分布数据管理系统、数据控制系统，以保证数据的安全性、一致性、易维护性等。

CIMS 的发展趋势可以简单地概括为集成化、智能化、全球化、虚拟化、标准化和绿色化。

集成化是指 CIMS 的"集成"，已经从原来的企业内部的信息集成和功

能集成，发展到以并行工程为代表的过程集成，并且正在向以敏捷制造为代表的企业间集成发展。

智能化是制造系统在柔性化和集成化基础上进一步地发展和延伸，目前已进步到广泛开展具有自律、分布、智能、仿生和分形等特点的下一代制造系统的研究。

全球化是随着"网络全球化""市场全球化""竞争全球化"和"经营全球化"的出现，许多企业都积极采用敏捷制造、全球制造、网络制造的策略。

虚拟化是在数字化的基础上大量采用数字技术，如虚拟现实、虚拟产品开发、虚拟制造和虚拟企业等。

标准化是在经济、技术、科学及管理等社会实践中对重复性事物和概念通过制定、发布和实施标准，达到统一，以获得最佳秩序和社会效益。

绿色化是指绿色制造要面向环境的设计与制造、生态工厂、清洁化工厂等概念，是全球可持续发展战略在制造领域中的体现，是现代制造业不可回避的新课题。

实施 CIMS 给企业带来的效益

概括地讲，实施 CIMS 会提高企业的整体效益。具体体现是：

1. 在工程设计自动化方面，采用现代化工程设计手段，可提高产品的研制与生产能力，便于开发技术含量高和结构复杂的产品，保证产品设计质量，缩短产品设计与工艺设计周期，从而加速产品更新换代速度，满足用户的需要。若采用并行工程模式的 CIMS，其效益统计结果如下：早期生产中工程变更次数减少 1/2；产品开发周期减少 40%~60%；制造成本降低 30%~40%；产品报废及重复工作减少 75%。

2. 在加工制造上，柔性制造单元或分布式数控的应用可提高制造的柔性与质量，提高设备利用率，缩短产品制造周期，增强生产能力。

3. 在经营管理上，使企业的经营决策与生产管理科学化。在市场竞争中，可保证产品报价的快速、准确、及时；在生产过程中，可有效地解决生产瓶颈，减少在制品；在库存控制方面，可使库存压到最低水平，加速企业的资金周转。

总之，CIMS 通过计算机、网络、数据库等硬、软件将企业的产品设计、

加工制造、经营管理等方面的所有活动有效地集成起来，有利于信息及时、准确地变换，保证了数据的一致性，可以提高产品质量、缩短产品开发周期，提高生产效率，带来更多的效益。

美国对一些CIMS工厂的效益做了调查统计。1985年，美国国家科研委员会对CIMS实施方面处于领先地位的几家美国公司，如麦克唐纳飞机公司、迪尔拖拉机公司、通用汽车公司、英格索尔铣床公司和西屋防卫与电子公司所进行的调查分析表明，采用CIMS可获得以下效益：工程设计成本降低15%~16%；产品设计并投产的时间减少30%~60%；生产率提高40%~70%；在制品减少30%~609/6；产品质量提高2~3倍；工程技术人员分析问题的广度与深度提高了3~35倍；设备利用率提高2~3倍；人力费用减少5%~20%。

日本富士通公司的试点工厂——小山工厂经一年运转，使用CIMS的效益如下：生产率提高2倍；生产人员减少50%；库存减少35%；废品率降低2/3。

第十三章 新产品开发与管理

新产品的研究与开发,是关系到企业生存与发展的大问题。因此,企业必须高度重视新产品的开发工作,以优质价廉或科技含量高的新产品满足社会的需要,从而提高企业的市场竞争能力,不断提高企业的经济效益。

新产品开发的基本概念

一、新产品的含义及分类

(一) 产品概述

产品是企业生产经营活动的物质成果，是企业适应市场需要的集中体现，是企业的生命。

什么是产品，人们对其认识有一个过程，过去认为产品是企业生产某种供社会使用的物品实体，而现在则将这一概念延伸和扩大，把产品看作是企业向社会提供的能满足用户需要的物品、服务和意识的组合。

对产品的认识不断深入是社会发展的必然，是人类社会进步的结果。人们对产品提出三层次理论，即每个产品，从理论角度去分析都具有三个层次，这就是产品的核心层、产品的形式层和产品的附加层，从这样一种角度去认识有助于人们对产品有更深入的理解。产品的三个层次理论，可用图 13-1 加以表示：

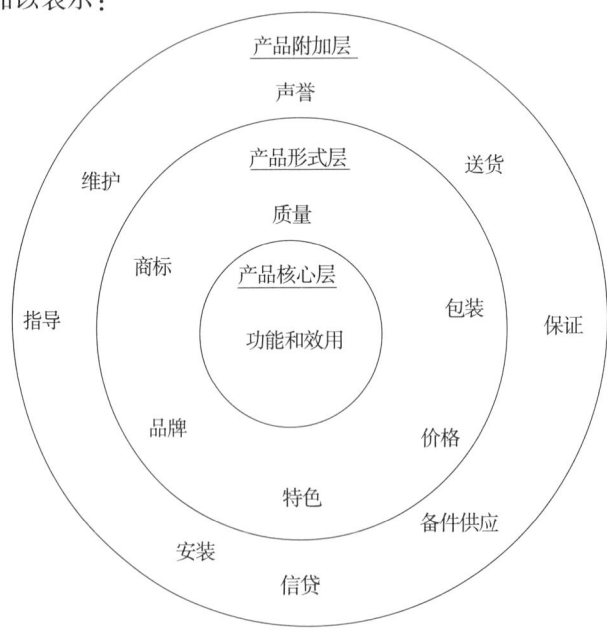

图 13-1　产品层次图

根据图 13-1 所示，我们可以清晰地看到，产品的核心是产品的功能和效用，这是实现生产者与消费者联接的基本纽带。所以，生产适销对路的产品，保证产品质量，必须是功能和效用能满足消费者的需求，离开了这个核心，产品就失去了意义。中间层是产品的形式层，它包括商标、品牌、包装、价格、质量、特色等，它是企业生产出的产品为消费者所直接观察、接触到的东西，它是产品外形、内在质量的体现，它决定着产品核心层的实现，起到关键性作用。处于最．外层的是产品的附加层，这一层包括的内容主要有供应产品中可提供的服务，如送货、安装、指导、维护、备件供应、信贷等，以及企业、经销商的声誉等，这一层次的出现，充分体现了市场经济的需要。

通过对产品三个层次理论的认识，应当认为产品已不是一个简单的企业把产品生产出来，形成一种物质载体就可以的东西，应当全方位地去认识产品，找准本企业对产品三层次认识的正确位置，让每一层次应做的工作到位，这样的产品才真正能在激烈的市场竞争中有一席之地。

(二) 新产品的含义

所谓新产品是较之原有产品在工作原理、结构、性能、材质、体积、重量、功能、用途等方面有明显改进，或利用新发明、新方法创制的产品。

新产品是一个相对的概念，它具有一定的时间性、地域性和条件性等。

（1）判断新产品的标准。一般来讲，判断是否属于新产品的标准是看符不符合下面的条件之一，符合的就属新产品；①具有新的原理、新的构想及新的设计，强调"新"，使产品在质量性能上有改进；②采用新的材料、元器件，是产品在其性能、特征、适用范围、条件、自身重量、体积等方面较之原有产品有改进；③具有新的性能特点，这是对其内在结构进行更改后，较之原产品的性能变化；④消化吸收引进技术，自己创新部分达到60%以上；⑤专利产品、新发明独创的产品。

（2）在新产品判断中的误区。下面说明的几种产品不属于新产品：①仅改变产品的外观、颜色、表面装饰、包装装潢、商标，而其内在结构、性能没有变化的产品，上述变化仅是新花色品种，够不上新产品；②仅仅是尺寸放大或缩小，别无变化，这是规格的问题，不属新产品；③引进散件组装，自己不作更改或创新的产品；④为本企业生产配套需要，而研

开发出的单机、专机、工艺装备、原材料、元器件、试验手段等，不作批量生产、对外销售的中间产品；⑤由于在客观上采用了新的工艺、材料、技术、装备等，使产品产量增加，消耗减少，但产品性能没有变化的产品；⑥产品在生产中主要性能指标不变，仅个别指标有变化的产品。

（三）新产品的特点

根据上述分析，新产品与原来老产品有明显的不同。通过新、老产品的对比，我们来认识新产品的特点：

（1）高效率。这是一些新产品较之老产品特别突出的一点。它适应生产高速发展的客观需要，一些自动化、程控设备是典型产品。

（2）大型化。它适应现代化大生产的要求，满足生产量、生产规模的要求，像一些成套、大型装置、设备、机组等都是典型例子。

（3）轻型化、微型化。适应现代大工业对材料节约使用、降低能源消耗的要求等，出现轻型化产品；而适用更方便使用的要求，则出现了微型化产品。

（4）简便化、多功能、智能化。这是技术进步的充分体现，一机多能，一物多用，操作方便，上档次，减少体力劳动占使用劳动量的比重。

（5）节能。能源问题、环境保护问题是社会进步关注的大问题，产品在这方面下的功夫越来越大。

（6）多样化。产品在品种、规格、型号、门类上的多样性是满足社会多层次、多方面需求的基本条件，追求系列、成批、成套地去满足不同需要。

（7）美学化。社会发展到今天，人们已经不仅仅要求产品实用，为满足精神需求，必然要求产品在美学上有高的体现，美学功能已成为产品功能的一个重要组成部分，并将会越来越重要。

（四）新产品的分类

新产品的分类方法很多。根据新产品的地域特征、技术开发方式、产品先进程度和产品用途归属的不同，可将新产品分成以下四类：

（1）按产品地域特征分：①国际新产品。指在世界范围内第一次生产、销售的产品；②国内新产品。在国外已出现，但在国内还是首次生产、销售的产品；③地区新产品。这是在国内已有，但在本省、市地区属首次生

产、销售的产品。

（2）按产品技术开发方式分：①独立研制的新产品。主要是企业依靠自身力量单独开发、研制的新产品；②联合开发的新产品。这是企业与企业之间、与研究院所、大专院校等单位联合研究开发的新产品；③技术引进的新产品。主要是以技术引进方式，吸收国外新的科学技术研究成果，或签订有关技术转让合同、购买专利所生产的产品。

（3）按新产品先进程度分：①创新型的新产品。它是一种以往没有出现的，利用高新技术，新创造出来的产品，这种产品在其性能、质量、结构、用途上有全新的体现；②消化吸收型的新产品。它是将移植来的国外的东西消化吸收并作创新的产品，它以技术引进等为基础；③改进型新产品。它是在原有产品的基础上，借助于新的科学技术成果，对其加以改进所形成的新产品；④仿制型新产品。它是学习、模仿国内外已有的好的产品来进行生产，替代企业原有产品。

（4）按产品用途归属来分：①生产资料类的新产品；②消费资料类的新产品。

新产品分类没有定式，企业要根据实际需要，针对不同的新产品来划分。

二、新产品开发的意义

积极开发新产品，对企业具有极其重要的意义。

（1）开发新产品是发展国民经济和不断提高人民物质文化生活水平的需要。这个目的也是办企业的目的。

（2）开发新产品是企业生存和发展的需要。产品是企业的生命，产品不行，企业必然衰败。市场经济下，产品适销对路，企业就兴旺，产品销售受阻，企业马上陷入困境，逐渐出现负债累累，人心涣散。而企业原来产品畅销，但毕竟受市场因素影响，一旦转入滞销，产品已是昨日黄花，若仍不思改进、开发，一味死守原摊子，必然使企业走入死胡同，说企业具有很强的竞争力，就是一句空话。开发新产品使企业生存、发展并具有强大的竞争力。

（3）开发新产品可以提高企业技术水平，推动和促进企业技术进步。客观事实已经证明，开发新产品必须依靠先进的科学技术，并通过先进的

生产技术条件去完成它。缺乏对科学技术进步的追求和实践，开发新产品就是一句空话。

（4）开发新产品有利于提高企业的经济效益。首先是适销对路新产品的开发，使市场销售提高，市场占有率加大；其次是新产品的开发，使劳动生产率提高，产量提高，消耗降低，成本下降，效益提高。

（5）开发新产品是适应产品结构调整的有效措施。长期以来，产业结构不合理，产品单一，不适应市场需要，长线越来越长，短线越变越短，使国民经济受到严重影响。加快转变、调整的有效途径是新产品开发。通过新产品，扭转被动局面，形成合理的产品结构，自然也从宏观上带动了产业结构调整。

（6）通过开发新产品，促进企业管理水平的提高。产品是企业的生命线，是企业核心的东西，它的变革必然要求各方面的管理跟上，如果工作跟不上，是很难把新产品开发工作做好的。

三、新产品开发的策略

要开发新产品，企业必须制定正确的新产品开发策略。

（1）产品的竞争策略。产品的竞争策略的目标是为了提高企业产品的竞争能力。此策略应使新产品抢在别的企业产品出台前早登场，早亮相。要在质量上下功夫，以质量好赢得用户，以价格低拉住用户。产品如果没有高质量、低价格，那是很难有竞争力的。

（2）新产品开发促销策略。为了新产品全面被用户认识、接受，要调动一切方式，做好促销。如利用各种媒介做广告宣传；要通过参加展销会、定货会等做宣传，利用销售网点，举办一些展销活动，降价销售；组织销售队伍，利用各种场合，演示销售等。

（3）定价策略。新产品的定价策略，对企业来讲是一门重要学问。在新产品定价时要考虑以下因素：同类产品的常用价格策略；商品的法规以及本行业有关规定和惯例；同类产品的价格竞争、非价格竞争的必要费用；企业市场占有率、资金周转率、利润率等。常见的定价策略有渗透定价策略、满意定价策略、心理定价策略等。

（4）消化吸收策略。在开发新产品时，注意积极引进国外的先进技术和产品加以仿制和消化吸收、创新，开发出自己的新产品。在采用该策略

时，既要从我国国情出发，强调先进性，能起推动、带动作用，还要考虑企业的实际，量力而行，此外注意不要重复引进，重复投资，既使国家经济受到损失，又使企业之间相互竞争，生产受影响，效益发挥不出来，造成浪费。

新产品开发的方式和程序

一、新产品开发的原则

新产品开发是关系到国家经济规划和企业长远发展的大问题。企业根据自己的具体情况来选择新产品的开发方向，一般应遵循以下几项原则：

（1）必须符合国家的长远规划和市场需求。企业要按国家经济发震规划的要求和主管部门共同研究来确定新产品开发方向，同时还要深入地进行市场调查和市场预测，准确地掌握社会的需要量，掌握竞争对手的生产信息，避免重复生产。

（2）必须符合国家规定的技术经济政策。组织新产品开发，必须根据我国的资源、技术、能源等实际情况，因地制宜，具体地贯彻国家的各种技术政策。

（3）必须坚持技术上的先进性。新产品必须性能好，效率高，或能填补本国、本地区的撞术空白，或能打人国际市场，或能满足用户的特殊需要，或比老产品在技术经济指标上有较大的改进等。要尽量达到高效、耐用、可靠、安全、低耗，便于使用、便于修理、美观等要求。

（4）必须做到高功能、低成本。在新产品的设计制造过程中，要努力提高产品使用性能，要用新技术、新工艺、新设备、新材料来降低产品成本，降低劳动消耗。要从本企业的特点出发，开发那些与企业生产工艺相近、产品结构相似、制造原理相同的产品，这样有利于尽快地投入批量生产，缩短生产周期，降低产品成本，取得较好的经济效果。

（5）必须有利于提高产品的三化水平。标准化、系列化、通用化，是组织现代化生产的重要手段，是科学技术管理的重要工作，是国家的一项

重要技术经济政策。因此，企业在开发新产品时，必须认真研究，贯彻实施。

二、新产品开发的方向

经济的发展，使消费者对产品品种质量的要求越来越高，选择性也越来越强。因此，企业必须注意研究产品开发方向。目前，新产品发展的趋势是：

(1) 致力于提高产品的性能和增加产品的用途，使产品向高能化和多功能化发展；

(2) 致力于体积小、重量轻，使产品向微型化发展；

(3) 为最大限度地方便用户，使产品向系列化、标准化、通用化方向发展；

(4) 为满足不同用户的需要，使产品向多样化方向发展。

选择新产品开发方向，必须以满足社会需要和市场需要为前提，同时也要考虑企业自身的生产经营能力和竞争形势等各种因素。那些与销售不对路的盲目生产和力不从心的强行生产都不会有好的结果。

三、新产品开发的方式

新产品开发的方式主要有三种：

(1) 独立研制。是指科研力量较强的企业，针对现有产品存在的问题，积极开展新技术、新材料等方面的研究，自行研制出具有本企业特色的新产品。

(2) 技术引进。通过购买国际上的技术资料、专利等软件，引进市场上已有产品的现成制造技术。该方法能节约研制费用，尽快将产品制造出来以填补国内空白。但企业采用这种方法时，要结合本国和本企业的能力与特点，注意经济实效，做好消化、吸收工作，把引进与创新结合起来。

(3) 独立研制与技术引进相结合。是指企业在引进技术消化吸收的基础上，将引进技术与本企业的科研活动相结合，推动本企业的科研活动，在引进技术的基础上不断创新，开发新产品。

四、新产品开发的程序

一个新产品的问世，大体要经过构思、筛选、市场分析、研制、试销、

批量生产、投入市场等环节。不同行业，由于具体条件不同，开发新产品的程序也应有所不同。即使是同一行业，由于生产类型、产品复杂程度以及技术掌握的程度不同，开发新产品的程序也不尽相同。

（1）新产品的构思阶段。该阶段包括对用户意见的搜集、对新产品设想的动机和把设想题目集中起来加以分析和探求。

对用户意见收集主要是通过市场调查、销售服务、售后服务、信息反馈等渠道，收集用户对企业产品的意见。开阔构思新产品的思路。

新产品设想的动机，主要来自市场和用户需要。通过有组织的活动，使个人天资和个人设想得以实施。如制造一种场合和气氛采用狂想法，让人们从满足市场和用户需要出发随意想象，畅所欲言，然后加以有效地组织整理，从中汲取精华，加以分析和探求。

（2）新产品构思方案的筛选阶段。对构思出来的众多的新产品方案，经过筛选进一步可行化，筛选的原则是：①力求获得更高的市场成功率；②产品技术要有可行性；③要求与企业生产能力的难易程度相吻合；④要求产品开发后有尽量好的经济性；⑤要求与国家政策方针和企业的发展战略相吻合。

（3）新产品的市场分析阶段。在新产品开发过程中，做好对新产品的市场分析，主要考虑以下几个方面：①新产品是否适销对路；②新产品竞争能力强弱；③新产品寿命周期长短；④原材料能否保证供应；⑤能否充分利用企业现有的技术力量和市场占有优势；⑥能否打入国际市场。

（4）新产品的研制阶段。在进行市场调查的基础上，经过对构思方案的筛选，通过成本预算，开始搞新产品开发计划书，绘制新产品图纸，运用价值工程对新产品的设计从功能、成本的权衡上取利舍弊，几经修改，力求提高新产品的价值。决定新产品的式样和规格，确定设计图样，开始试制。试制后，再经过全面鉴定。

（5）试销阶段。对试制出来的新产品，要及时进行宣传和试销。一是进一步征求用户的意见，力求改进；二是试探市场的需求量，便于决定生产批量的大小。宣传和试销的方式很多，一般有：①通过各种宣传工具和媒介做广告；②通过召开展销会、订货会、交易会或有针对性地让用户试用等。

（6）批量生产阶段。在试销的基础上，企业对新产品作有关的改进，通过技术上的进一步实验，对成本进行综合估价，开始进行批量生产。

（7）投入市场。新产品批量生产投入市场要注意以下几项工作：①企业要把握新产品的生命力；②了解有关商品的竞争情况；③经常分析竞争企业的情况；④了解新产品需求的对象；⑤选好新产品的销售地区；⑥把握好销售时机；⑦确定好恰当的价格策略；⑧确定销售目标；⑨选择好物流渠道和运输方式；⑩核算销售费用；⑪组织销售；⑫做好售前和售后服务工作。

五、新产品开发的特征

产品开发的特征，可以归纳为六点：

（1）创造性。产品开发是把原来未曾有的能够满足和引导市场需求的产品研制出来，或者对原有产品更新换代，改造换型。

（2）长期性。对企业来说，产品开发工作必须长期不间断地进行下去。这是科学技术和社会需求不断发展的本性决定的，是企业的生命源泉；对产品开发项目来说，开发周期长，需要经过不断反复地试验创造。

（3）继承性。一般来说，每一项新产品的开发，都是在继承中实现的，绝大多数是已知技术的改进、组合和利用的结果，其中贯穿着明显的继承性。少数没有原形技术的发明，也是在源于现有原理、技术、产品的基础上，使其技术发生了质的飞跃。

（4）耗资性。产品开发，特别是全新产品、换代产品的开发耗资巨大。在基础研究、应用研究和开发研究中，以开发研究的费用为最高，它们三者的耗资比例为 1∶10∶100，形成等比级数序列。尽管产品研究开发耗资巨大，但企业深知它是自己生存发展的重要支柱，所以还应自觉地不断增加投入。

（5）风险性。产品开发的风险性在于它的不确定性，一个企业即使投入巨额资金，也不一定能出成果，即使出了成果在市场上也很难保证畅销。新产品开发的失败率很高，在所有从应用研究进入开发阶段的优秀设想中，一般只有20%能最终成为产品投放市场或在工艺上得到应用，而在这20%中又只有少数部分能真正取得商业上的成功。然而风险与效益同在，只有敢于承担风险，才可能在产品开发中取得丰硕成果。

（6）时滞性。产品开发严格受到时间的制约。一个企业花了很长时间，投入大量资金所取得的成果，如不马上形成产品并投放市场，不仅得不到专利的保护，还会被其他企业以相同或更好的产品所替代。尤其在新技术革命爆发的今天，产品开发更应突出一个"快"字。谁先抢占市场，谁就得到有利地位和有利的经济效益。

新产品开发创意的来源

产品开发与生产目的的本质，就是为了满足消费者的欲望与需求。那么，产品开发的创意就应主要从消费者的欲望与需求中寻求来源。

一、来自消费者欲望与需求的创意

企业开发产品的契机和能力的表现，就是把消费者的需求、愿望和产品开发结合起来，也正是这些契机和能力拉开了竞争对手的距离。消费者的欲望与需求多样性创造了社会的各行各业，并为各行各业的进一步发展提供了机会。食品是为了满足饥饿的本能；行走的需求使人们产生了从直立行走，到利用畜力再到车、船、飞机的创意；服饰是为了满足人们取暖与健美、时尚的本能与需求；等等。

那么，人们的欲望和需求还有哪些方面没有得到满足，尚需开发哪些能满足、提高人们需求的产品，这就是产品开发创意的来源。

（一）当前消费需求的特点

商品开发者要想开发出畅销商品，就必须了解市场变化和消费者的需求特点。随着市场经济的发展和人们收入水平的提高，消费者的需求特点明显地反映在如下几个方面：

（1）家庭生活功能化、情趣化。这些方面的产品有：家具、冰箱、空调等功能产品；电视机、音响、游戏机等娱乐产品；地毯、壁纸、艺术品、工艺品等家庭美化装饰品。

（2）食品档次化、品味化。总的来说，就是要求科学化、风味化、礼品化。目前我国的很多食品生产企业都积极地由原来的粗加工转向深加工，

以生产高档产品,从而取得了成功。

(3) 服饰特征个性化。现在消费者在服饰消费上,一改过去千篇一律的观点,强调突出自我、突出个性。他们追求服装面料的档次化、服装款式的多样化、新奇化。

(4) 化妆品讲究回归自然。近年来,美容化妆品发展迅速,新产品新品牌如雨后春笋般地不断涌现。人们对化妆品的需求越来越讲究科学,要求符合自然,使用天然物质,并根据自己皮肤性质来选用适宜的美容化妆用品。

(5) 住房要求宽敞、明亮,进而希望以汽车作为代步工具。

(二) 舒适、消闲、安全的消费导向

现在人们的生活已进入物质丰裕的消费时代,他们由"过生活"转变为"享受生活"。因此,人们对产品的需要不仅仅是要得到其基本的功能,而且要得到来自产品的精神享受。舒适、消闲、安全、方便成为消费的导向。这就要求企业循着这种导向的趋势开发生产出舒适、消闲、安全、方便的产品。

根据能够满足舒适、消闲、安全导向的需求,将商品加以细分为:

(1) 高级商品。一般来说,高级商品功能设计上档次、工艺上品味,而价格也较高,购买者主要是那些收入较高的消费者或文化层次较高的人;少数收入较低者因攀比效用也会储蓄购买。这类商品包括服饰、食品、电器、住宅、汽车等。

(2) 便利商品。便利商品是人们追求舒适化的生活,除了希望高级化外,还要求便利化。如煤气灶一打就着,傻瓜相机一按就拍。现代兴起的一次性用品更是便利用品的集中反映。企业与其感叹人类的懒惰,倒不如进一步开发便利产品,满足人们的惰性,以赢得企业的利益。

(3) 情趣商品。情趣商品能在精神上带给人欢乐,使人觉得生活轻松、惬意、舒适,消费者在满足一般物质需要后,都会追求增添生活情趣的商品和服务,以满足精神上的需要。

(三) 重视健康、运动的消费导向

保持健康的体魄,免受疾病折磨的痛苦,长寿、快乐、漂亮、潇洒是人们所热衷追求的目标。因此,想吃健康食品,热衷运动的人们所期望的

商品和服务，目前正方兴未艾。健美商品、运动商品迅速发展，健康食品迅速发展，人们为了健美、康乐、长寿，愿意花钱来购买这些商品。这些无疑又给企业带来了契机。

（四）经济合理性导向

这种购买导向就是针对消费者的求廉心理和避免浪费的心理。虽然人们收入增加，选购商品的余地扩大了，但是他们会珍惜自己的购买权利。买什么，花多少钱买，什么时候买，都是消费者经常考虑的问题。优质价廉的商品，节省能源的商品，节省空间、时间的商品，必然会有广阔的市场前景。日本小轿车之所以畅销美国、欧洲市场，其中一个重要原因便是日本汽车厂家开发的小轿车的油耗比欧美厂家要低，而且价格便宜，体积小。尽管欧美国家设置重重进口障碍，但日本汽车还是畅销不衰。

（五）消费者参与的导向

随着人们在繁重的体力、脑力劳动之后希望享受舒适、安详生活的愿望的增加，越来越多的人喜欢在闲暇时间合理地安排自己的生活，自己动手参与生活，参与制作，通过参与而获得人生喜悦。供人自己制作的商品将成为满足消费者参与意识的主要商品。如有人喜欢自己设计、自己装修自己的居住环境，这既满足了参与愿望，又能欣赏自己的劳动成果，而且达到经济的目的。

（六）来自潜在需求而产生的产品创意

潜在需求是指市场上消费者对某种产品有模糊的欲望和需求，而这种产品尚未研制出来。一个成功的企业，要想推出畅销产品，就必须开发出有大量潜在需求的商品。但潜在需求的难点就在于不易捕捉和难以把握，并会冒较大的风险。发掘消费者潜在需求有如下六个方面：

（1）来自消费者感到不满、不快、不平、不便、不洁等有所不满的地方。消费者对现有的产品或现有的状况有所不满，正说明消费者仍有所希求，而这些不满意的心声正是消费者的潜在需求，也是企划创意的宝贵暗示。把这种不满的潜在需求加以具体化，便可产生出让消费者满足的畅销商品。

（2）来自消费者的盼望、欲望与希望。当消费者达成欲望之际，便会有更上一层楼的希望。消费者总是抱着欲望、希望而生活的。这些希望的

心声正是他们的潜在需求。

（3）着眼于不同范围的畅销商品。每年都有众多的畅销商品或服务产业，认真分析这些畅销商品或服务之所以畅销的原因，可以发掘出消费者的需求，并用于产品开发上。同时在不同范围的新技术也可以借鉴到本产品开发上来。

（4）注意时代的趋势、生活的风潮。人们的生活水平在提高，人们的欲望在增强，人们的攀比心理在加大。对这种趋势、风潮的把握，企业一定要站在起点，不能赶末班。这在服饰、流行品上尤其如此。

（5）着眼于国外流行现象的观察。现代经济的发达，国际交往的增多，外国商品特别是发达国家的优质商品、高科技产品对我国影响很大。因此可以从外国产品的发展趋势中寻求产品开发创意的源泉。如计算机、激光技术、空调等都是从国外传递进来的，现在这些行业已成为我国的主要支柱产业。

（6）着眼于节约的需求。现代资源的缺乏及人们生活的经济合理性，都要求尽可能地节约。因此，节能、电、水的产品，节约时间、空间的产品，节省体力、脑力的产品，都是产品开发的重要领域。

二、来自企业内部的创意

（一）全体员工的参与

构思产品的创意，不仅是企业内部承担产品开发的人的事，而且应该是企业全体员工的责任。本企业的广大员工，既是生产者，又是消费者。他们具有一般消费者的基本需要，又作为生产者熟知企业产品生产工序和细节的每一部分，对于改进产品、提出创意最具有说服力。

调动全体员工参与的关键就在于如何调动企业职工创意的积极性和创意的持久性。让他们带着问题去操作、生产、发掘问题，并提出解决问题的方法，在这方面最有效的就是日本的"提案制度"，我国也有"合理化建议制度"，但却执行不力，效果不显。

（二）来自营销人员的产品创意

在过去，营销人员的主要任务是推销商品。能推销大量的商品，便是优秀的营销人员。可现在时代变了，营销人员不但是推销人员而且还是企划人员，不但要推销产品而且还要发现需求并提供创造产品的信息和建议。

营销人员是最常接触商品的实际使用者和消费者的人,每天都在企划创意的暗示区内奔跑,所以最容易感知消费者的意见和需求。他们最容易听到消费者的抱怨、希望和心声。因此,企业应充分运用营销人员的信息灵通性和身心感知性,让营销人员不仅推销产品,而且反馈市场信息,提出产品开发的创意,并让他们带着问题意识和创意提案的压力去推销、倾听和发掘。

(三) 来自开发部门的创意

企业的开发部门是企业产品开发的专门机构。他们既肩负着提出产品企划创意的任务,又肩负着把来自企业内外部的产品创意进行具体实施的任务。因此,要求这些机构的人员应具备既专门、又广博的知识结构,而且,要求他们既具有理论知识,还要具备很强的动手能力。

三、来自企业外部的创意

(一) 来自专家、智囊团、专业组织的创意

专家、智囊团、专业组织都是某一行业的行家里手,对本行业甚至其他行业都有精深的研究和预见。他们不仅能把理论和实践结合起来,而且能过去、现在和未来结合起来。他们不仅熟知本行业的国家政策,而且也熟知本行业的技术和产品,并且与其他同行业公司或不同行业公司、组织有着广泛的联系。因此,企业要很好地利用专家、智囊团、专业组织的产品开发启示,经常请他们来企业作指导培训,帮助企业解决问题,并和有关的专业公司保持密切的联系。

(二) 来自中间商、零售商的创意

一个企业要扩大产品销路,单靠自己不行,必须建立起广泛的销售渠道、销售网络。而这些渠道和网络中最主要的就是代理商、批发商、零售商。他们介于生产者和消费者之间又熟知两方面的情况,他们对产品的功能、性能、结构,特别是外观、包装、品牌、品种,都有较深的了解,又事关他们自己的切身利益,所以会提出中肯的意见。同时他们还可以根据不同产品、同类产品不同牌号的销量大小,判断出消费者的需求趋势。因此,企业应保持和这些中间商、零售商的友好合作关系,结成利益共同体,利用来自他们的创意,对商品作出改进或开发新产品。

(三) 来自产品试用者、消费者的创意

不少企业在产品开发试制过程中，都招募产品试用员。产品试制出来后免费分发给选定的消费者，让其试用，然后让他们对试用效果进行评价，以利产品改进、完善。

消费者的创意更是广泛无边的。产品开发本身就是为消费者使用的，生产者所设计的最终效果还要看消费者的使用情况而最终鉴定。经常会出现这样一种情况：本来为消费者设计的某一功能、某一用途的产品，消费者却移作他用，而且比原设计者预定功能更有价值，或扩大了该产品的功能范围。因此，善加利用消费者的创意，是企业开发新产品的重要源泉。

(四) 来自其他行业、其他企业、其他国家和地区的创意

"他山之石，可以攻玉"，企业可以根据其他行业企业产品的发展状况、技术运用状况而提出创意，根据其他国家和地区的政治和军事动态、风俗习惯、科技发展、产品开发趋势而提出创意。

四、来自产品本身的创意

挖掘创意来源的本身就是为了产品开发。因此，我们也应该考虑从产品本身来寻找创意的来源。

(一) 来自产品功能、质量、性能的创意

为了寻求改进产品功能、质量、性能的点子，可以设立专项创意提案，收集企业内外有关方面的创意构思，并加以分类、整理，这样便于技术突破、功能开发和质量提高。因为一般提案制度多是类别不分，收集之后再加以分类，其目的性不强。若设立有关产品功能、质量、性能的专项提案，则可使提案的针对性强，提案的质量也有所提高，便于问题的解决。

(二) 来自产品结构、包装、品牌的创意

企业可以设立专门有关结构、包装、特性、款式方面的专项提案，收集有关这些方面的创意和提案，同时企业最好能有针对性地提出这些方面存在的问题。不过，这种产品形态方面的创意，最好能更多地征集企业外部人士的意见，因为"当局者迷，旁观者清"，每个企业都认为自己开发的款式、包装、造型最优秀、最流行，而在这些产品流通、使用过程中，中间商、零售商、消费者最清楚它们的不足之处和应该改进的地方。

（三）来自产品服务的创意

服务现在越来越成为企业竞争的制高点。那么，消费者到底需要哪些方面的服务，企业能为消费者提供哪些方面的服务，这就需要根据产品本身的特点、顾客的需求和其他行业提供服务的借鉴来寻求创意。开发生产产品本身的目的就是服务，服务于消费者的欲望和需要，而消费者购买产品如不会或不能正确使用，那么就得不到其使用价值。服务不全，消费者购买不便，会使企业失去顾客，失去销售机会，失去销售利润。因此，企业也可专门设立服务提案制度，更多地征集消费者的意见，为他们解决一切不便。

（四）来自新技术、新材料的创意

科技发展日新月异，新材料、新工艺不断增多，那么如何把这些新技术、新材料、新工艺运用到本企业的产品开发上，这是产品开发创意的关键。

五、来自其他有关产品的创意

（一）来自性别问题的创意

社会上有男女性别之分，而男女本身又有不同的心理、生理、生活上、工作上的需要，因此，企业产品开发就必须针对性别问题，特别是在服装、首饰、礼品行业上更应该注意这个问题。男性购物偏重效用及物理属性，其购买行为常受理性支配；而女性购买则偏重美感、流行性、价格，易受感性作用影响，那么，为女性开发女性产品，为男性开发男性产品，男女性共同兼顾而开发通用产品，这也是企业创意的一个来源。

（二）来自人口问题的创意

世界人口的增多，使地球环境、资源供应都出现问题。中国14亿人口，如何为众多的人口提供众多的产品需要，如何解决资源不足，这些都是产品开发创意的来源。同时，在人口结构中，也出现了人口老龄化问题和婴幼儿童抚养问题。在我国还存在儿童人口绝对数量增加，家庭孩子相对数减少，由于父母过分溺爱而出现"小皇帝"的现象。那么，企业如何面对这些人口老龄化问题、儿童消费队伍庞大问题、"小皇帝"现象问题9从中抓住灵感与机遇，这也是商品创意的来源。

(三）来自资源、环保问题的创意

地球资源的有限性、人口增多及其利用资源的无限性，使地球资源日益短缺。加上由于工业化的发展而使环境受到严重污染。那么，如何有效利用、保护这些资源，如何能开发出新的资源，如何有效地保护我们赖以生存的生态环境，都成了产品开发创意的来源。

新产品开发的设计

一、产品功能设计

（一）产品功能分析

所谓功能分析是从技术和经济角度分析产品所具有的功能，包括功能类别、功能内容、功能水平是否符合用户要求。具体分析包括功能定义、功能分类、功能整理、功能评价。

通过功能分析，能够明确用户对功能的要求，弄清产品应具备的功能内容和功能水平，提高产品竞争能力；通过功能分析可以从产品结构分析转向对产品功能研究分析。功能是目的，具体结构只是实现功能的手段。从功能分析入手，进行功能设计，设计出新结构，以克服从结构分析去实现某种功能的局限性，只有由结构分析上升到功能分析，才能更准确、更深刻地发现老产品中的问题，找出新产品创新的关键。同时通过功能分析能可靠地实现产品的必要功能，削减过剩功能，补充不足功能。

（1）功能内容。功能内容就是指功能项目。一个产品除了基本功能外，还有许多辅助功能。辅助功能是为了更好地实现基本功能服务的。如手表的功能有报时、防磁、防震、防水等，而报时是其基本功能。若没有防磁、防震、防水等功能，手表肯定不能准时报时，甚至一用就坏。因此，产品开发必须考虑到产品的功能内容。

（2）功能水平。功能水平是指某一产品所能达到的功能指标值或某一功能项目所要达到的指标值。如某类汽车的时速、使用年限、运输能力等。产品开发必须考虑到功能水平问题，不同的产品、不同用户都有不同的功

能水平要求。

（3）功能分类。产品及其零部件常常需要几种功能，由于它们的重要程度及使用性质等的不同，因而需要加以分类，以便在进行功能分析时，按其类别分类对待。通常，功能有如下几种分类方法：

首先，按满足用户使用要求的性质，可以分为使用功能和品位功能。使用功能是指对象所具有的、与技术经济用途直接有关的功能。对于产品，是指能够达到某种特定用途、体现产品使用目的的功能。品位功能是指与使用者的精神感觉、主观意识有关的功能，如贵重功能、美学功能、外观功能、欣赏功能、艺术功能等，一般多靠人的器官感觉和思维去判断。如产品的式样、造型、色泽等。产品的使用功能是目的，但品味功能也很重要。随着经济技术的发展，品位功能的作用越来越大，人们不仅要其使用功能，也要其艺术欣赏、精美大方的品位功能。

其次，根据功能的重要程度可分为基本功能和辅助功能。基本功能是指与生产产品的主要目的直接有关的功能，是产品存在的理由。对用户来说，基本功能是最必要的功能，如果去掉基本功能，产品也就失去了存在的必要。辅助功能是为更好地实现基本功能的功能。但对已选定的特定方案来说，又是不可缺少的功能。通常产品的基本功能变化不大，辅助功能则变化频繁。对于实现基本功能和辅助功能费用的消耗来说，辅助功能消耗的成本常常比基本功能大。从降低成本来看，辅助功能是主要对象，对企业获得利润而言，也主要靠辅助功能。对此，要求企业在开发新产品时首先要分清其基本功能、辅助功能，这样才能避免本末倒置。同时，还要通过辅助功能来降低成本，增加利润。

最后，按用户使用需求满足程度可分为不足功能和过剩功能。不足功能是指尚未满足使用者的需求的必要功能。如有些塑料衣架过于单薄，晾些稍厚的衣服就常弯曲或折断，这就是功能不足。过剩功能是指产品所具有的、超出使用者需求的必要功能。一般过剩功能可分为功能内容过剩和功能水平过剩，但常指功能水平的过剩，如安全性、强度、可靠性等采用了过高的指标。

（4）功能评价。上述功能定义、功能分类、功能整理、功能系统图，多是对功能进行定性分析，而功能评价的目的在于把功能定量化。通过探

讨功能的价值，找出价值功能的较低者，明确需要改进的具体功能范围。功能评价的最终目的是为了寻找改进的范围和重点对象。

（二）产品功能设计

用户购买功能，企业生产功能，商业销售功能，功能是产品的核心与前提。功能设计也就成了产品设计的核心、出发点和根据。产品功能设计包括功能开发、功能载体选择和产品性能设计等。

（1）功能开发。根据人类的需求、社会生产和生活的需要而开发产品的功能。人类最基本的需要有衣食住行。那么，产品功能的开发就需要满足人们的这些需要。衣服的功能是遮蔽、保暖、美观；食物的功能是满足人们不挨饿、营养、成长的需要。在人的基本需要满足以后，人们还有各种各样的不同的需要。功能开发的目的就是为了满足人们这些不同的需要。如冰箱的功能是保持事物的新鲜；空调的功能是保持室内温度的适中。任何产品都有功能，没有功能的产品就失去了其存在的价值。因此，功能开发是产品设计的首要问题。

（2）功能载体选择。功能总是借助于一定的方法、手段来实现的。实现产品功能的方法、手段，我们称之为功能载体。功能载体包括实现某种功能要求的技术原理和技术实体。根据功能开发、功能分析而选择功能的载体。如手表的功能是报时，其功能载体可以是机械轮、弹簧等装置，也可以是石英实体等装置。

（3）产品性能设计。在产品功能开发、功能分析、选择产品功能载体之后，就要进行反映功能水平要求的产品性能设计，产品性能是用一系列技术特性指标加以规定的。

产品的技术特性指标的设计是根据市场、用户的需求和科学技术水平以及未来发展趋势确定的，并具体反映在设计任务书上。不同行业、不同类型的产品有不同的标准规范参可参阅不同行业的设计计算手册等资料。

二、产品结构设计

产品功能设计是产品的最终目的，而产品功能的最终承担者则是产品结构。产品结构的设计要从功能设计、工业设计、工艺设计、商品设计几个方面去考虑。让产品既承担功能目的，又能有艺术的造型及美的享受。

（一）产品的结构方式

产品的结构方式主要有如下五种类型：

（1）分立型结构。这种方式从功能方面考虑，把不需要再分解的一个功能载体分成几个适于加工的分工元件，然后再进行组装。这种方式的优点是可以运用一些标准件、通用件或常用半成品，容易适应企业中重量和尺寸较大的设备的要求。但这种方式要求公差小，配合紧密。

（2）集成型结构。这种方式是把若干个功能有意组合在一个结构单元。它的特点正好与分立型相反。这种结构方式在电子产品已得到广泛采用，集成电路就是典型实例。

（3）组装型结构。这类结构的特点是将一些经过加工的零件，采用不可拆的联接方式（焊接等）组合成一个整体制造出来。

（4）功能型结构。它是指用一个结构元件来实现许多相同或不同的功能。例如，四连杆机构、凸轮机构等可以同时完成几个不同的动作、指令等。

（二）产品结构的形态变换

对简单的零件来说，形态是指零件的形状、尺寸和外观。就一个系统来说，形态是指组成系统各部分的数目、相关位置、连接尺寸和工作面的形态等结构特征。如果改革某一结构、形态要素，就叫作形态变换。在方案设计中，应用形态的位置、数目、尺寸、形状的变化，可以开发出不同的设计方案。

（1）位置变换。设计中的位置变换是将组成系统的各可分部分在相关位置上进行变动。如汽车发动机的前置与后置。

（2）数目变换。设计中的数目变换是通过改变构成系统各组成部分数目来开发设计方案的一种活动。如收音机的双喇叭、四喇叭，冰箱的单开门、双开门等。

（3）尺寸变换。在方案设计中，通过系统中某种结构尺寸的连续变化，可以改变零部件的位置和距离，从而引起设计的变换。如电视机的规格是论尺寸的，服装也是论尺寸的。

（4）形状变换。方案设计中的形状变换是指系统中某种尺寸从有限值趋向零或无穷大，以及在各零部件有关的作用面上作适当变异的创造活动。

形状的变换比比皆是，不同产品有不同的形状，同一产品也有不同的形状。

(三) 运动形式的变换

机械运动一般可以分为传动、平动和平面运动三种基本形式。在传动方案设计中，两构件或两系统之间相对运动形式的改变，就叫运动形式的变换。它是开发传动方案的常用方法。如发动机有移动活塞和旋转活塞式等。

(四) 整体结构变换

整体结构方式应根据不同使用范围、使用方式、功能、性能的设计要求，根据人类工程学的特点、产品本身特征、美观艺术性、流行款式样式等，进行不同方式的变换或组合。如空调有窗机、挂机和柜机等。

三、产品包装设计

(一) 包装的作用

包装在市场营销中，是强有力的武器。杰出的包装设计，能够在陈列架上散发出不同凡响的魅力，让消费者"怦然心动"。因此，各企业为了包装产品，投入了大量的人力、物力、财力。

包装之所以在当代日益受到重视的原因在于：

(1) 包装技术进步，给生产者、经销者、消费者都带来了许多便利、安全和增值，如食品保鲜、饮料保味等。

(2) 由于消费水平和文化素质的提高，消费者乐于花钱买一些更美观、更卫生、更可靠和更便利的商品。

(3) 由于竞争的剧烈化，不同品牌的产品需要本身的独特性，以争取和保持顾客，包装实际上成为。一种"产品差异化"和"无声广告"的工具。

(4) 人们的消费观念改变，由过去的只重功能而到现在要求得到来自产品的享受，而包装的精美、高雅、独特，刚好满足了消费者的这种精神的需要。

包装的重要性及作用在于：

(1) 保护商品，防止损坏、变质和玷污。对某些商品，包装所起的作用特别明显。如化工产品、药物、食品、饮料等。如果没有一定的包装，它们的作用、价值就不能存在。

（2）便于运输、携带、储存。商品的物质形态各异，化学性质不同，加上购销调运环节不同，因此，包装对于流通就十分重要了。

（3）包装还对塑造企业形象，传播企业文化，美化商品，提高品牌效应，都起到巨大的宣传作用。

（二）包装设计与制作

包装设计已成为一种专业，并已有专门机构承担。但许多企业仍自行包装。

包装设计中要采用先进的包装技术和适当的包装艺术，。但技术和艺术都必须服务于商品的特点和经济原则。包装的大小形态设计要考虑顾客方便与购买习惯，使用与携带条件，储存与摆设，运输的便利及美观、注目等。

包装艺术设计包括四大要素：品牌标签设计、形状设计、颜色设计、插图设计。

包装的设计要突出新鲜感、高贵感、艺术感、直观感、信任感和亲切感。

设计本身是一个创作的过程，包装设计开发的过程如下：

第一阶段，包装的市场研究。该阶段主要研究消费者的购买动机、使用量、使用次数、使用场合及使用方式；研究售卖场所及其陈列效果；研究竞争对手的包装系列规划。

第二阶段，包装结构及制作方式。除了市场性的研究外，有必要进一步研究使用的包装材料、结构及印刷。该阶段主要进行包装机能性及结构性的探讨，确定包装的方式、印刷条件及效果。在包装材质本身的形象方面，消费者常以包装的材料来判定产品的价值。

第三阶段，商品形象的规划及塑造。该阶段主要研究商品概念的表现和延伸、塑造商品形象需要考虑的问题及设定包装设计的设计理念。

第四阶段，包装设计创作。该阶段主要应掌握设计理念，找寻不同的素材及构想，并尝试在表现中给予命名，以关键词来掌握表现素材或锁定表现的方向。

第五阶段，喜好程度的研究。对喜好程度的评价主要从公司内部、售卖场及消费者喜好程度的调查上获得。

四、产品的商标、命名和品牌

(一) 商标

(1) 商标的作用。商标的作用有五个方面：①商标能够使企业的合法权益受到法律保护，并具有排他性、不可侵犯性；②商标是企业水平和质量的标志，是区别不同生产者、经营者的标志，可以防止不同质量、不同厂家产品的混乱现象；③商标是某种商品信誉的代表，也是企业产品质量的监督者，同一商品必须保证同质、同量、同服务，否则就会失去商标信誉，失去竞争能力；④商标可以起到广告宣传、促进销售、塑造企业形象、树立名牌的作用。商标是企业理念的象征，通过不断的宣传，可以起到巨大的综合效用；⑤商标有利于企业产品系列的扩张，比较容易将企业的新产品推入市场。

(2) 商标的设计。商标设计是专业性很强的问题，商标设计要遵循的原则是：①商标是企业经营理念的形象表达，因此，商标设计一定要根据企业理念以及事业领域来设计；②商标设计应简洁明了。商标本身的目的就是为了和其他企业相区别，如果商标设计过于繁琐或过于抽象，就不利于人们记忆；③商标设计应形象、直观，艺术性强。商标设计不宜过于平白，否则就失去了玩味性和吸引力；④商标设计要利用色彩差异。不同色彩代表不同心理，甚至不同行业特征，如蓝色象征科学技术。

(二) 产品品牌名称

好的品牌名称，是产品销售成功的必要条件。因此，在为产品命名时，必须认真考虑相关的各种重要因素，以便命出一个响当当的好名字。

命名是一项很复杂、很困难的工作，因此，在命名时要遵循以下几个思路：①要易念、易记、易懂；②尽量避免不好的谐音；③最好能与产品及产品的功能、特点相结合；④要与产品定位相结合；⑤如果公司名称与产品功能结合得好，尽量与公司名称一致。

(三) 品牌

品牌是一个笼统的总名称。它又由品牌名称、品牌标志和商标组合而成。品牌名称指品牌中可用语言表达，即有可读性的部分，如联想、四通等；品牌标志指品牌中可识别、辨认但不能用语言称谓的部分，包括符号、图案、色彩或字体，如海尔的卡通标记；商标是专门的法律术语，经政府

有关部门依法注册，受到法律保护。企业为其产品选择、规划品牌名称、标志，向有关部门登记注册成为商标的全部活动称之为"品牌化"。

品牌要比商标的意义更大一些，它包含有被消费者承认的因素，有更多的产品文化特征和企业风格特征。企业良好的品牌信誉要靠企业长期的努力，以优质的产品特征、广告促销宣传和顾客服务来形成。因此，企业应该力求完美地塑造好自己的产品形象和企业形象，创出自己的品牌，以便使本企业的产品畅开销路。

新产品开发的评价和管理

一、新产品开发的评价

新产品开发对于企业来讲是非常重要的大事．为此要认真进行评价。

所谓新产品开发的评价是指在新产品开发过程中，从新产品的构思、选择、研究方案的确定、设计、试制直到投放市场等每一阶段所进行的技术评价和经济评价。

新产品开发评价的类型很多，常见的有以下几种：

1. 按新产品开发的因素分，可分为单项评价和综合评价

单项评价主要是从新产品开发中的诸多因素中，找出主要几个因素，进行单个评价，以寻求新产品开发中的主要问题，并明确新产品开发成败的主要原因。

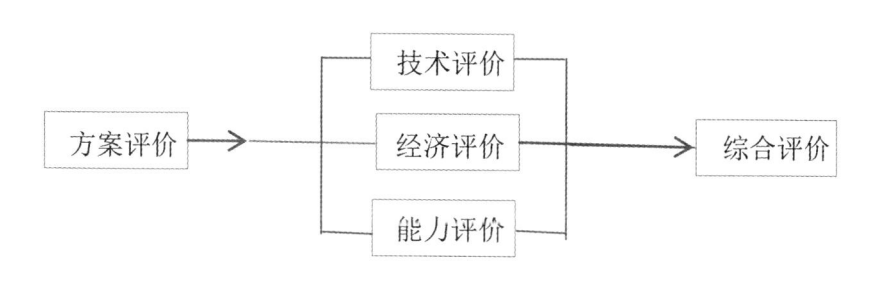

图 13-2 综合评价示意图

综合评价是在单项评价的基础上，对新产品开发的方案进行全方位的、总体的评价。在新产品开发的每个阶段都应进行综合评价。单项评价很重要，但它毕竟是从某一方面去评价，局部的东西拿到全局来，可能又会是另一个样子，这里面有一个相互制约的问题，所以必须进行综合评价。

2. 按新严品开发评价程度来分，可分为概率评价和详细评价

概率评价就是初步、大体的评价。它主要用在有许多方案进行选择时，为了节省时间和精力，减少不必要的代价丽采取的选优方法。

概率评价要求事前把各种方案的情况了解清楚，阐述明白，尤其是关键内容要摆得清清楚楚，这样在进行大体分析后，就很快能得出结论。

详细评价是在概率评价的基础上，对选择出来的、经过具体化和试验过的方案进行深入、细致地评价，从中选择出最优方案，它属于决策性评价。详细评价要从定性和定量方面去考虑，这种评价比较准确、可靠。

3. 按新产品开发的评价时间来分，可分为事先评价、中期评价、事后评价、最终评价等四种

事先评价也叫初期评价，它主要是在新产品开发确定决策方案时进行的评价。它是将新产品开发与客观条件进行联系，评价决策是否符合实际，在技术上是否先进，在经济上是否合理，在能力上是否可行。事先评价是重要的，起决定意见的，因为决策如果有问题，以后执行起来就被动了。

中期评价是在新产品设计、试制阶段的评价。中期评价要进行多次，特别是新产品的试制过程比较长，隔一段时间要进行一次。中期评价主要有产品设计方案的评价、工艺方案的评价、样品的评价等。它能检验新产品设计正确与否，找出设计和试制中存在的问题，以便采取攒施解决产品设计和试制中的问题。

事后评价是在产品试制出来之后到正式投产之前进行的评价。它全面检查新产品原规定各项指标的达到情况、生产成本、组织批量生产的能力等，为新产品全面、正式投入生产作好准备。这种评价虽然已属于事成之后的评价，但绝不是可有可无的，通过事后评价，可以发现问题，解决问题，为最终完成新产品开发工作打下坚实的基础。

最终评价，也属于事后评价，这是在新产品正式投放市场以后，在新产品开发的最后进行的评价。最终评价的目的，是检查产品在市场上的竞

争能力和使用效果，通过了解用户的反映，了解产品对市场需求的满意程度，掌握市场动态，为改进产品设计和改善经营管理提供决策依据。

二、新产品开发的管理

新产品开发是一项涉及企业内部多方面工作的综合性工作。为使新产品研制开发工作顺利进行，必须进行有效地控制和协调。因此，企业必须设置新产品开发的专门机构和人员，采取有效的激励措施调动职工开发新产品的积极性。

（一）建立健全新产品开发的组织机构

根据企业规模的大小，成立新产品开发部或新产品开发科，由专人负责组织领导新产品开发工作。其职能如下：

（1）协调好企业内部各有关部门的横向联系，集中意见，统一目标。如资金使用、物资供求、技术力量、劳动力调配、试验场地、实验机会、时间保证等，为新产品开发提供方便。

（2）组织好新产品开发过程中各阶段、各环节的工作。对新产品开发的每个阶段都要有明确的进度计划，使新产品研制设计、试验、试制、投产、试销、批量生产等各个阶段的工作互相衔接，争取有利时机，占领市场。

（3）搞好市场调查。大量收集有关新产品开发的信息情报资料。

（4）负责新产品设计、审查、鉴定工作。新产品开发的组织领导机构要配备专业工程技术人员，负责收集来自广大职工中的有关开发新产品的合理化建议、构思、草案等资料，加以系统整理、审查、鉴定和设计。

（二）建立职工新产品开发小组

在企业新产品开发部门的统一领导下，按工种和技术特性，号召职工自由结合组成新产品开发小组。其好处是：工种相同，技术特性一致，人员之间感情融洽，容易意见一致，目标协调统一，容易出成果。